教育第二次飞跃

ZHI LIANG XIAO YI XING JIAO YU

"质量—效益"型教育

陶华坤 ◎ 著

电子科技大学出版社

图书在版编目（CIP）数据

"质量—效益"型教育/陶华坤著. — 成都：电子科技大学出版社，2013.11
ISBN 978-7-5647-2010-0

Ⅰ.①质… Ⅱ.①陶… Ⅲ.①素质教育-研究 Ⅳ.①G40-012

中国版本图书馆CIP数据核字（2013）260481号

"质量—效益"型教育

陶华坤 著

出　　　版：	电子科技大学出版社（成都市一环路东一段159号电子信息产业大厦 邮编：610051）
策划编辑：	陈松明
责任编辑：	谭炜麟
主　　页：	www.uestcp.com.cn
电子邮箱：	uestcp@uestcp.com.cn
发　　行：	新华书店经销
印　　刷：	三河市天润建兴印务有限公司
成品尺寸：	170mm×240mm　　印张14.5　　字数260千字
版　　次：	2014年1月第一版
印　　次：	2014年1月第一次印刷
书　　号：	ISBN 978-7-5647-2010-0
定　　价：	45.00元

■ 版权所有　侵权必究 ■

◆ 本社发行部电话：028-83202463；本社邮购电话：028-83201495。

◆ 本书如有缺页、破损、装订错误，请寄回印刷厂调换。

序 言

一个国家的教育水平取决于这个国家的全体公民对教育的关注与理解。做好思想启蒙，使整个民众都受到一次新教育思想的洗礼。康德说，启蒙就是人类从不成熟或蒙昧状态中摆脱出来，就是善于运用我们自己的理性。让真正的优秀教育理念走进民间，是每个"教育人"的重要使命。坚持不懈地用我们的笔表达我们的思想，使读书、思考、写作成为生命中不可缺少的习惯。

1. 在理想与现实之间探索

没有教育科学，就没有科学的教育。教育研究是反映并指导解决教育问题的有效途径，研究即"用科学方法探求事物的本质和规律"。只有"真正沉静下来，耐得住寂寞"，才能创造"那些来源于真实的教育生活，同时又是影响和改变教育生活的"成果。只有用"心"去做，才有"心"的收获。

《中国教育改革和发展纲要》在教育原则、目标、战略和指导方针上都特别指出提高教育质量与办学效益应并重，两者缺一不可，表明对质量和效益关系的新认识。教育发展要追求社会效益和经济效益，努力做到速度、规模、质量和效益相统一。《"质量-效益"型教育》为我们送来了一种超越平凡，追求卓越的视角和思路。认真分析教育所面临的新形式与新任务，在教育质量与教育效益以及素质教育与"质量-效益"型教育的结合上寻找教育改革的突破口和生长点。

2. 教育发展的"第二次飞跃"

教育第一次飞跃，从"应试教育"到"素质教育"；第二次飞跃，从"素质教育"到"质量-效益"型教育。"质量"即公民的全面素质质量；"效益"即教育培养的人才数量与质量，对就业、增加收入、提高生活水平、对全民素质的提高所作的贡献等。所谓"质量-效益"型教育，它是一种教育形态，是"以社会效益为最高准则的全体公民的全面的素质教育质量"。是素质教育的最高追求。

寻找理论与实践的结合点。世界上没有所谓最好的,即使你当做"宝贵"的经验,也是产生于特定的土壤和条件,是解决那个特定"场"的问题的。如果你这里不具备如此条件和工作"着重点"不在于解决那个问题时,也就意味着,"他的宝"在你这里不是个宝。"这些原理的实际运用,随时随地都要以当时当地的现实条件为转移"。

3. 走"质量-效益"型发展之路

教育质量引导着一个国家或地区的教育发展方向,在认识并确定教育质量的时候,一定要有前瞻的思想、引领教育发展的意识和超越现实的适应的思维方式。教育生存于现实与理想的张力之中,提高教育质量是对教育的本质追求。思想是学术的灵魂。灵魂是存在于每个人身上的精神实体,是能感知、能思维、有梦想的精神存在。灵魂就像是电线里面的电流,你用肉眼看不到它的存在,但是你却能真实地感觉和意识到它。

著作《"质量-效益"型教育》是建立在众多教育者的教育实践基础上,对丰富的教育经验的总结和升华的结果。为提高"质量-效益"的管理水平;提升"质量-效益"的科技含量;构建"质量-效益"的评价机制。在研究和撰写的过程中,汲取了众多大师的智慧,得到了诸多仁人志士的帮助,谨致诚挚谢意!

陶华坤

2013年9月

目 录

导论:"质量-效益"型教育是素质教育的最高追求 ………………… 1

第一章 "质量-效益"型教育的建构 ………………………………… 10

第一节 构建有变革创新能力的学校教育 ………………………… 10
  一、"优质学校"建设 …………………………………………… 10
  二、"铺设"提升教育质量的"跑道" …………………………… 13
  三、让学生"在校发展"最大化 ………………………………… 16

第二节 寻求提高教育质量的制度探索 …………………………… 22
  一、强化现代学校制度建设 …………………………………… 22
  二、制度的出路在于回归"集体契约"的本质 ………………… 24
  三、科学管理、民主管理永远不会过时 ……………………… 27

第三节 在品牌学校打造过程中做好教育策划 …………………… 30
  一、教育应关注人才结构问题 ………………………………… 30
  二、"内抓质量,外塑品牌"是教育品牌策划的核心与灵魂 …… 33
  三、寻找理论与实践的结合点 ………………………………… 38

第二章 提高教育质量与办学效益的途径 …………………………… 44

第一节 找到激发教师成就感的"关键点" ………………………… 44
  一、在心理上为教师建构"安居工程" ………………………… 44
  二、"功夫"须"工夫"做保障:专注于你的"天赋" …………… 47
  三、让教师驶上专业成长的"高速公路" ……………………… 50

第二节　聚焦课堂：教育质量关键"增长极" 54
　　一、以课堂为根本"增长极" 55
　　二、把学习作为重要"增长极" 59
　　三、强化质量监控与升学考试应对的研究 62
第三节　提升高考成绩的"内在密码" 66
　　一、教育站在一个新的历史起点上 66
　　二、"超前性"质量开发 72
　　三、向家庭教育要质量要效益 75

第三章　以"质量-效益"为中心的资源配置 80

第一节　教育资源的"有效"配置 80
　　一、以"质量-效益"为中心的资源配置 80
　　二、优化教育结构 84
　　三、帮助教师克服职业倦怠 88
第二节　建立教育质量"问责"制度 91
　　一、建立教育公平监测体系 92
　　二、向管理要质量要效益 98
　　三、实施学校文化建设工程 101
第三节　区域教育变革成功推进的实践智慧 104
　　一、创新是"旧"的资源"新"的整合 105
　　二、区域性优质教育的推进 109
　　三、创新区域教育发展的体制与机制 112

第四章　提高教育投资的经济社会效益 117

第一节　办与经济社会发展相适应的教育 117
　　一、节约型社会呼唤节约型学校 117
　　二、从传统的升学导向向就业导向转变 121
　　三、现代化的教育体系是国民教育体系和终身教育体系
　　　　有机结合的整体 125
第二节　以社会效益作为"最高准则" 130
　　一、教育：伟大的"平衡器" 130
　　二、感慨：德国"最大的本钱在智力" 134

三、职业教育：经济腾飞的"翅膀" ……………………………… 137

　第三节　建设学习型社会的新机制 ………………………………… 141

　　一、和谐社会的"和谐教育" ……………………………………… 141

　　二、教育需要信仰和传统文化的培植 …………………………… 144

　　三、教育哲学要在理论上建构一种教育 ………………………… 148

第五章　"质量-效益"型教育发展策略 ……………………………… 151

　第一节　树立以"质量为本"的发展观 …………………………… 151

　　一、变管理型学校为研究型学校 ………………………………… 152

　　二、让学生在校发展"最大化" ………………………………… 154

　　三、办适合学生发展的"质量-效益"型名校 …………………… 159

　第二节　准确把握社会发展的"内在要求" ……………………… 163

　　一、促进学校内涵式发展 ………………………………………… 164

　　二、内涵式发展是以追求学校整体效益最大化为目标的发展 … 167

　　三、内涵式发展是一个长期积累、不断创新的过程 …………… 170

　第三节　加强对办学效益的全面质量管理 ………………………… 173

　　一、用"整个心"办"整个学校" ……………………………… 173

　　二、效益＝目标×效率 …………………………………………… 177

　　三、管理效能＝发展目标×工作效率 …………………………… 181

第六章　走"质量-效益"型发展之路 ……………………………… 185

　第一节　践行教育规律是提高教育"质量-效益"的重要前提和
　　　　　内在要求 …………………………………………………… 185

　　一、向教育细节要质量要效益 …………………………………… 186

　　二、让校校拥有"造血"功能 …………………………………… 189

　　三、让教育管理成为办学的硬件 ………………………………… 193

　第二节　培养"重思考的学生，好学习的国民" ………………… 196

　　一、把孩子培养成现实生活的成功者 …………………………… 197

　　二、把教育办到社会中去，把教育办到企业中去 ……………… 200

　　三、期盼"成人创新"社会，迈向终身学习大国 ……………… 204

　第三节　追求学校管理效益"最大化" …………………………… 207

　　一、学校经营的效率和质量 ……………………………………… 207

二、影响品牌办学的因素及对策 …………………………………… 210
　　三、校长要经营学校的办学效益 …………………………………… 213

结语：打造"质量金牌"托起"质量方舟" ………………………… 218

思考题 ……………………………………………………………………… 220

参考文献 …………………………………………………………………… 221

导论:"质量-效益"型教育是素质教育的最高追求

基础教育由应试教育向素质教育转型,视素质教育为教育改革的理想目标模式和突破口。然而,追求素质只是教育的一个基本的但并非最重要的属性和工作目标。相比之下,追求价值和效益是教育的更深层次的、根本属性和工作目标,因此,提出教育发展模式的第二次飞跃:"质量-效益"型教育。

从经济、科技、社会发展全局分析教育发展。教育的本质是一种创造活动,其创造性表现在教育目的、教育对象、教育过程及其教育结果之中。教育应蓄造社会发展的"动力源"。教育健康发展,必须是规模、质量、结构和效益的内在统一协调。

高质量是全球追求的目标。"日本的经济振兴是一次成功的质量革命";美国是质量管理理论的发源地。注重质量管理理论和方法的研究,非常重视质量管理的规范化工作,重视质量成本分析;欧洲已成立全国性的质量监测信息中心,确定国家对优质产品的奖励措施,建立产品的质量保证体系。

(一) 问题提出:教育"第二次飞跃"

"质量-效益"型管理在日本企业中得到了广泛的应用和发展。日本企业实施质量经营取得了巨大的成功,使日本商品在国际市场上竞争实力不断增强,一个资源贫乏的岛国成为世界上的经济大国。实践充分证明了"质量-效益"型管理是经济发展最有效的经营管理模式之一。

《中国教育改革和发展纲要》在教育的原则、目标、战略和指导方针上都特别指出提高教育质量与办学效益应并重,两者缺一不可。认真分析教育所面临的新形式与任务,进一步在教育质量与教育效益以及素质教育与"质量-效益"型教育的结合上寻找教育改革的突破口和生长点,是教育工作者面临的首要任务。

《中国全民教育国家报告》提出，将以更强的国家意志提供充分有质量的全民教育。坚定不移地走"质量-效益"型发展之路。因此，应浓墨疾书"质量金曲"；精心打造"质量金牌"；全力托起"质量方舟"。

1. 奏响攻克应试教育的"大刀进行曲"

应试教育是指脱离社会发展和人的发展的实际需要，以应付升学考试为目的违反教育教学规律的一种传统教育模式。

奏响攻克应试教育的"大刀进行曲"。应试教育下的孩子会是扭曲的，充实他们心灵的只有考试，被教育读物、考卷塞满了。用考试、用高压式的教育去充实他们，他们总有一天会释放的时候。教育并不是制造物品，这种高压式的教育，带来的人的心灵必定是扭曲的。时任教育部长朱开轩讲得极为深刻：全面发展的教育方针是我国各级各类教育都应遵循的基本指导方针，但是由于"应试教育"对全面贯彻教育方针产生了严重干扰，教育方针在基础教育领域的许多方面不能落实。实施素质教育，正是要克服"应试教育"的弊端，准确地贯彻全面发展的教育方针。

2. 现行的素质教育模式在战略思想上存在不足之处

第一，没有充分考虑价值和效益这两个教育的根本属性。教育不能为素质而讲素质，教育必然有价值取向，教育也必然有对效益的追求。"教育有无功能、功效的大小以及追求什么样的功效，这些问题就是教育的价值观问题。"诚然，素质教育也有价值观，但它关注的是质量和素质，价值和效益是隐含的，是处于边缘位置的。

第二，没有从大教育的观点综合考虑各类素质的提高。大教育是个多样、开放、综合的大系统，具有时间长、空间广、效率高、效益好、质量高、内容多的属性，涵摄终身教育与全民教育。基础教育是大教育中的有机组成部分，单纯在基础教育内部谈素质恐怕是不够的。

第三，素质教育从观念到行动的转化缺少中间环节；教育评价制度与高考招生制度不能适应素质教育的要求，成为制约实施素质教育的"瓶颈"。因此，很有必要提出"质量-效益"型教育，辅之以素质教育，构建新的教育整体目标模式。

3. 教育改革和发展进入整体推进、重点突破的新阶段

对中国的未来社会进行全面的设计。教育的发展要坚持速度、规模、质量与效益相统一的辩证法。质量管理体系的建立和完善是个过程，要做好组织策划、总体设计、体系建立、实施运行等系列工作。周济说：在新的历史起点，我国教

育呈现阶段性的鲜明特征：一是我国已经成为人力资源大国，正在向人力资源强国迈进。二是让孩子们有学上的问题已经初步解决，上好学的问题成为突出矛盾。三是各级各类教育都进入到提高教育质量发展的新阶段。

教育的发展周期一般 20 年左右；教育管理落后于经济管理 20 年左右。教育的公平和理论突围路在何方？思想家们应该用思想和声音来影响中国的教育改革。

4. 教育质量：国家竞争力的决定性因素

美国斯坦福大学经济学教授克鲁格曼提出增长的两种类型：一类是靠投入推动，另一类是靠效率推动。前者将无法摆脱"收益递减"规律的束缚，而后者的发展则是无限的。

（1）教育再度充当中国改革和社会进步发展的火车头

奥巴马在 2010 年国情咨文中多次提及教育投入，并提出要"尊师重教"。他大声疾呼："来当老师吧，国家需要你们。"他在国情咨文中用浓重笔墨说明教育衰退对美国的严重后果："在美国增长最迅速的领域，3/4 的工作机会需要超过高中文凭以上的教育。"他警告说："中国等新兴国家今天在教育上战胜我们，明天就能在经济上战胜我们。"

（2）时代呼唤培养具有战略思维的知识分子来化解"钱学森之问"

教育乃国家之本。钱学森指出，"现在中国没有完全发展起来，一个重要原因是没有一所大学能够按照培养科学技术发明创造人才的模式去办学，没有自己独特的创新的东西，老是冒不出杰出人才。"

世界上没有理想的教育，但是有教育的理想，没有任何一种教育实践是令人满意的，也没有任何一位教育家的理论是完美无缺的。但是从古至今的教育家，教育工作者都有理想教育之梦。他们一方面勾画着自己的梦，另一方面实现自我超越，成为一个追梦的人。

（3）改革是教育事业发展的根本动力

创新教育本身的根本特征和首要任务是准确把握社会发展的内在要求。设计创造富有多重特色的教育之路：一是立足于经济社会发展的一般要求和区域特征，创地区特色；二是根据当地经济发展在不同时期的特点，创阶段特色；三是根据不同学校的优势和特点，创学校特色；四是根据教师自身的优势及其与教育工作环境的特殊关系、创个性特色。

5. 改革设计：在于促进教育创新

教育创新，是创新型经济发展的必然要求；教育创新意味着教育要更加注重服务意识的提高。教育创新意味着教育要更加注重创新载体的建设。教育创新的终极目的是培养创新型人才。

(1) 创新型经济需要教育创新。教育是经济发展的"助推器",教育是人才培养的"孵化器"。

什么是学校管理创新?即在学校管理领域中,引入新的管理要素,进行重新组合,产生新的管理效益和办学效益。通常意义上,这些要素主要包括:人、财、物、事、技术、信息;也可以是思想(理念)、内容、方法(技术)、手段、结构和策略。

现代管理学之父彼得·德鲁克对创新的定义:"创造一种衡量绩效新维度的变革。"他认为,领导者就是那些造就环境,赋予人们创新工具、乃至于创新能量的人,他们是那种善于引导人们设立期望目标、并使创新成为日常工作的一部分的人。也就是说,他们是处于创新前沿的时代领袖,是那种具有化腐朽为神奇力量的人。

(2) 城市人口猛增加剧教育规模与效益的矛盾

准确把握社会发展的内在要求。设计创造富有多重特色的教育创新之路。通过合理配置各种教育资源,提高办学质量和办学的社会适应性,以求用最经济的方式,培养一定数量的适应经济和社会发展的人才。办与经济社会发展相适应的教育。

教育公平是和谐社会的重要价值取向,是构建和谐社会的重要支撑,也是构建和谐社会的重要标志。提供优质教育是一个国家的责任,也是建立一个更加平等、公平、公正社会的关键。如果不能更好地教育每个孩子,将难以实现我们的最高理想。

(3) 教育在社会流动中的作用

教育是一种特有的社会现象,它既要与其他社会现象,诸如政治、经济、文化、科技的发展变革相适应,又要为此服务,而当前各种社会现象的变革是如此迅猛与剧烈,如信息技术、空间技术等新事物层出不穷,令人目不暇接。正如《变革的力量》一书的作者迈克·富兰说的"变革的过程是如此的复杂和充满着如此多的未知",教育不可能超越社会的变革而提前成型。

(二) 概念界定

西方教育研究中的"教育收益"是指教育通过培养和提高劳动者的知识和技能给社会和个人带来的种种有益效果,主要研究教育的社会收益率和个人收益率,探讨教育对经济发展的贡献率和对个人就业、收入方面的影响,与我们所说的办学的"社会效益"概念有相近之处。

质量效益是质量改善所发生的费用与由此产生的经济收益之间的比值：质量效益＝质量收益/质量成本。

办学效益中包括质量效益，尽可能地降低办学成本和实现教育教学质量的最优化是办学效益集中完整的体现；教育效益是教育领域一切活动的唯一依据，提高和实现教育效益是全部教育工作的中心任务。因而，我国今后的教育改革应推行"质量－效益"型教育。"质量－效益"型教育把教育效益作为教育活动的最高范畴和绝对规律，以社会效益为主，追求教育的社会效益和经济效益的统一，教育质量是在教育效益中得到体现的。"教育质量与办学效益既有联系，又有区别"，质量是效益的前提，质量不简单地等同于效益。

1. 教育"第二次飞跃"

国家总督学柳斌曾对素质教育的要义进行过诠释：一是面向全体学生，二要德智体美劳全面发展，三是让学生主动发展。素质教育是促进学生主体性发展的教育。素质教育正是要唤起学生的主体意识，发展学生的主动精神，积极利用和创造一切有利的外部条件，使教育教学过程在学生主体的自觉意识的支配下展开。

素质教育与"U型槽理论"：即把人的思想惯性、思想转变的障碍比喻成U型槽结构，即一个球体（如人的思想）在U型槽的底部是最稳定的。当人接受某种新的思想、观念后，相当于把球体拉离稳定态，它开始处于不稳定态。如果这个球体仅仅被拉到稳定态附近，那么，受到某个小的扰动，它会自动退到稳定态。只有当外界给这个球体以足够的能量，使它远离稳定态，达到一个新的稳定态（另一个层次的U型槽底部）时，它才不会再退回来。其实，任何人的任何固定的思维模式都是U型槽，所谓转变思想观念也就是U型槽的转换，使低素质的U型槽转化成高素质U型槽，这里每个U型槽都是一个"自等价类"。问题在于如何实现这样的转换或跃迁。这个模型形象、生动地说明了素质教育的艰巨性、反复性。

教育"第二次飞跃"：第一次飞跃，从"应试教育"到"素质教育"；第二次飞跃，从"素质教育"到"质量－效益"型教育。"质量－效益"型教育应是我国今后教育改革的目标模式。教育的实际工作必须以提高教育效益为中心，必须把提高教育效益作为一切教育工作的出发点和归结点。

2. "质量－效益"型教育

"质量"：即公民的全面素质质量（民族素质）；"效益"：即教育培养的人

才数量与质量，对就业、增加收入、提高生活水平、对全民素质的提高所作的贡献等。所谓"质量-效益"型教育，它是一种教育形态，就是"以社会效益为最高准则的全体公民的全面的素质教育质量。"它包括学校教育、家庭教育、社会教育。

(1) 教育效益是指教育实践活动产生的效果和收益

广义的教育效益包括教育的社会效益和经济效益。教育对人的影响，应该是终身受益的影响，是长期的影响。教育的效益也不仅仅是经济效益，更重要的是社会效益，就是学校培养的人才为社会做出了多大的贡献。

狭义的教育效益指在教育活动中直接获取的经济效益。新时期的教育改革和发展，要转变传统的教育质量观，要将非智力因素的发展纳入培养人才的全面质量中，把传统的知识质量观转变为包含知识、能力在内的，以促进学生全面和谐发展为目标的素质质量观，从而提高教育的社会效益。

(2) 教育质量定义

"教育是一种服务，是通过提供课程促进学生发展并增进其幸福的一种服务，这种服务的固有特征满足利益相关方需求的程度即是质量"。在教育的质量和效益上，存在着不同的认识。传统的教育质量观是一种知识质量观，以学生掌握知识多寡、深浅来评价教育质量的高低。这种知识质量观根深蒂固，不但存在于办学者的思想中，而且存在于社会的传统文化观念中。

《教育大辞典》从一般意义上把教育质量界定为"教育水平高低和效果优劣的程度"，"最终体现在培养对象的质量上"。"衡量的标准是教育目的和各级各类学校的培养者的一般质量要求，亦是教育的根本质量要求；后者规定受培养者的具体质量要求，是衡量人才是否合格的质量规格。"

联合国教科文组织认为"教育质量是一个多层面的概念，应包括教育的所有功能和活动：各种教学与学术计划、研究与学术成就、教学人员、学生、校舍、设施、设备、社区服务和学术环境等"，"教育的质量还应包括国际交往方面的工作：知识的交流、相互联网、教师和学生的流动等，当然也要注意本民族的文化价值和本国的情况"。

3. "质量-效益"型管理

"质量-效益"型管理：即以服务社会为导向，以提高全体公民素质质量为中心，以社会、政治、经济效益为目标，以质量求效益、求发展的教育经营战略。

现代学校管理的根本任务是：以科学发展观为指导，以人为本，以质量和效益为中心,切实加强基础管理、全程管理、系统管理、精致管理,促进科学管理、民主管理和依法管理,提高学校整体素质,为现代教育事业科学发展奠定坚实的管理基础。以质量控制为中心的管理必然要向"质量-效益"型的管理转移。

(三)"质量-效益"型教育原则

"质量-效益"型教育作为一种新型的教育模式,是以社会效益为最高范畴的教育形态,其实质是以社会效益作为教育战线一切活动的判据,以实现和提高社会效益作为全部教育工作的中心任务。

"质量-效益"型教育原则:教育在实现社会需求和社会功能的同时,要考虑学校自身管理的运营成本和办学效益,实现人才效益、社会效益与经济效益的最大化。"质量-效益"型教育是以人为根本,以价值教育为灵魂,以能力教育为核心,以制度教育为保障,以社会公平为基础,根植现代社会,引领时代不断进步的教育。

1. 质量教育原则

邓小平同志指出:"质量从一个侧面反映了一个民族的素质。"质量教育原则:"质量管理始于教育,终于教育"。必须进行经常性的人力资源开发,各级人员是组织之本,只有他们的充分参与,才能使他们的才干为组织带来最大的收益。坚持人本管理,遵循教育规律,面向社会需求,优化结构,促进教育速度、规模、结构、质量、效益的有机统一。

2. 质量文化原则

教育是社会文化生产的载体,质量文化培育是质量战略之本。质量文化是一种质量精神文化,是学校全体员工为实现质量发展目标而自觉遵循的共同价值观和信念,是学校文化的核心和重要内涵,质量文化的核心是"质量第一,用户第一"。

什么是质量文化?组织内部成员的质量行为模式及由此体现出来的质量价值观念和质量价值规范。另一种定义:质量文化是一定组织中,影响人们行为的传统习惯、行为准则、思维方式、价值观念等的总和。

3. 持续改进原则

没有永恒的市场,只有永恒的信誉。持续改进是组织的永恒目标。周期性地按照"卓越"的准则进行评价,以识别具有改进潜力的区域;持续地改进过程的效率和有效性;向组织的每位员工提供有关持续改进的方法和工具的教育和培训。

4. "质量-效益"相统一原则

"质量是一个多维度、多层次的概念。"质量管理既反对只讲数量不讲质量，也反对盲目追求过剩质量、不讲成本的所谓"质量"。用最经济的手段提供用户满意的服务，走"质量-效益"型发展之路。

教育第二次飞跃："质量-效益"型教育研究，是教育与经济社会发展相适应的需要。社会经济健康快速地发展先导于教育，持续于教育。随着经济的快速发展，人们对教育的投入越来越多，对教育的要求也越来越高。主动适应发展方式转变，积极服务经济社会需要，是教育领域的重大任务，是教育事业的时代命题。教育与经济发展的关系一般而言是正相关的，即教育促进经济发展，经济发展又促进教育水平的提高。具体说来，经济发展以教育为基础，教育水平提高又促进经济的进一步发展。教育对经济社会发展的影响是长期的、潜在的和综合性的。

（四）研究目标

教育要适应经济社会发展需要，适应人民群众需要，就必须改革教育思想、教育内容和方法，以先进文化前进方向为方向，以体现先进生产力的科学技术为教育内容，以提高国民素质为目标，促进教育事业健康发展。

1. 把教育办到社会中去，把教育办到企业中去

利用社会为教育服务；利用教育为社会服务。学校应该把教学组织方式的改革与创新看作提高教学质量和效益的一个抓手，从学校的实际情况出发，因地制宜地设计不同的教学组织方式。可以是固定的，也可以是动态的，以适应不同学生的差异性学习需求。

让每个学生幸福成长、人人成才。中国的教育梦是什么？2013年两会期间，教育部长袁贵仁勾画了一幅自己心中理想的中国教育梦——"有教无类、因材施教、终身学习、人人成才。"当今的教育就是着手完善终身学习体系，建设学习型社会，实现"学有所教"的目标。

2. 以社会效益作为最高准则

教育质量应最终体现在学生发展的质量上，学生发展质量是教育质量的核心。办学效益包括办学的社会效益和经济效益两个方面。在两者冲突而不可兼得时，舍经济效益取社会效益。教育的质量和效益是教育竞争力的集中体现，教育的竞争说到底也就是质量和效益的竞争。

3. "质量-效益"型教育是素质教育的最高追求

教育工作应该把实现和追求教育的社会效益作为头等大事来抓，在学校的教

育活动中，力求最大的社会效益。没有学生的全面和谐发展，没有学生的科学素养和人文素养的综合提高，就没有教育的质量。不能为社会培养所需要的合格人才，也就没有教育的效益。正是在这个意义上，高质量、高效益的教育是素质教育的最高追求。

4. 教育的"质量－效益"需要长期的检验

提高教育的"质量－效益"，需要对学生的终身发展负责。我们的服务对象是学生，是活生生的人，不可能像工厂生产产品一样，在出厂的时候给盖上一个"质量合格"的章就可以了。人的发展是长期的，是多方面的，衡量一个人的发展也是长期的，多方面的。

总之，质量是规模、结构、效益的全部归属，人才培养质量是学校竞争力的核心，是教育的生命，是永恒的主题。教育质量是教育改革、发展的核心问题。办学效益是指在同等资源消耗下培养更多的符合社会需要的人才，合理配置各种教育资源，以求用最经济的方式，培养一定数量的适应经济和社会发展的人才。

第一章 "质量-效益"型教育的建构

一个优良社会的形成始自优秀人才的培养。十八大报告要求"着力提高教育质量",现在迫切需要我们努力把提高质量的理念变为完善的制度、政策,把提高质量的说法变为科学的方法、做法。

第一节 构建有变革创新能力的学校教育

学校改革是教育改革真正的着力点,芬兰的辉煌缘于教育公平,芬兰的教育原则是:每所学校都应该是优质学校。

一、"优质学校"建设

"优质学校"建设应以精细管理为机制,以制度建设为保证,以校本教研为依托,以提高绩效为目的。

(一)课程改变学校才会改变

一个学校只有有了自己的课程,才真正有了自己的文化、自己的特色。任何游离于课堂教学之外的特色,其生命力都是有限的。

1. 课程开发:让教材将学习者"卷入"其中

国家课程校本化:

(1)德育活动课程化

新时期德育建设的重点应集中在:塑造富于时代特点的"新公民"形象。

其核心："契约－诚信""平等－民主""尊重个人－群体合作"；必须努力打造具有"可逆"特征的、真正平等的师生关系；鼓励教师建立"进取性"职业道德，既要有对事业发展的强烈责任感，又能以审视和批判的态度对待，还需要具有投入改革实践的意识及热情。

（2）综合实践活动课程技能化

学校开设汽车驾驶、家政服务、心理健康、健身娱乐、计算机、学科竞赛、社团活动等课程。小学培养习惯，中学磨练意志，大学铸就责任。

2. 课程民主化：让"对话"一直持续下去

"教育民主"突显三个关键词——尊重、选择、等待。尊重：让教育者以学生为本，无论是分层走班、个性化评价，他们都基于一个理念——每个学生都是有差异的，教师必须正视差异，尊重差异，因材施教，适性而为；选择：让学生拥有自主权，丰富的社团活动和校本课程，学校"体育节、艺术节、科技节、外语节"的举办等，都要尊重和保护每个孩子的兴趣；等待：教育是慢的艺术，宽容孩子成长中的错误，让学校的墙壁"说话"，注重校园隐形文化对学生潜移默化的作用。

课程民主化。意味着课程不再是单一的专家课程，课程体系中的每个人都是课程的开发与构建者，新课程特别强调课程是对话、协商与审议。关于课程的民主化，崔允漷教授认为，一方面民主化是新课程本身倡导的，另一方面新课程的推进也促进了课程民主化，而且正在成为课程领域内的一种文化，这为学校课程规划提供了观念基础。对学校来说，民主化至少有两个方面的含义：一教师是课程的开发者，不再像过去那样是课程的忠实执行人，教师有选择、开发、组织教学内容的权利与责任，同时也要具备相应的能力；二学校是课程发展的地方，课程的发展意味着学校、教师与学生及其家长参与课程决策。而课程发展规划为学校、教师和学生及相关人员发出自己的声音提供了途径。通过课程规划，学校就会更有效地参与到课程的决策之中。

（二）教学管理"五化制"

备课信息化、教学课题（问题）化、辅导个别化、作业考试化、考试标准化。按"四化"命题标准：综合化、生活化、素质化、能力化命题。试题和社会实际、学生生活的联系更为紧密，增加生活情境题、实验题、开放题等凸显能力的试题。不追求唯一答案的开放性试题对学生更是一种独立思维的挑战，显然"高分"不会属于死读书、读死书的人。

1. 建立命题质量的"会诊制度"

教学质量的竞争实质上是教学效益的竞争，在学生的智力水平基本相同，教师的教学能力基本相当，教学时间相等的条件下，质量的高低决定于教学的有效性。把考试改革作为推进新课程的最佳切入点。提高考试命题能力研究，教学要与高考对路，无疑要研究高考考什么、怎么考。教材是高考与教学的交汇点。命题不拘泥于教材的原则，正是高考高于教学的法宝。

2. 只有用"心"去做，才有"心"的收获

用心管理方能收获人心。只有用"心"管理，才能将心比心，以心换心，从而收获人心。具体来讲，管理者需要具备以下八种心态。即：尊重之心、期望之心、合作之心、沟通之心、服务之心、赏识之心、授权之心以及分享之心。如果管理者能够用"心"去管理，那么管理就会变成一件有趣的事情，高绩效工作目标也就有望实现，高绩效的团队文化也会逐步形成。

（三）科研的真谛："把问题变成课题"

教育教学研究的真谛在于架设理论与实践的桥梁，服务教学、提升教学；为了学生、发展学生；成就教师、成就自我！

1. 唤醒教师的研究意识，提升教师的学科能力

教师研修的重点是执教能力和学科专业素养的提高。研修活动要重视引导教师理解和掌握学科教学规范，提高课堂教学的设计与实施能力。研修的内容包括解读课标和教材、教学设计、课堂教学、作业布置与批改、学生学习诊断、学业辅导、过程性评价、考试命题研究等。

高效能教师需具备以下方面：

个人成就感。认为和学生一起活动是重要和有意义的，期望学生进步，而且往往能发现学生达成其期望；

对学生学习的个人责任。教师应负起学生学习责任，学生学习经验失败时，检讨自己的教学行为，使学生获得更多的帮助；

达成目标的策略。为学生学习进行计划，设定师生目标，确立达成目标的教学策略；

正向效果。对教学、对自己和对学生感到胜任而快乐；

控制感。深信自己的教学能够影响学生的学习，师生有共同的目标追求，课堂上师生共同参与，能有效达成教学目标；

民主式决定。允许学生参与有关促进目标达成和学习策略的决定。

2. "学案导学"要找准切入点

找准学生关注的、容易发生认知偏差的切入点，设计教学话题。教案，是教学设计的文本化，是用文本展示的教学过程的蓝图。学生有效学习有赖于教师有

效设计。导学案应突出学习目标、学习情景、学生思维和学生活动的总结，应力求实现导、学、练的统一。彰显教师个性，作校本化的改造。

例：以"讲学稿"为载体的"教学合一"的教学改革

"教学合一"教学改革分三部分：一改备课模式，实行以"讲学稿"为载体的分工合作、取长补短的备课改革；二改课堂教学模式，实行以"讲学稿"为施工蓝图的小组合作、师生互动的课堂教学改革；三改课后辅导模式，实行以"讲学稿"为依托的查漏补缺、教学相长的课外辅导改革。从课前备课、课堂教学，到课后辅导都进行改革。

"讲学稿"既是学生的学案，又是教师的教案。实现了"教学合一"。"讲学稿"保证了课堂教学的高密度，目标明确、话题集中，教师教学思路活、学生思维容量大，围绕问题重思考和讨论，节奏快、效益高。教学过程中必须精选材料，精选认知策略，精收反馈信息，用好教学手段，在抓"重点"、攻"难点"、解"疑点"上下功夫，在提高学生能力的"支撑点"上下功夫，在激发学生主体意识的"兴奋点"上下功夫。

二、"铺设"提升教育质量的"跑道"

教育是一项价值引导的工作。当一个人每天都在成长，而逐渐开始忘我的时候，幸福之路已经铺就。教育研究是提高教育质量和教学效益的巨大推动力。教育研究是造就有作为的教育家和优秀教师的一条必经之路。教育研究是提高校长管理水平和理论素养的有效途径。

（一）提升教师的精神境界

校长办学思想是学校发展的核心和灵魂。无视"精神统领"，学校就没有向心力；没有"文化引领"，学校就没有凝聚力；缺乏"物质保障"，学校就没有执行力，因而学校的主要任务就是要弘扬精神，继承文化，创造物质。

1. 让教育激发生命的潜能

通向科学的道路始于基础教育。苏霍姆林斯基认为，一个人只有具备了高度的智力素质，才能适应科技革命和现代化生产的需要。他预言，在未来社会中，不论职业分工如何，都应具备一个共同特点，就是以智慧和创造性在劳动中起主导作用，劳动者都应当善于创造性的思考，应当是富有智慧的人。他还认为，在现代，英雄主义不仅要求人们有劳动热情、顽强、勤奋，而且要善于劳动，有高度的文化，把握先进的技术，有创造精神。他认定，通向科学的道路始于基础教育。学校的任务之一，就是培养学生爱知识、爱书籍、爱科学；教育工作中应尽可能鲜明地反映科学正在变为直接生产力这一趋势。

对教师教学知识的指导。从教学功力上指导教学知识；从学习实效上指导教学知识；从教师成长点上指导教学知识。在美国，大学毕业以后，经过教育学院的培训，才能成为中小学教师，教师的地位不是口头说，而要用制度保证，培养出的教师才是合格的。

2. 专业精神是教师发展的动力

敬业、奉献是教师专业精神的具体表现，优秀教师有一共性：坚定的教育信念。培养具有较强实践反思意识与能力，善于发现现实中的教育问题，具有较强教育科研、教育心理和教育技术能力的新型教师。

学校教育成功的诸要素中，人力资源无疑是学校发展的第一资源。所谓人力资源，归根结底就是教师的专业素养和教师专业化程度，纵观名师的成长，教师专业发展要经历三关：学习关、实践关、职业倦怠关的考验。

（二）让"知识树"在学生心里扎根

教育是个价值引导的过程，一个引领学生成为我们所希望成为的人的过程。教育如何提升人生境界，转变人的生存方式，引导人去建构一种健康的明智的生活？教育要解答好上述两个问题，必须从传授知识走向培养智慧。

1. 培养"有智慧的人"

知识是获得并储存起来的学问，它的属性是客观的、静态的、被动的。要发挥知识的力量，必须把知识转化为主体的实践力量即智慧。知识的简单累积或简单套用不能解决复杂、疑难问题。可见，传授给学生知识并不是教育的根本目的，在引导学生学习知识的过程中，用智慧统帅知识，培养"有智慧的人"，才是教育的真义。

2. 分层教学策略

学生分层。按学生学习能力分班教学，或在班级内开展分组教学。但要避免把班级学生标签化、意识形态化的倾向，避免歧视或偏见。根据学生进步状况，允许在不同层次的班级间流动。

目标分层。据课程标准要求，制定与各层次学生"最近发展区"相吻合的分层教学目标。学生认知过程或思维方式分为记忆、理解、运用、分析、评价和创造6层级，由简到繁、由易到难、由低到高发展。低层目标即从识记入手，理解教材最基本内容，达到课标的基本要求；中层目标即能够将所传授的知识进行灵活运用，培养学生分析问题的能力；高层目标即能够将所学的知识用于解决实际问题，培养学生综合能力和创造性思维。

课程分层。据课程难易程度将其分为 A、B、C 三层次，学生根据自己兴趣、发展水平和未来职业定向等因素选择不同课程层级。同时，改变固定行政班的教学制度，形成流动的"走班制"。

作业分层。针对学生差异，作业设计可分为 3 层次：面向全体学生的基础型作业；面向大多数学生的拓展型作业；面向少数学有余力学生的提高型作业。同时，可以改变布置作业的方式，变"布置"作业为"推荐"作业，变教师给予为学生自编，实行弹性作业制度、学生互帮制度等。

评价分层。据不同层次学生的不同学习目标，分层评价其基础性学力、发展性学力和创造性学力。变横向评价为纵向评价，鼓励学生自己与自己比较，而不是在学生间比较，肯定自己的每一点进步。变竞争性评价为激励性评价，学会欣赏，发现学生的闪光点。确立不同层次的多元评价标准。不仅要关注优等生和中等生，更要关注后进生，既要评估平均分、及格率和优秀率，还要评估不及格率和后 30% 学生的平均分，开展分层评估。

（三）素质＝觉悟＋技能

受过教育的人，并不就是一个完人，一个"高大全"的人，但是她一定善于学习，勤于自我反思，不断地追求生命更高的境界。她也许会有这样那样的不足或弱点，有这样那样的软肋和局限，但是她能正视自我，不文过饰非；她能够从善如流，并不断地开拓生活和自由。

1. 教育关注儿童一生发展

"有教无类"是孔子教育思想的一个重要方面。有教无类的"类"，一指社会阶层的各个等级，二指学生个人素质的优劣。孔子的有教无类，一是倡导教育的平民化，二是主张教育的公平性。

孔子的教学原则——因材施教："因材施教"概念并非孔子本人提出，而是宋代朱熹在总结孔子教学思想时归纳出来的。但从孔子一生的教育教学实践分析，他的确是按照因材施教的教学观念和教学方法从事教育事业，从事教学工作，把因材施教的教学观念运用于教育教学的全过程。

孔子的治学观念——学而不厌。让每一个孩子都抬起头来走路，享受学习、体验成功、教育关注儿童一生发展。

2. 适度教育

"适度教育"指教育过程、教育内容、教育方法等教育要素均处于一种自然和谐状态的教育。要努力制造出科学评价的尺子，丈量出每个学生自己的最高分值。

中国教育的未来发展需要构建三重关注：

培养精英人才。这些人的潜能要得到充分挖掘，较早关注其发展的优势，并促进优势的发展，逐步形成专长。

促进教育的均衡化发展。教育是一项国民服务，需要落实公平原则，未来相当长时间我们会把均衡发展作为教育的国策。

关注弱势学生的发展。教育不能淘汰学生，我们必须知道，高端人才是处于流动状态的，他们的生存不是问题。而弱势学生若没有教育的加力，注定走向社会以后，就会面临生存的压力，就会成为家庭的包袱，最终成为社会的包袱。若在受教育阶段给予其特别技术化的帮助，使之具有生存的本领，其实也是减少了未来社会的压力。未来教育要关注所有的学生，提供个性化的服务。这也就是教育要从追求规模效益，转向内涵发展的本意。

从教育规模、结构上来说，"适度教育"也就是办与知识经济社会相适应的教育。未来社会专业分工细化，每个人在工作中只能选择持续学习，即终身学习。

3. 创新思维是源于激情驱动下产生的灵感

教育教学过程的本质是追求成功。一个人要取得成功有两个重要前提，一是追求成功，二是相信自己能够成功。我们的学校在造就少数"成功者"的同时，也造就了大批的失败者，让大多数学生成了心灵自卑、个性萎缩的"精神侏儒"。只要教师真正面对每个具体的学生"因材施教"，让每个学生都感到求知的快乐、思考的快乐、创造的快乐，那么，所有学生都可以成为学习上的成功者。

三、让学生"在校发展"最大化

"适度教育"是以人为本，关注学生健康成长的教育，是以奠基终生幸福作为核心理念的。真正做到将每个学生视为独立的个体，尊重个体差异，学生该做什么，就让他们做什么，能做什么，就引导他做什么，尽可能多地为学生的成长和个性发展创造条件、搭建平台。同时，教育者应尊重学生的个体差异，使每个学生在生活中充满自信。"适度教育"某种程度上就像根雕，尊重和利用原有的形状，顺其形，借其势，让孩子优良的个性特征在现有的基础上实现最大发展。

（一）适合的教育，才是好的教育

在苏霍姆林斯基看来，知识既是目的，又是手段。知识不是为了"储存"，而是为了"流通"。教师不只是让学生记住知识,而且要注意发展学生的精神世界。"不要让上课、评分成为人的精神生活的唯一的、吞没一切的活动领域"。"教学和教育的艺术就在于揭开每个儿童的力量和可能性。"

1. 让课堂成为孩子们幸福成长的地方

注意培养学生个性。苏霍姆林斯基提出,学校要达到三项具体要求:让每个学生都有一门特别喜爱的学科,鼓励他"超纲";让每个学生都有一项入迷的课外制作活动;让每个学生都有他自己最爱读的书。他提醒教师,如果一个学生到十二三岁在这三方面还没有明显的倾向,教师就应当为他感到焦虑,必须设法在精神上对他施以强有力的影响,以防止他在集体中变成一个默默无闻、毫无长处的"灰溜溜的"人。可见,他非常重视培养学生的学习兴趣。

(1) 课堂结构 = 学科深度 × 教育广度

对于学科深度有两种理解:一是指内容的艰深,二是指理解的深刻。教师在学科知识上要有深度,并不是要求教师在学科知识的内容上艰深,而是要求教师对学科知识的理解要深刻。在内容理解上越是深刻的教师,就越是可以帮助学生学习,就越能让学生学得有趣,就越能让学生掌握学科知识。

对于教育广度也有两种理解,就是把学生当做"一个学习学科知识的人",还是当做"一个人在学习学科知识"。从"一个人在学习学科知识"的立场出发,就意味着必须把学生当做一个整体的人来对待,可以从三方面加强学科知识对学生的吸引力:学科教师要全面地爱护与关心学生;力求让"书面化的学科知识"生活化;要从学生的知识原点出发,引导学生走到学科知识的终点。

(2) 课堂效率 = 教学进度 × 学习接受度

课堂教学真正的主体是学生而不是教师,教师非常努力,但学生不参与,那么课堂教学的效果仍然为零。在课堂教学中,具有真实教育意义的是学生的学习,教师的教学只是学生学习的助推剂。换言之,教师的主导只是服务于学生主体学习的一种方式而已。因此,评价一堂课优劣的标准,从目标的角度来看,应该是学生的学习接受度,而不是教师的教学进度。

课堂效率需要教师的努力,需要学生的参与,更需要教师与学生的协同合作。要让课堂发挥最大的效率,肯定需要教师与学生的努力与投入,但在教师与学生投入有限的情况下,相互照顾对方的进度,才是最佳的选择。教师一味地加快教学进度而不顾学生的学习接受度,或者学生只管个人的学习接受度而不顺应教师的教学进度,都很难让课堂效率最大化。

学生最喜欢的课堂教学方式如图:

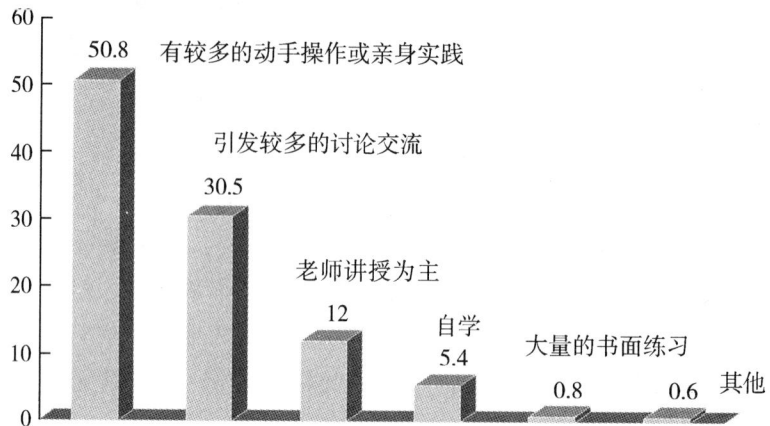

86.7%的学生表示喜欢有较多的动手操作或亲身实践、讨论交流或自学等课堂教学方式，12%的学生喜欢以老师讲授为主的方式。

2. 要在最近发展区上做文章，使教学走在发展的前面

著名心理学家维果茨基就教学与发展问题，提出了"最近发展区"之说，即儿童发展可能性的思想，归结为"教学应当走在发展的前面"的结论。

（1）发展就其层次而言，包括现有发展区和最近发展区。

关于教学作用于儿童发展的途径，由于维果茨基引进了区分儿童发展的两种水平的原理而揭示出一个清楚的观念。第一种水平是现有发展水平，由已经完成的发展程序的结果而形成，表现为儿童能够独立解决智力任务。维果茨基把第二种水平称为最近发展区。最近发展区说明那些尚处于形成状态，刚刚成熟的过程正在进行。这一水平表现为：儿童还不能独立地解决任务，但在成人的帮助下，在集体活动中，通过摹仿，却能够解决这些任务。儿童今天在合作中会做到，到明天就会独立地做出来。我国传统教学中也有"跳一跳、摘桃子"之说，实践证明，只有针对最近发展区的教学，才能促进学生的发展，而停留在现有发展区的教学，只能阻碍学生的发展。

发展的过程就是不断把最近发展区转化为现有发展区的过程，即把"未知"转化为"已知"、把"不会"转化为"会"、把"不能"转化为"能"的过程。新课程提倡自主、合作、探究学习，就是要促进两种发展水平的良性循环。

（2）发展就其形式而言，存在"内在发展"与"外在发展"。

内在发展是一种着重追求以知识的鉴赏力、判断力与批判力为标志的发展；外在发展是一种以追求知识的记忆、掌握、理解与应用为标志的发展。简单地说，内在发展是智慧发展；外在发展是知识发展。两种发展具有关联性，又具有

相对独立性，传统教学过分追求外在发展，导致内在发展受损，新课程倡导内在发展，为此，在教学任务和目标的定位上，要强调通过课程知识的学习培养学生的怀疑意识、批判意识和探究意识，从而使他们从小懂得知识是永远进步的，没有哪一种知识是不需要质疑和发展的，新的观点、新的方法、新的技术永远是值得关注和学习的。

（二）教育与考试的关系

为什么高考改革有的方面总是"改不动"？实际上，那些"改不动"的恰恰是反映多数人希望保证高考公平性的部分，说明其间必有存在的合理性，存在着不以人的主观意志为转移的客观规律。高考改革应以不变应万变，"不变"的是它公平和科学的选材原则，而"万变"的是考试形式与内容可以不断推陈出新。

制度的问题要用制度解决，制度问题仅仅靠观念是很难变革的。高考制度的设计，应该根据不同类型、不同层次的教育差异性需求，推进多元化选拔、多样化录取的改革。

1. 考试成绩 = 学科兴趣 × 学习方法 × 学生智商

影响学生学习成绩的要素，大致包括学科兴趣、学习方法、学生智商三方面。在这三大学习要素中，最难改变的应该是学生智商。我们很难改变学生的智商，但能够改变学生对待自己智商的态度与使用它的方法。对学生来说，找到适合自己的学习方法是取得学习成绩的前提。在学生的学习要素中，最容易改变的是学生的学科兴趣。学生对某一学科喜欢与否，很少以其专业价值为标准，一般以是否对他们的胃口为标准，在这一点上，学科教师的教学风格甚至学科教师自己的生活态度都起着至关重要的作用。然而，在现实中，教师往往是用强迫来替代学科兴趣，用训练来替代学习方法，虽然明知这种教学方法是饮鸩止渴，但是要让他们在渴死与毒死之间进行选择，教师们情愿先止渴再被毒死。

唯一的"学科质量化"是非常危险的。理想的智育是把知识转化为智慧，只有在智慧引导下，才可能有真正意义上的心智活动。考试形式求多样，试题着重考能力。有人称"高考是中国惟一公平的竞争"。可以说，高考在相当长的一段时间里，确实承担着公平竞争的社会功能。人的知识可以在考卷上考出来，但人的能力和素质是不能在考卷上反映出来的。

考试的分数 = F（实力，技巧，心态）。目前的高考制度，是当前唯一可行、有很多遗憾、但又必须实行的制度。培养学生，要培养他们的知识、能力、人格，也就是要德智体全方位发展，这在试卷上是考不出来的。高考是一把尺，学生进入教育是他的权利，你必须要有一把尺来衡量他，这把尺应该是多维的，但现在只是一维的，一个总分就决定了终身，这是一个没有办法的办法。频繁变动会导致社会一种浮躁的心理。没有稳定的高考制度，学校、家长、学生无法应对，不利于学生学习，也不利于老师教学。高考也应该是法治，不是人治。当然最理想的办法是学校自己考，但在目前条件下，很难实现。

2. 成绩竞争＝专业竞争＋时间竞争

进大学后竞争激烈。在法国，上大学不需要经过特别的考核，一般只要中学毕业都可以进大学。真正比较激烈的考试和竞争是在大学里，上大学一年或两年后有个非常严格的考试。这样人人都平等，人人都可以上大学，大学可以招收更多的学生。

成绩竞争＝专业竞争＋时间竞争。在教育理论上，教师要拥有良好的教学业绩至少需要三个要素——教师的教学专业水平、教师的投入程度和教学工作环境，其中教学专业水平起着决定性的作用。可是，一旦回到教育实践，尤其是教师间的教学竞争上来，这个结论就显得有点勉强了。

适度的竞争会带来教育质量的提升，带来公办教育与民办教育的共同繁荣，带来人民群众对优质教育选择的进一步满足。竞争有着积极的意义，没有竞争就没有社会的发展和进步。竞争有良性的，也有恶性的。所谓恶性竞争，就是不遵守游戏规则，采用不正当手段的竞争。

3. 提高学生成绩：学校占7%＋教师15%＋学生个体78%（学生成绩个体差异：时间、能量、习惯、遗传）

教育规划纲要提出的"把促进人的全面发展、适应社会需要作为衡量教育质量的根本标准"，恰恰体现了教育质量适应性和人文性的双重要求，是判断一种教育实践活动是否遵循或体现科学教育质量观的根本尺度。

朱永新教授提出"成功六字诀"：信、望、爱、学、思、恒。"信"：信心，自信，信念。"望"：希望，理想，志向。"爱"：拥有爱的情感，拥有同情心，拥有正义感，是一个人的安身立命之本。"学"：学习。"思"：思考。"学而不思则罔。""恒"：恒心。"贵有恒，最怕一日曝，十日寒。"

体现民主、平等、公平原则的智育，应让每一位学生都享受学习的成功感。智育要追求高质量，其中包括理想的考试成绩，但智育的成果绝不仅仅是分数，而是学生思维的发展、智慧的发展、求知欲的发展、创造力的发展等。智育应该走出分数的误区，把追求的重点从高分转移到创造力上来。中国教育塑造了一条巨龙，但点睛之笔没点上，那就是创新、个性。

（三）让学生获得"工作过程知识"

教育发展是追求教育质量的社会行动。教育质量观致力于回答什么是有质量或高质量的教育，教育发展观则是对如何才能够实现有质量或高质量教育的系统认识。不同的教育质量观会选择不同的发展道路或模式。

1. 树立以提高质量为核心的教育发展观是当前走教育科学发展之路的当务之急

课程改革第一次破局：课程；第二次破局：课堂。在实效性上做好做足文章。从学生们喜欢的事做起，做学生喜欢的事，办学生喜欢的学校。我们要走进学生的心灵世界，体验学生的生存方式、把握学生的文化特质、吸纳学生的生活经验。群体动力理论认为，同学们在一起为共同目标学习，靠的是相互团结的力量，相互依靠，为个人提供了动力，使他们互勉、互助、互爱，群体成员为了共同的目标，而努力贡献自己的才能和智慧。

学校教育追求升学率是合理的。在指导思想上，一要承认在我国国情条件和现行教育制度、考试制度下，学校追求升学率是一种必然规律；二是从理论与实践两个方面对考试功能与使用加以研究，使考试、教育处于协调发展状态。只有在这样的认识前提下，才有可能进一步探讨学校追求升学率的根本原因，寻求出正确的解决对策。

2. 思考：树立什么样的教育政绩观

应试教育没有把学生当作真正的人来培养，在一定程度上把学生当成了考试的工具和机器。媒体曾报道一个事例：说某县一学生成了高考"状元"，当地县领导组织敲锣打鼓送红花并奖他一套两室一厅的房子，然后劝他不要上大学，明年再考，如果再考上"状元"，再奖励他一套两室一厅的房子。看看，学生成了什么！因此各级政府、社会方方面面的教育政绩观确实需要转变。

高考状元花车巡游，万众瞩目：

对高考的炒作，让教育显得太浮躁了。没有一个安宁的心灵，能搞好教育

吗？教育，必须耐得住寂寞，抗得住潮流，顶得住诱惑，识得了经纬，辨得清是非，看得穿功利！追求升学质量本身没有错，错在片面追求升学率，把"尊重知识"异化为"尊重考试"，把"尊重人才"异化为"尊重状元"。

第二节　寻求提高教育质量的制度探索

一所好的学校，一个优质的教育资源，不仅体现在文化上，而且体现在制度上。制度是这个学校的重要资源之一。组织的目标，是要靠制度来支撑的，协调学校各方来完成组织的建设目标，完成学校发展目标，是要靠制度来保证的。

一、强化现代学校制度建设

现代学校制度是适应市场经济要求，以学校法人制度为主体，以有限责任制度为核心，以教育管理专家经营为表征，以学校组织制度和管理制度以及新型的政校关系为主要内容的现代学校体制。

（一）现代学校职能的"价值定位"

学校教育与社会的政治、经济有着密切的联系，同时又必须对人的需要作出应答。这样，学校的职能主要可划分为两方面：用以满足社会政治、经济需要的工具职能以及用以满足人自身发展需要的固有职能，亦即个体社会化的职能和个体个性化的职能。

1. 现代学校职能的价值定位

（1）现代学校的政治职能。对青年一代传播一定的政治思想意识，促使其政治社会化的职能；为维护社会的稳定与统治而培养专门人才的职能；营造和推进社会舆论，促进或改变政治发展的职能。

（2）现代学校的经济功能。为社会生产各部门提供劳动力后备军的职能；实现科学知识再生产的职能；改善全民素质，储备经济发展潜力的功能。

（3）现代学校的文化职能。整理和保存文化的职能；传递和传播文化的职能；创造和更新文化的职能。

（4）现代学校促进人的身心全面发展的职能。学校应能使个体的身心得到全面发展；学校应促进人的身心和谐发展，应充分挖掘人的发展潜能。

2. 现代学校制度的基本特征

（1）依法自主经营的学校制度，包括学校具有独立的法人地位、政府职能与学校职能的分离、国家权利与学校法人权利的分离、产权与经营权的分离等内容；

（2）科学、民主、开放的学校管理，包括校本机制和人本原则，以及依法治校、民主治校、专家治校、以教学为中心、允许学生自主择校等内容；

（3）家庭、学校、政府之间的伙伴关系，包括社区、家长、学校之间的互动关系和学习型社区等内容。

（二）完善学校内部管理"运行机制"

为全面落实依法治国要求，大力推进依法治校，建设现代学校制度，教育部于2012年11月公布了《全面推进依法治校实施纲要》。根据纲要，到2015年，我国将全面形成一校一章程的格局。经过核准的章程，应当成为学校改革发展、实现依法治校的基本依据。涉及师生利益的管理制度实施前要经过适当的公示程序，未经公示的，不得施行。纲要还提出，中小学、幼儿园应当逐步建立健全家长委员会制度，不断扩大家长对学校办学活动和管理行为的知情权、参与权和监督权。

1. 建立"校本管理"机制

学校的人本管理，应从四个方面来理解：要以人为中心；满足人的需要；有利于人的素质提高；可促进人的可持续发展。总之，人是在管理的中心位置。

制度是让想犯错的人犯不了错，文化是让有机会犯错的人不愿意犯错！校长既是教育的实践者还是教育的"思变者"，演进和设计一套好制度，好学校就会自动生成。

2. 建立高效有序的工作落实机制

从学校层面来说，每学期初，认真召开全体教职工大会，全面总结上学期工作，表彰激励先进，传达部署新学期《学校工作安排意见》；从部门来说，每月、每周都要根据《学校工作安排意见》依次明细出"工作落实"意见，使各项工作从工作任务、工作内容、牵头领导、责任处室、责任人到时间"节点"，形成一个相对固定、脉络清晰的框架，然后按计划、按议程推进落实。每周召开一次校长办公会，总结上周工作，计划下周工作，集中研究推进过程中遇到的重点难点问题。

（三）寻找学校发展的"现实坐标"

追求卓越。追求高质量的发展，高效率的发展，高品位的发展。必须保持一定的发展速度，确定每年中、高考考试的质量目标，升学率高不等于应试教育，关键在于怎样追求升学率，评价质量的同时更要关注效益；必须改变教育教学质量的评价方式，切实减轻教师和学生的过重负担，追求课堂教学效率；必须提高自主创新能力，实现教师教学方式与学生学习方式的转变。

1. 集体捆绑式考核评比

现代学校的竞争是质量的竞争，而非校园面积和教学大楼的竞争；是特色的竞争，而非特殊社会关系的竞争；是优质实惠服务的竞争，而非市场包装和空洞口号的竞争；是开放办学、和谐共存的竞争，而非自我封闭、互相挤压的竞争；谁能在质量、特色和服务上率先实现以人为本的创新和突破，谁就能赢得社会资源和长远持久的发展。

集体捆绑式考核评比，不计较哪一位老师的教学成绩，消除个人间的竞争倾轧，教学质量会明显提高。

2. 竞争必须有规则

圈内常有这种现象，能够开诚布公、无拘无束地把自己的教育风格、特色、做法等进行平等交流，往往是跨区域的同类型学校。在本地即使交流，大家也常常会留一手。要解决这个问题，首先应制订行规。学校在竞争过程中，当然要尽可能展示强项，但不能损人。这应成为学校间交往的基本原则。竞争不是打倒对手，而是不断地提升自己。竞争是把自己的优势做活。竞争必须有规则，不讲规则的竞争，就是恶性竞争。竞争也许很激烈，但是竞争不能"失范"。恶性竞争，由"伤对手"始，必至"伤自己"终。

实现良性竞争。首先需要建立公平的"游戏规则"，其次要树立明确的"规则意识"，第三要建立有力的"监督机制"。让"失范"者"得不偿失"，是防止"失范"最有效的办法。

二、制度的出路在于回归"集体契约"的本质

只要事实不断地证明制度是实现员工利益的最优方案和路径，它就不会再成为与人心对立的东西。

（一）制度是什么？制度是"集体契约"

实现制度之上的心治。"道本管理"认为最高管理是灵魂管理、解决心灵问题才能取得成功。制度是集体契约，是管理之魂。调动一切力量，做好心灵契约管理。

1. 制度是"集体契约"

一套好制度就是一所好学校。什么制度是好制度？制度有三种形态，最初级的形态是人们的习俗，第二是道德，第三是成文的，通过强制力来推行的。制度背后的是什么？是文化。制度如果没有得到大家的认同，那么这些规章制度就是没有用的，没有执行力。

制度的力量就在于它成为每个人内在的自我约束。建立有利于领导和教师稳定发展的制度保障；社区环境保障；想方设法解决教职工的后顾之忧。

2. 机制和规则是管理的杠杆

例：分粥的启示

有七个人曾经住在一起，每天分一桶粥。要命的是，粥每天都是不够的。一开始，他们抓阄决定谁来分粥，每天轮一个。每周下来，他们只有一天是饱的，就是自己分粥的那一天。后来他们开始推选出一个高尚的人出来分粥。强权就会产生腐败，大家开始挖空心思去讨好他，贿赂他，搞得整个小团体乌烟瘴气。然后大家开始组成三人的分粥委员会及四人的评选委员会，但他们常常互相攻击，扯皮下来，粥吃到嘴里全是凉的。最后想出一个方法：轮流分粥，但分粥的人要等其它人都挑完后拿剩下的最后一碗。为了不让自己吃到最少的，每人都尽量分得平均，就算不均，也只能认了。大家快快乐乐，和和气气，日子越过越好。

同样是七个人，不同的分配制度，就会有不同的风气。一个单位如果有不好的工作习气，一定是机制问题，一定是没有完全公平公正公开，没有严格的奖勤罚懒。如何制订这样一个制度，是每个领导需要考虑的问题。

(二) 树立"民本理念"，把缺失的制度弥补回来

如何将"依法治校"和"人本管理"很好地协调起来呢？

1. 富有"前瞻性"的学校章程是学校发展的指路明灯

学校章程虽然是根据学校实际制定的一个内部"法律"，但是，由于学校是人才的培养机构，学校管理具有"中介性"，它在国家、上级主管部门和学校的教职工、学生之间是一个连接器和转换器，所以，学校章程不能游离于国家的法律、政策之外，必须体现国家的意志、学校教育的根本任务，体现对教育方针的全面贯彻。

学校的一切规章制度都是为教育质量提供保障的。制度不是学校拿来惩罚教职工的工具，而是大家约定俗成的一项规则。只有把建章立制的"硬"管理和人文精神的"软"管理有机地结合起来，重"管"更重"理"，使学校的章程遵循和体现以人为本的理念，用人文精神管理学校，关心师生，才能构建起和谐

的校园，有力地推动学校走上可持续发展之路。

2. 管理变革

知识管理指利用适当的技术、方法和机制来促进知识的有效生成、传播和利用的过程。知识管理思想继承了当代人本管理思想的精髓，又结合知识经济这一新的经济形态的特点予以创新。

第一，以人为本，尊重知识，尊重人才。人本管理或知识管理的核心都是要创建一种机制和氛围，使员工的创造力能够最大限度地发挥出来，形成一种集体的创造力和创新能力。因此，要寻求一种激励机制，既不同于以往的精神激励也不同于一般物质激励，而是赋予更大的权力和责任，使被管理者意识到自己也是主人，进而更好地发挥员工的自觉性、能动性，充分挖掘员工的潜能以实现其自身的人生价值。

第二，知识管理要求减少管理层，把垂直的管理变为水平管理，加强决策层与员工的对话与交流。这正如《福布斯》杂志所说，"在这种新的环境里，公司内部和公司即竞争对手之间进行合作将成为常事……跨学科和跨地点的协作小组将变得更加普遍。逐级汇报的等级制度也将被淘汰"。《哈佛管理》杂志提出，要笼络员工的心，公平、透明的决策过程比加薪更有效。

第三，加强全员的职业培训。知识管理的核心在于强调每一个员工——知识创造者的价值和作用。从领导者到普通员工，都存在着提高专业技能和文化素质的问题。鼓励、促进形成员工的学习、创新欲望，将员工个人知识转变为学校集体的知识，从而建立属于自己的智力优势。

（三）制度的力量就在于它成为每个人内在的自我约束

规章制度的建立、制定是随着学校的发展、进步不断改变的，而不应该一成不变。一个有经验的领导者，要善于用规则管理员工。学校管理应该把"他律"和"自律"、纪律和觉悟，外在约束和内在约束结合起来。

1. 制度的订立要"与时俱进"

制度要有一个缓冲带的设计，并定期地"晒制度"。因为制度的订立也要与时俱进。在教师观念文化整合、学生行为文化形成、学校制度文化健全和学校物质文化完善等方面下功夫。要树立人力资源是第一资源的观念，加强教师队伍的建设和管理，建立合理的内部激励机制，力求"个体素质较高，群体结构合理，富有创新精神"的教师团体，以适应现代学校的发展和现代课程的改革。

校长应该是一位运筹帷幄的棋手，把每一个棋子都放在适当的位置，既要让每个岗位都有最适合的人，也要让每个人都做适合自己的事，还要让每个上岗的人都有责任意识和忧患意识。

2. 为员工找到一个能充分发挥潜能的舞台

例：骆驼母子的对话

在动物园里的小骆驼问妈妈："妈妈，为什么我们的睫毛那么长？"骆驼妈妈说："当风沙来的时候，长长的睫毛可以让我们在风暴中能看得到方向。"小骆驼又问："妈妈，为什么我们的背那么驼，丑死了！"骆驼妈妈说："这个叫驼峰，可以帮我们储存大量的水和养分，让我们能在沙漠里耐受十几天的无水无食条件。"小骆驼又问："妈妈，为什么我们的脚掌那么厚？"骆驼妈妈说："那可以让我们重重的身子不至于陷在软软的沙子里，便于长途跋涉啊。"小骆驼高兴坏了："哇，原来我们这么有用啊！可是妈妈，为什么我们还在动物园里，不去沙漠远足呢？"

天生我才必有用。一个好的心态＋一本成功的教材＋一个无限的舞台＝成功。每个人的潜能是无限的，关键是要找到一个能充分发挥潜能的舞台。

三、科学管理、民主管理永远不会过时

所谓科学，就是按规律办事，研究事物内在的规律，再依据规律，制定出制度、规矩、方法、计划，然后，按规则去运行，去管理学校。"学校管理要讲科学，讲科学就不能是一个人苦思冥想，一个人的智慧和群体的智慧相比，太微不足道。所以，我们要坚持这样的理念：科学来自对规律的把握，不从科学的角度去思考、探索，就难以把握真理内涵着的科学……"

（一）追求发展是人心的基本趋向

魏书生的教育管理理念："学习、工作、尽责、助人是幸福。"其教育管理思想之精华："民主科学"。"民主"就是增强师生员工的主人翁责任感，把对自己、对家庭、对集体、对国家尽责任当做享受，学会把个人、家庭、集体、国家利益统筹考虑，多方兼顾。从树立服务意识、建立互助关系、发展个性、决策大家商量四方面培养民主治教习惯。科学治教就是不断地分析研究，揭示、认识教育规律，顺应规律，按照规律制定规矩制度。

1. 学校民主是民主观念在学校实践中的具体体现

学校民主主要包括三层内涵：

第一，它是一种有效的学校管理方式，这种方式强调尊重、信任与接纳，民主参与，交流、沟通与合作，公平竞争，共同分享成果等。

第二，它是一种学校成员的生活方式，在这种生活方式中，学校成员在相互尊重、互相合作、体谅宽容和公平竞争的基础上处理他们之间的社会关系。

第三，学校民主具有其特殊的道德意义，强调包容、自由、支持、帮助等，体现在课堂教学、师生交往、有组织的学校活动、学校管理决策的过程以及学校与社区、家庭等其他成员的沟通与合作中。

2. 学校管理创新要把体现学校民主作为其重要使命

首先，从学校民主的理念出发，设计和制定一整套学校的民主管理制度，确保所有学校成员的基本民主权利。校长可以通过相关的规定，将民主参与的观点和做法纳入学校管理的框架体系当中，凡是与教师、学生、家长等有关而且其有能力处理的事情，应由他们自己去决定并担负起相应的责任。

其次，实现学校民主需要一定的方法和技术，这不仅能确保学校作出更好的决策，而且能促进学校成员的成长和发展。根据学校成员参与的程度来区分，民主管理的方法和技术主要有会议讨论、征询意见、民主集中制、教师参与、家长参与等。

再次，学校民主需要一定的制度、措施来保障，如高质量地召开教职工代表大会、推进校务公开、推行教育问责制等。

(二) 将组织作为个人发展的平台

人人追求发展，这是人心的一个基本的趋向，只是对于如何发展、需要自己作出哪些努力、以什么样的起点作为开始、不具备的条件如何解决、相应的资源如何整合等一系列问题缺乏相应的知识和经验，此时，在生存压力的逼迫之下、在社会不完善的制度和不良现象的刺激下，很多人会感到发展无门或者屡屡遭受挫折，才可能走向反面。组织的责任，就是为每个人找到一个健康的发展道路，把组织作为人发展的平台，而不是将人作为组织发展的工具。职业生涯规划的工作，实际上就是组织这种功能的体现。

1. "人本化管理"——点燃教师的心灵之光

"学校有上百号的老师，来自四面八方，凑到一起，不容易，大家一定要立足于互相帮助，少琢磨人，多琢磨事，千方百计搞好团结，形成合力。不仅是班子成员之间要互相帮助，更要与老师之间搞好互助，形成全新的同事关系，这就是和谐、温馨的互助关系……"

2. 计划你的工作，然后按计划工作

"无论是学生还是教师，发展他们人性中美好的东西，并做到不伤害他们的个性，教育就永远不会落后。"所有人都有上进的一面，尊重人性中好的东西，才能看到每个人都挺可敬、可爱；尊重并发扬别人的长处，他的短处就难以兴奋，他就没有机会实现短处。"建国以来课程改了8次，但不管怎么改都是为了适应社会的发展需要，适应学生自身成长的需要，这两点是永远不变的，瞄着这个方向走就不会出错。总体上说，高尚的情操、强壮的身体、健康的心理、扎实的知识再过一万年都还是需要的。有了这些本钱，就不愁去综合。"

（三）建立有利于教育质量改善的社会机制

决策的民主化是现代社会发展的必然结果，是人的身心发展的必然要求。西蒙认为，组织决策通常同组织使命、效率、公正和个人价值标准有关，并应求得各方面价值观的平衡和协调。要提高教育决策的有效性、应树立正确的教育价值观。科学的教育价值观应该是既能够满足社会发展需要，符合并推动社会进步，又能够满足人的自身需要并促进人的发展的教育，才是真正有价值的教育。

1. 制度是实现员工利益的最优方案和路径

学校管理的民主化、科学化永远都不会落后。魏书生说："别人问我是如何管理学校的，其实我都是用的别人的劲，不过就是积极努力地帮别人，当别人的助手，帮他排除障碍，尽力给他搭建舞台。出现失误自己先把责任揽起来，过一段时间再对他讲。如此而已。校长应是为别人服务的，是给老师、学生当助手的，这就决定了我们的决策过程要建立在和别人协商的基础上，越商量我们的助手就越多，到那时你的学校管理就是一种享受。"

发挥每个教师的"主人翁意识"，是校长精于管理的必然。在"人人是学校的主人，是学校的管理者"的认识下，可以促进学校教职工之间同甘共苦，亲如家人。如备课集体备，资料集体编，新教师大家带，工作大家做，分工不分家。可以实行"首问制"，人人都参与学校管理，人人都是学校的主人。不管是谁向本校教职工反映的问题，也不管问题正确与否，也不管该问题是否属于你管，都必须予以答复或解释，对于不能答复或解释的问题应及时向相关领导反映并做好衔接工作。决不会出现"事不关己，高高挂起"的现象。

2. 让教代会成为校长"逃避责任的避风港"

管理的秘诀：在经营中强化制度的执行，在引领中提升管理的品质。在制定规章制度时，要调动教师主人翁的积极性，让教师积极参与学校的管理，如以"管理好点子奖"等办法，让教师自己说"应如何考核教师，学科常规如何定，班主任工作常规有哪些，教研组应如何活动"等。在充分协商、论证的基础上经教职工大会通过，就可以出台大家都认可和接受的制度，如《关于内部分配制度改革方案》、《教师工作考核制度》《教学常规》《班主任常规》等系列规章制度。

健全教职工代表大会制。将牵涉到教职工切身利益问题中的棘手问题，交由教代会讨论决定，使教代会似乎成了校长"逃避责任的避风港"。校长要自觉服从教代会的决定，什么会议决定的事，要推翻它，必须在相应的或更高层次上才能决定。此外，在决策的有关会议中，要防止所谓"众口一词"、"一致同意"的表面现象。校长要特别警惕参与者中有人"看自己的眼色"行事。

第三节　在品牌学校打造过程中做好教育策划

教育策划是策划与教育有机结合而形成的一门新兴的交叉学科和艺术，它遵循教育规律，运用策划理论，就学校的发展方向、办学目标、发展战略、具体措施等问题进行全面、系统谋划，制定科学、合理、高效的教育行动方案，动态控制教育活动的全过程，从而达成教育的最佳境界和效益。

一、教育应关注人才结构问题

优秀的成功的教师、学生个体发展，永远是教育的核心命题，也是教育成功的典型标志。

（一）"就业难"难在人才结构不合理

一边是年复一年的就业难，一边是一再出现的招工难，看似互相矛盾，却又"两难"并存。针对这样的"疑难杂症"，央视《面对面》栏目提出的观点是：招工难反映的是劳动力需求与供给之间在某些方面的"不匹配"。"一边是有人没事干，一边是有事没人干；一边是有事不会做，一边是有事不愿做"。"一个国家的劳动力结构和经济结构应该是相匹配的，发达国家已经是以第三产业为主的服务型经济，所以他们需要知识性人才比例高一些；中国目前仍是工业化国家，技能型人才应该为主体"。

1. 人力资源强国的教育特征

教育投资就是一种提高人力资本的投资。通过接受教育和培训，使劳动者或潜在劳动者的综合素质、技艺水平得到提高。人力资本积累对社会的回报远大于物质资本积累。舒尔茨曾测定：美国战后农业生产的增长，其中只有20%是物质资本积累所引起的，其余的80%主要是由教育以及与教育密切相关的科学技术所引起的。美国现在的国民生产总值的平均增长额，大约有一半是由于改善劳动者的素质所致。

人力资源强国指标：中国人力资源指标排名预期变化

指标	2006年	排名	2020年	排名
受过高中阶段教育的劳动力总量（千人）	111727.26	1	234633.7	1
受过高等教育劳动力总量（千人）	53814.16	1	134076.4	1
全职研发人员总数（千人）	1364.8（05年）	1	5880	1
高校在校生人数（千人）	23361	1	35500	1
学校预期受教育年限	11	32	13.5	31
劳动年龄人口中受过高等教育人数比（%）	8.6	32	20	22
小学、中学、大学综合入学率（%）	69.1（05年）	32	82	30
每百万人口中全职研究人员数量	852	28	3500	14
国际论文收录数（SCI）1998—2008年累计	599298	5	——	2
国际SCI论文引用量1998—2008年累计数	2880768	9	——	5
公共教育经费占GDP的比例（%）	3.1	34	5	21
研发费用支出占GDP的比例（%）	1.33（05年）	20	2.5	11

数据分析表明，2006年中国人力资源水平综合排名为所选34个国家中的第18位。

2. 实现"人的现代化"是教育现代化的终极目标

人的现代素质突出表现为创新精神和实践能力。要加强教育与经济社会的紧密结合，调整学科和专业结构，创新人才培养模式，提高教育质量和管理水平，逐步建立教育培养与人才需求结构相适应的有效机制。对个人而言，全面发展首先是身心和谐发展。"身"是人的自然素质，"心"是人的精神世界。身是心的依傍，心是身的导向。

（二）"候鸟型"人才的培养

"候鸟型"人才是解决当前我国人才资源匮乏的重要方法，是提高人才使用效率、缓解人才压力的重要途径，是我国人才使用上的一大创新举措。

1. 人才的特长有衰变性和用进性

衰变性指人的特长随着年龄、生理和心理条件的变化，可能增长也可能衰退。用进性是指人的特长具有用进废退的特征，在一定时期内，特长越用越增进优势，反之，废置一边，就会退化。因此，要善于在教师特长的增长期和峰值期予以重用，还要善于在使用中开发教师的特长，促进其特长的发展。有才不用，不仅是人才资源的浪费，而且也是对人才的一种可怕的窒息和压抑。人才资源不同于其它资源，既不能保存，更不可能因保存而增值。

2. 社会需要"专才"

真正的人才就是能够将自己独特的东西奉献给世界。凡是专深之才都是偏才，凡是天才奇才都是怪才，对于世界有重大贡献的人，恰恰是这些怪才，而这些怪才常被世俗所不容，凡眼所不识。所以学校办学，既要为合格人才提供天地，也要为奇才怪才偏才留有生存空间。教育家的远见卓识不只是对现有人才的保护尊重和使用，更重要的是对潜在的人才能够给予识别、扶持、帮助。我们应借"外脑"引才，想方设法集聚"候鸟型"人才。

创新思维是人才培养的关键。一所学校不在于它有多少漂亮的建筑，而在于它有多少名师。培养人就是培养他的自信，摧毁人就是摧毁他的自信。一名理想的教师，应该不断地追求成功，设计成功，更重要的是要撞击成功。

(三)"鲶鱼型"人才的保护

人生的价值在于行动。挖掘教师的潜能，激发教师的兴奋点，发现教师的创新点，放大教师的闪光点。对教职工的关心，还要体现在对他们知识领域的关注上。我们通过培养群体中数目可观的"鲇鱼"来引领和激活教师创新的欲望，让教师在对话中寻找差距，让知识流动起来。

1. 为"奇才""怪才"创造必要的保护空间

将理论的张力建构在生活世界中，带着镣铐在跳舞。一个有理想追求的人眼光总会看得远一些。有理想的人和有智慧的人一样，都是痛苦的人。怎样避免更大的痛苦，或者说，怎样避免直接的矛盾？可以在外显的行为上不一定要特立独行，尽量地和周围保持一致，甚至迎合一些大众，这样不至于孤立；但是内心的神圣一定要保留，理想的东西决不能放弃。如果这样了还不行，那么，"此处不留人，自有留人处"。有理想的人和无理想的人的区别是什么呢？前者是带着镣铐跳舞，后者是因为有了镣铐，他就不跳了。坚持理想的人最终还是会活得最快乐的。

2. 杰出人才的培养需要合适的土壤、空气和阳光

日本数学家藤原正彦教授谈脑力革命——培养天才的六大条件：野心；知识；执着；乐观；理论思考；对美的感知力。天才只诞生于一种特定的环境中。其一就是，他们无一例外都是在美的事物包围中长大的。美的感知力不是与生俱

来的，而是通过环境、家庭和教育培养出来的。

杰出人才的冒尖也一样，他不是从某一种模具中浇铸出来的，而是需要在肥沃的土壤里自由发展的。当务之急，要把人才赖以成长的教育土壤和学术空气准备好。钱学森之问，透露的是产生杰出人才土壤的贫瘠。杰出人才是重要的，但更为重要的是产生杰出人才的培育机制和综合环境。建立科学的人才评价、激励、分配制度，才能使人才安心攻其所"专"，才能不断激发人才的创造力。

二、"内抓质量，外塑品牌"是教育品牌策划的核心与灵魂

品牌是体验、是感受、是经验、是信任、是信誉、是品位、是魅力、是注意力，品牌是一种力量，是一种无形资产。选择了名牌，就等于选择了前途、身份和地位，就可以得到情感的和精神的满足。每一所校园，都需要认清自己的生态环境和定位，认清自己的特点和优势，运用教育策划的谋略，打造自己的品牌"烙印"，找寻到自己最合适的位置和状态。

（一）"经营"：学校特色

创新是需要"基点"的，基点是什么，是问题，是现实的和以往的问题，这些问题是和学校的现实、学校的历史密切相关的，学校要求得未来的发展，就要关注问题，关注历史，问题解决了，学校才能实现真正意义上的创新。所以说，学校的创新发展不要轻易中断学校的历史。

1. 优质学校形成的基本机制

优质学校的判断标准不再是静态的结果，而是看它是否具有不断走向优质的能力。学校运行机制指学校各组成要素相互作用、相互联系的发展过程中，工作运行的方式、原理、策略、程序与制度等。借助于这个概念，可以初步看出，方式、制度、策略、机构，是学校运行机制的几个关键词。机制的落实和创新就是从这些方面着手：

明确而独特的办学理念是优质学校形成的导向机制；

清晰而共享的学校愿景是优质学校形成的动力机制；

完善而合理的管理制度是优质学校形成的保障机制；

规范而务实的办学行为是优质学校形成的运行机制；

追求卓越的学校文化是优质学校形成的引领机制。

优质学校形成机制结构图

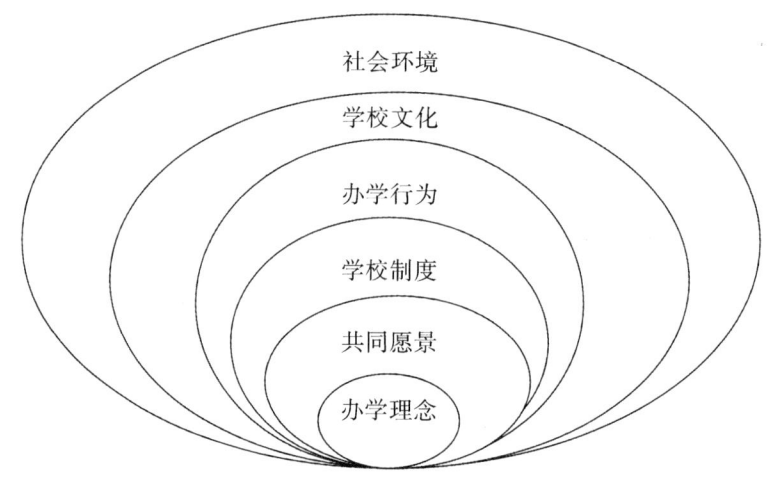

学校管理是在动态环境下的主体创新活动。学校基本建设是信息化和网络化以及学校组织的学习化。国外优质学校创建过程中所形成的四个主要趋势：

"以校为本"：追求办学特色；

"以生为本"：提供个性化教育服务；

"教与学"为中心：进行组织变革；

文化重建：高期望值的学校文化建设。

2. 学校内涵建设的内涵：聚焦课改

课堂改革的核心追求：关注质量和效益。纵观国内各学校的课堂教学改革，均关注学生的学习成效，其目的在于提高教育教学质量。没有高质量，没有高效率，就不能说课堂改革的成功。高效课堂的核心追求就是质量和效益。那么，如何提高课堂质量和效益呢，要优化课堂教学活动或环节。认真研究教育目标和教学过程的设计，精心设计教学活动，提升教学活动的有效性。

内涵建设1：实现思想观念的更新。

内涵建设2：实现教学策略与教学行为上的渐变。

内涵建设3：实现组织机制与师资队伍建设的创新。

内涵建设4：实现学校硬件和教育技术上的优化。

提升学校的经营能力。聚合有利于学校发展的各种资源，创造出提升学校品牌的外部环境。控制人：以约束人为基本出发点，主张管住人、管好人，驾驭人、治人。聚集了一批言听计从的被管理者。"度人"（度人的前提是知道什么对别人最好，知道别人该走什么样的人生之路）：引领、教化、塑造是度人的基本出发点。终极目标是培养志同道合、充满创造激情和智慧的团队。

(二)"策划":是一种程序

策划作为一门科学和艺术,是市场的产物,一些大胆的教育改革者勇敢地提出教育应主动与策划对接。教育策划给学校带来的最大效益是学校发展步入了持续、快速、健康发展的快车道,学校取得的每一个成绩,似乎都在预料之中。教育策划必须遵循教育规律,运用策划理论,讲究市场运作,规避运行风险,打造教育品牌,避免急功近利、单纯"炒作"。

1. 宣传也是生产力

质量和宣传会使机遇加速成功。成功的学校要办出特色,要提高育人的质量,要得到社会的认可,还需要设计和树立学校的形象,校长对学校教育质量的形象设计和公关意识能使机遇加速走向成功。但学校的成功还需要通过媒介,不仅宣传学校的办学质量和特色,并能有效地促进学校师生维护发扬办学的质量和特色。机遇为学校、为校长的成功创设机会,踏实努力工作为学校成功奠定基础,宣传学校形象使机遇发挥更大的效能,去有效促进就会获得持续成功。

教育策划主要应是一种教育活动,而不是社会活动,更不可能是纯粹的经济活动。因此,教育策划活动就必须遵从教育活动的客观规律和价值诉求。也只有从这个角度,我们才能很好地理解教育策划所具有的"目标上的教育性,效果上的迟效性,影响上的社会性,操作上的谨慎性"等。

例:学校精神力、执行力、形象力创意设计。

精神力创意。创意内容:核心理念、学校形象定位、发展愿景、学校精神、学校使命、教育理念(含教育信条、德育信条、教学信条)、校训、办学方略、管理思想(含规划理念、管理原则、行为准则、人才理念、质量理念、服务理念)、学校口号、师生誓词、学校宣言等。

执行力创意。在精神力系统确定后,即以此为基础展开执行力系统的设计作业。包括品牌策略、公共关系策略、人力资源开发策略、校名使用规范、行政机构建设、校本仪式、教工手册编制、学生手册编制等。

形象力创意。项目:物质环境。包括学校布局、校园绿化、景观小品、建筑物外形与风格及内部装潢等;人文环境。包括学校文化象征物、宣传橱窗、网站、张贴画、标语、校内建筑物与广场命名等;视觉形象。包括学校的标志、校名标准字、标准色等基础视觉要素,及其这些要素在教学系统、导示系统、办公系统、传播系统中的具体运用;听觉形象。包括学校主题音乐、学校标志音乐、学校行为识别音乐规范、校内电子媒体音乐使用规范等。

编制《学校文化发展纲要》及《跟进方案》。即如何实施《纲要》的操作性方案。包括：《纲要》立法程序、品牌建设步骤、文本建设项目、机构建设重点、项目管理、环境改建、视觉建设、听觉建设、对内对外传播方式与长效推进策略。

2. 将"教育策划"与"教育创新"或"教育管理创新"联系起来

教育策划只是一个抽象的一般性概念，在事实上又存在各种类型和层次的教育策划。它们之间又可能存在差异。如基础教育阶段与其它教育阶段的教育策划是不能完全类同的，普通教育与职业教育的教育策划又可能是不一样的。我们应坚持将"教育策划"与"教育创新"或"教育管理创新"联系起来。因为，只有围绕"创新"这一基点，才能很好地理解教育策划所具有的特点、内容、方法、功能等。离开了"创新"，教育策划也就与教育计划等同了。教育策划是教育管理的一项职能，却是一项特殊的职能。

（三）"品牌"：企业的原子弹

优秀的教育品牌，本身就是特色教育资源的聚结。学校品牌的无形资产价值在教育市场竞争中的地位和作用日益凸显。按照市场学的概念分析，产品有两种情形：一种是有形的，一种是无形的。无形的价值要超过有形的价值。每一个品牌的价值，往往是有形的约占40%，无形的约占60%，有价值的思想是一种极好的产品，是精神原子弹，其威力可直接征服人们的灵魂，这就是无形资产的价值所在。

1. 教育步入品牌时代

（1）打造学校发展的核心竞争力。以满足人的身体需要和生存需要的"身"经济时代已经过去，而以满足人的情感需要和精神需要的"心"经济时代已经到来。"在心经济时代，人们为自己的经历、体验和感悟而付钱。在这里，一系列表现文化意味的产品被制造出来，人们知道自己在消费符号、感觉和信仰。"在这样的时代，感受就是消费，品位高于财富，精神高于物质，认同就是价值，包括教育在内的新的消费领域，受到人们的青睐。自然地人们也就具有特别强烈的品牌情结，名牌产品和名校都是一种品牌。

（2）质量是品牌的保证，品牌是学校的生命。学校品牌具有先进性、特色性、可持续性、效益可增创性等特征。但学校作为一种社会组织，不等同于企业，因此，学校品牌最根本的特征应是教育特性，学校品牌的创建与维系要以人的发展为本，对其评价也应考虑到育人的综合性、复杂性与迟效性，不能完全套用企业品牌的标准与方法。教学质量、生源质量、师资水平、科研水平、办学思想、教育理念、校园文化、学习氛围，以及学风、教风、校风、校园环境等构成品牌的主要内涵。

2. 学校品牌的特征

具有良好的学校形象；

具有独特的学校个性；

代表学校服务的承诺；

无形的资产。代表着学校的追求、学校的管理、理念、氛围、价值观念。

教育行业的领先者。代表学校的追求和品位。大气，领先。

开展学校品牌建设的步骤：建立品牌意识→进行品牌设计→选择品牌定位→明确品牌认知→扩大品牌传播→引导品牌体验

3. 打造学校品牌的要点

（1）打造学校品牌要始终把培养人放在第一位，把社会效益、教育效益放在第一位。这是任何时候都不能忽视、不能动摇的。也只有这样，才能够真正树立起知名学校品牌，并使之长期传承。

（2）打造学校品牌必须遵循教育规律。教学质量、学生素质是学校品牌的核心和根本。学生是学校品牌的基本要素，教学质量是教育品牌的核心，从某种意义上说，教学质量、学生素质就是学校的品牌。所以，打造学校品牌必须首先在先进的教育理念的指导下，对学生教育培养的目标、方法、内容、机制、措施以及教育教学过程中的各种关系进行优化规范，形成先进稳定的教育培养模式，通过学生的成长与表现建立良好的品牌认知。

（3）教师队伍、校长是学校品牌的关键和支柱。学校品牌离不开品牌校长和品牌教师。"个体素质较高、群体结构合理、富有创新精神"的师资队伍是学校品牌的重要内涵。

（4）社区、家长参与，实现学校与社会的互动是打造学校品牌的有效途径。现代教育是面向社会的教育，学校品牌必须敞开门打造。只有当学生家长和社区把学校当作可托付的朋友时，学校品牌才会越来越牢固。

（5）打造学校品牌应注重文化品位、精神价值的铸造和完善。文化和思想是学校品牌的一个重要组成部分，教学生做人往往比教学生做事更重要。

4. 经营学校的关键是经营品牌

（1）打造教育品牌应注意：

—树立自觉的品牌意识，主动实施品牌战略。充分认识教育品牌的价值和意义，用品牌意识整合学校的办学理念和管理策略，激励教职工的士气，增强学校的凝聚力，提升学校的形象和知名度，提高学校的核心竞争力。要制定学校品牌打造战略规划，有目的、有计划地去打造品牌、延伸品牌、保护品牌，发掘品牌的价值，发挥品牌的作用，进一步把学校品牌做大做强做精。

二充分发挥教育策划机构和教育策划专家的作用，遵循教育品牌建立和发展的内在规律，精心策划，优化配置教育资源，逐步提高品牌策划与管理的水平。

三认真学习品牌学的理论知识和企业品牌打造的成熟经验，借鉴品牌打造的技术和手段，加强对教育品牌基本理论和技术的探索研究，拓展教育品牌打造的视野，提高教育品牌打造的水平。

（2）品牌是学校的生命和核心

学校品牌凝聚了一所学校的教育理念、管理哲学和共同价值观，这些因素无一不影响着学校中的每一名师生和员工，决定了一所学校与另一所学校不同的管理方式和思维方式，更决定了家长和学生对这所学校的印象和态度。品牌是学校最宝贵的资产，它犹如万能的"聚宝盆"，把政策倾斜、社会支持、家长信任、师生认同和各种教育资源统统整合起来；它像神奇的魔术师，打破"能量守恒定律"，驱动学校无形资产和有形资产之间递增转换，使学校发展进入良性循环，产生"马太效应"。总体而言，学校中没有一种力量可以替代品牌，将校内的人力、物力、财力和信息资源如此有效地整合在一起。

三、寻找理论与实践的结合点

办学目标的设计与学校现实的差距：一切从实际出发。"有时候教学出了问题，需要关注的却在另外的地方"。教学的本质是一种研究，关注思维碰撞所产生的有效生成的火花，这就要求教师面对学生的实际需要能审时度势地讲在关键处，讲方法、讲技巧、讲变换、讲规律、讲学法和讲好的学习习惯养成。"导"的过程中要注意对学生的有效提问和引起学生深思的追问，要不断提高自己"讲在关键处"的技术含金量，还要把握好课堂教学的微型结构，关注在有效教学时间内的投入和产出，"导"是一种手段，是为了培养学生"学"的能力，"导"服务于"学"。

（一）提高"质量-效益"的管理水平

人们常常视而不见，或者时常感觉到它们的存在，又很难对其定量分析、记录，这就是体制成本、机制成本和素质成本，可称作教育的隐性成本。其实质是体制落后、机制僵化、素质低下，最终反映为教育成本上升，政治、经济效益下滑。因此说，隐性成本加大了显性成本并通过显性成本反映教育管理的效益水平。体制成本：如机构重叠、层次过多、队伍庞大、人浮于事引起的效率低下、费用增加。所谓机制成本主要是指由于用人、分配、激励、监督约束等方面的方针政策、规章制度和配套措施不健全、不完善、不合理、不落实，导致管理混乱、决策失误、造成质量低劣等增加的成本。素质成本是指由于个人素质因素造成的决策失误、管理失控、效率低下，带来的增量成本。

1. 学校质量发展阶段

"质量阶段"是初级阶段。这一阶段学校关注的是质量，追求的是"零缺陷"的境界，采用的是全员、全岗、全程的质量监控。"效能阶段"是学校发展的第二阶段：学校在顺利渡过第一阶段之后，质量已有保证，并得到了社会的认可，这样，追求管理耗损的降低，提高管理的效能，高效地运作学校是本阶段工作的主要目标。完成"低耗损"的效能阶段的发展后，学校迎来了发展中的第三阶段："人本阶段"。此阶段，学校的管理重心落在"人本关怀"之上，校长的目标是对"零抱怨"的追求，把学校建设成师生学习、工作、生活的人文乐园。从"零缺陷"到"零耗损"，从"零耗损"迈向"零抱怨"，一所理想的学校完成了它跨越式的蜕变，校长的学校发展理想成为现实。

2. 提升教学"质量－效益"

针对课堂教学常规工作，学校严把"四个"关口，落实"四字"要求：一是严把备课关，突出一个"透"字；二是严把课堂教学关，突出一个"实"字；三是严把作业批改关、讲评关，突出一个"精"字；四是严把辅导关，突出一个"细"字。以"教学为中心，质量和效益立校"的思想不断深入、扎根。树立正确的教育质量观、学生观，面向全体学生，不放弃任何一个学生，尤其是对行为习惯有偏差、学习成绩在后 20% 的学生给予更多关爱，成为学校教学管理工作不懈之追求。

（二）提升"质量－效益"的科技含量

提升"质量－效益"的科技含量，强化教育工作者的教育研究意识，在努力教好书的同时做好教育研究工作，由"经验型"教师向"研究型"教师转变；强化学校"质量－效益"的操作研究，使教育研究工作由"空中"走向"地面"，切实指导教育教学实践；强化研究成果在课堂上的应用，鼓励一线教师开展微型课题研究；提升教育研究人员的核心竞争力，重视教育研究专业队伍的打造，培育教育研究领军人物和品牌研究项目。

1. 国际上优秀的研究工作有六条标准

丰富渊博的专业知识；

明确的研究目标和问题；

适当的方法和程序；

创造性地使用丰富的资源；

与他人有效地交流；

取得重要成果。

教育本身就是一种智能型产业，生产力不断智能化是教育生产最重要、最核心的问题。在研究中创新。任何学校改革取得成功的关键是有一种新的思维方式，而这种思维方式就是用新知识、新经验和新方法去指导学校工作。

2. "结点"创新

矩阵结构。学校构建学部（年级）与学科共同对教育教学质量负责的机制；在矩阵管理结构中，每个人都应该对事业负责，而不是仅仅对某位领导负责；每人都不仅仅属于某个部门，都应该顾全大局，将有利于学校大局、有利于把事情办好作为工作的出发点和落脚点。英国哲学家培根指出："天资之改善须靠读书，而学识之完美须靠实践；因天生资质犹如自然花木，需要用学识对其加以剪修，而书中所示，往往漫无边际，必须用经验和阅历界定其经纬。"

"矩阵管理法"是美国加州理工学院天体物理学系F·茨维基教授发明的一种通过建立系统结构来解决问题的创新方法。矩阵，是为某项工作目标暂时将相关元素组合的系统。把矩阵中纵横交错排列的元素用信息技术网络联结起来，每个元素都是网络中一信息结点。其中最为活跃，创新能力较强的一个或几个"结点"就成为创新结点，创新目标最有可能在创新结点上实现。矩阵管理就是要发现、支持、组合、聚合、更换创新结点，激励创新能力。结点创新是矩阵管理法的核心和灵魂。

3. 让研究成果转化为现实的"生产力"

打造面向未来的教师团队，是学校从内部推进改革的基础，其中提高教师专业实践智慧的有效学习尤为重要。

（1）教师群体的有效学习有四种方式

听中学。提供理论文本或口头报告，学习教育理念和教师工作中所需要的知识与经验；

做中学。提供教学、教育、管理的实际场景或研究项目，在实践与改革试验中学习；

听懂的东西做出来。凡是已经知道的文本理念和听懂的工作经验,尽量结合自己的工作尝试,亲自体验;

做好的东西说出来。凡是亲自做过的,提高绩效十分明显的事情,试着用细节描述或理性的话语表达。开展以校为本的教学研修活动,是教师学习群体实践智慧的有效途径。

(2)教育作为一种培养人的社会实践活动。它使受教育者掌握了丰富的科学文化知识和技能,而这种科学文化知识作为一种观念形态是潜在的生产力,只有当它为劳动者所掌握并被物化于生产过程时才能转化成为现实的生产力。教育研究是生产力,是竞争力;教育是今天,更是明天,在教育上抢到的机遇是最大的机遇,赢得的发展是最具价值的发展。

(三)构建"质量-效益"的评价机制

质量不是检验出来的,是设计和制造出来的,是技术和管理的结晶。对教育培养人才的质量考评,也不象工业产品的质量检测那样,有明确的参数。因此,在衡量某一层次的教育质量时,需要从教育的性质出发,按照"德、智、体、美、劳"全面发展及社会对"四有"新人的要求,对教育工作从定量和定性相结合、过程和结果相结合、普及和提高相结合、素质发展和专业技能相结合、智力因素和非智力因素相结合的角度进行全面的客观的评价。

制定和完善中小学"质量-效益"评价标准;构建"质量-效益"评价指标体系,建立以学生培养质量和学校质量管理为主要内容的评价指标体系;重视行政部门对学校的质量评价与学校自评、家长评价、社会评价的结合,不断完善和优化评价机制的构建。

1. 教师评价的"五个关键维度"

家长——教育服务的购买者;

学生——教育服务的享受者;

领导——教育服务的管理者;

同行——教育服务的协作者;

自身——教育服务的实践者。

"五维"评价,以"家长满意,学生喜欢,同行佩服,领导称心,自我认同"为标准,用"间接评价"代替"直接评价",增强教师的"公平感"。

"五维"评价的原则:

(1)用"满意""喜欢""称心""佩服"等间接评价指标,代替"能力强"之类的直接评价指标,将价值判断权交给评价主体;

（2）用"很满意""满意""一般""不满意"这些等级指标，对评价对象进行定性评价；

（3）给不同的等级指标赋分，让尽可能多的评价主体参与评价，将评价结果量化汇总，实现"定性评价，定量统计"；

（4）评价结果反馈对象：相关教师个人（体现发展性）和其上级领导（体现奖惩性），对其他人严格保密；

（5）对评价满意率特别高的教师进行公开表彰，对评价满意率较低的教师单独交流。

2. 学校的变革与发展须从"学习"开始

离开了学习，学校就失去了体现其本质与特性的基础，也就失去了其变革与发展的内在力量。

（1）探究就是对存在于人的头脑中的问题寻求答案的过程

专业领域的研究可以点带面，不同门类知识的融会贯通，有助于专业瓶颈的突破。所以，一个人要根据自己的特点，选择适合的发展方向，合理调配知识结构。只要知识的总量积累到一定程度，不管是成为专家或者通才，必定能找到一个适合自己施展才华的舞台。

苏霍姆林斯基说过，教师从事研究"能从根本上改变教师对自己工作的看法。……因循守旧，消极应付，缺乏热情——学校生活中这些不良现象之所以在一些地方蔓延滋长，就是因为那里的教师没有看出教育现象的生机蓬勃的生命力，没有感到自己是教育现象的创造者。"

（2）方法就是对研究程序的设计和研究工具的运用

在思考中实践，在实践中研究。用自己的眼睛看，用自己的脑袋想、用自己的话说，自己研究自己，自己教育提高自己。强调教育工作者研究自己的教育教学问题，这是"校本教研"提出的内在依据和主要价值所在，它是自下而上的"草根运动"的体现。为每个学生设计适应他发展的课程与教学正是时代追求的价值取向。

教育研究的本质是促进思考。研究也好，探索也好，都是伴随或者说是依赖思考的。也可以说，没有思考就不可能有真正的教育研究。古今中外名教师的专业发展之路表明：结合自身的教育教学进行研究是最好的成功之路。教育教学、研究、学习的整合，使之成为一个以研究为纽带的连续体。研究只有进入实践的层面，才会更清楚地认识问题，更深刻地理解问题，更直接地找到解决问题的方法。

3. 从土生的课堂变革实践中寻找启示

任何改革离开学习是不会成功的。"在学习中改革,在改革中学习",是学校改革的真谛。让教师智慧地工作着。

学校文化的内核是观念文化。基础教育课程改革最根本的是教育思想的转型,它所产生的更为深刻的变化反映在教师教育观念的转变上。通过教育教学研究培养有研究气质的教育实践者和有实践精神的教育理论研究者。实际上理论的价值不单在"操作",理论更重要的价值在于给人"精神和气质"的熏陶,智慧和思维的启迪,思想和理念的提升。这也是学习理论的根本目的。

第二章　提高教育质量与办学效益的途径

教育部《关于全面提高高等教育质量的若干意见》中提出教育内涵式发展的总体要求：即稳定规模、优化结构、强化特色、注重创新，推动建立以提高教育质量为导向的管理制度和工作机制，把教育资源配置和学校工作重点集中到强化教学环节、提高质量上来。要确立人才培养的中心地位，抓住一切为了学生成长成才这一关键，打造高水平师资队伍，加快教育教学改革，提高科学研究、社会服务和文化传承创新能力，形成相互支撑、整体提升质量的格局，建设优良校风教风学风。

第一节　找到激发教师成就感的"关键点"

真正的管理是必须能够"唤醒潜藏于人心灵深处的潜能"。管理者说的话直抵人心最柔软的部位，让人感动；管理者制定的措施能最大限度地调动人们的积极性，能激发人们的创造性。于是，校园是活跃而有生机的，生活在这里的人们是幸福和快乐的。

一、在心理上为教师建构"安居工程"

管理者是资源的掌握者，也是资源的分配者。教师需要"心灵的鸡汤"，想方设法解决教职工的后顾之忧。在心理上为教师建构"安居工程"。

（一）服务性教育体系的构建

知识管理的目标在于提升组织及组织成员的生产力和创新能力，进而提升组织的绩效。

1. 知识管理关注人力资本建设

知识管理关注怎样将组织成员所拥有的个人化的知识资产转变为组织的资产，从而在组织成员中进行的广泛地共享；知识管理关注怎样增进个人或团体渐进累增的经验或称之为"知道如何"的能力，从而使组织成员在完成一项工作任务时，能有效地将所获取的大量相关信息提升到知识层次，即能迅速地完成从获取信息并对信息进行分析和处理转变为数据，然后将数据提升到知识层次，最后对知识进行内化并运用自己内化后的知识解决问题的过程。

2. 教育的最大魅力就是让每个学生拥有希望

办学理念是学校文化的灵魂。一所学校缺少了理念，就如同一个人缺少了思想，办学理念的确立应该是前瞻的、先进的，更应该是和谐的、可发展的。

制度创建是学校文化的核心元素。制度建设是校园文化建设的必要保证，然而制度的定义不再仅仅是约束人们的一项措施，而是引导大家在参与和执行中得到教育，得到激励的一种催化剂。

3. 把学校建成"校园、花园、家园、乐园"。

寄宿制学校不仅要优化专任教师结构，还要建设一支高水平、懂管理、爱学生的生活服务队伍，做好寄宿学生的生活服务保障。不仅要关心寄宿学生的"衣、食、住、行、医"，还要关心他们的"学、玩、做、情、礼"，培养他们自强、自立、自信、自爱。特别要强调学校的人文管理，以人为本，把寄宿制学校建成"爱生学校"，建成"校园、花园、家园、乐园"。

（二）让每个教师健康成长

人身有三样东西是最宝贵的。第一是生命，生命对于每个人来说都是最宝贵的，没有生命其它一切都谈不上。第二是头脑，人是有理性能力的，有智力活动的。第三是灵魂，人是有精神需要、精神追求、精神生活的。

1. 领导不要把精力过多的关注在几个名师身上

在校长的生涯中，如果教师没有发展提高，那是一种悲哀。教师队伍是最重要的资产，学校间的差别，在某种意义上说，是教师学习的差别，因为丰厚的智力背景和深厚的文化底蕴本身就是吸引人、教育人的力量。

领导不要把精力过多的关注在几个名师身上。课改"水平线"的高度，并不取决于部分骨干教师所上的公开课的"水平线"高度。因为课改的深入推进依靠的是广大教师，所以这条"水平线"的高度应该取决于广大教师群体"地平线"的水平。

学校实现"家文化"：学生上学像到家，享受教师的关爱；教师到校像到家，时时感受着十指连心的手足情。安全、信任增强了学校的亲和力、凝聚力；民主、平等增强了教师的责任感、主人翁精神；激励、交流增强了教师的创造性、主动性。

2. 管理就是帮助老师发展

教育管理是什么？就是帮助老师发展，就是尽力为教师营造宽松的发展环境，为每个教师提供展示才华的平台，引导教师享受成功的人生。

成功的人生，只要你自己投入了，因工作给你带来了喜悦，那么你就成功了。许多人认为，不想当元帅的士兵不是好士兵，不想当特级教师的不一定是好教师。因为特级教师是"自身素质＋自身能力＋机遇"组成的。要引导教师关注发展。太阳每天都是新的，昨天已经过去，不管成功与失败，只要努力，成功就在等着我们。教师有三种类型：即学习型教师、研究型教师和反思型教师。应分别对待，尽力让他们在事业上得到发展。

(三) 教师是具有独特个性风采和健康身心状态的强者

没有教师的生命质量的提升，就很难有高的教育质量；没有教师精神的解放，就很难有学生精神的解放；没有教师的主动发展，就很难有学生的主动发展；没有教师的教育创造，就很难有学生的创造精神。

1. 人的管理首先是人心的管理

任何人在感情上都需要尊重、信任和理解，知识分子在这方面尤为突出。教职工受到尊重、信任和理解时，他们才会"士为知己者死"，才会自觉遵守规章制度，自觉接受约束。校长要从调动教职工的积极性、能动性着手，采取多种激励手段，如目标激励、荣誉激励、信任激励、情感激励等。多为教职工提供实现志向和发挥才能的机会，多给教职工一些"感情投资"。代尔·卡耐基说："一个人的成功，只有百分之十五是由于他的专业技术，而百分之八十五的却要靠他的人际关系和做人处世的能力。"

例：目前你处在何种快乐的状态？

序号	内　　容	得　　分
1	我经常没有什么特别的原因就会感到快乐和满足	
2	我能把握今天	
3	我感到有活力和生机，精力充沛	
4	在内心中我能够体验到一种深层次的平和与安宁	

序号	内　容	得　分
5	生活是一场伟大的冒险	
6	我不会因为糟糕的情形就感到垂头丧气	
7	我对自己所干的事业有热情	
8	多数时候我会感到愉快	
9	我相信世界是友好的	
10	我在每件事情中寻找收获或者总结教训	
11	我能够忘记不愉快的往事并宽容别人	
12	我自爱	
13	我在每个人的身上看到他们的优点	
14	我改变能改变的东西并接受我不能改变的东西	
15	周围有很多人支持我	
16	我从不责怪或抱怨他人	
17	消极想法不会笼罩我	
18	我会感激他人	
19	我感到和远远超越自己的某种东西相关联	
20	我的生活因为有目标而备受激励	

注1：1分＝根本不符合；2分＝有点符合；3分＝比较符合；4分＝相当符合；5分＝完全符合。

注2：80—100分，你在很大程度上感到发自内心的快乐；60—79分，你很懂得什么是真正的快乐；40—59分，你有过真正快乐的体验；40分以下，你基本不会感到真正的快乐。

2. 校长要做教师心理的"按摩师"

如果说，"按摩师"是通过一双灵巧的手来通塞除淤，化解痛苦，那么，校长的"按摩术"则主要是呵护备至的爱心、金石为开的诚心、不厌其烦的耐心，是饱含着真情的行为，是带有艺术性的言语。"按摩"不仅要"对症下手"，而且还要因人施"医"，要做到"急者缓之，卑者扬之，傲者折之，弱者励之"。校长精通了"推、拿、揉、捏、搓、切"等要领，他就能让属下心田永是春天。

二、"功夫"须"工夫"做保障：专注于你的"天赋"

什么是专注？专注就是把自己的全部精力凝聚到自己认定的目标，一心一意走好自己的路、不达目的誓不罢休。《圣经》的训诫："无论你做什么，你都要竭尽全力！""在一定时期不遗余力地做一件事。"一段时间专注在一些自己有兴趣的理论或者实践上面修炼，其修炼的过程就是找回自己的过程，专注于我们的"内心"。

（一）致力于教育创新发展

这里的创新，指要创新教育发展理念，促进教育质量效益高位发展；创新教育发展机制、教育质量评价机制、学校精致管理工作机制。

1. 专注于"目标"

"专注"本来就是心灵中最强的力量。专注是"肥料"，让灵魂的种子萌生。手电筒的光线能量微弱，可是因为集中，才可以有汇聚的力量。只要专注，持之以恒，把最简单的方法运用的出神入化就会有效。专注不是一种负担，而是一种释放。

"专注"是效率的灵魂。爱迪生认为，高效工作的第一要素就是专注。他说："能够将你的身体和心智的能量锲而不舍地运用在同一个问题上而不感到厌倦的能力就是专注。如果一个人将他的时间和精力都用在一个方向、一个目标上，他就会成功。"如今，做事是否专注，已成为衡量一个人职业品质的标准之一。在工作中能够做到专注，全身心地投入，是务实、敬业最实在的体现。

2. "专注"于灵魂的沉思

教育的思想不仅是教学法，它还有教育的哲学！在对有价值目标的追求中，坚韧不拔的决心则是一切成功的基础。"蜘蛛总是不停地修补被风、雨、挣扎的猎物撕破的蛛网，野草总是能顶开头上的石头、瓦砾、砖块，曲曲折折地往天空的方向生长"，这自然的生命现象给我们的深刻启示：面对困难，积极的生命总是顽强执著，咬住自己的目标，永不退缩。

让"专注"和"执著"渗透到你灵魂深处。耶稣提过一个著名问题：如果一个人获得了整个世界却失去了自己的灵魂，那么这个人会有什么收获？生命来自灵魂。灵魂与灵魂不朽是追求个人生命价值的产物。没有对灵魂的思考，就无法证明个体的价值与尊严。孔子曰："吾日三省吾身。"为师者要经常反思自己的教学，反思自己的行为。思考对一个人的成长具有催化剂的作用，能让我们及时调整自己的航向，迈向理想目标！

（二）着力构建质量增长长效机制

转变教育发展方式，提高教育质量效益。要以新的思路、新的方法、新的手段，配置好资源，激发出活力，发挥好效益，以科学的保障机制支撑教育事业的科学发展。

1. 学术规范是教师专业素养的晴雨表

教师的学术修炼应该从认真备课、认真批改作业开始，逐步建立自己的学术规范。

例：备课"三磨"

特级教师于漪把备课作为研究，"一篇课文，三次备课"：第一次，独立备课。"绝不做照搬照抄教学参考资料的人，要独立思考，刻苦钻研，力求自己真懂"。第二次，广泛涉猎、仔细对照。"看哪些东西我想到了，人家也想到了。哪些东西我没有想到，但人家想到了，学习理解后补进自己的教案。哪些东西我想到了，但人家没想到，我要到课堂上去用一用，是否我想的真有道理，这些可能会成为我以后的特色"。第三次，边教边改。每课必写"教后记"，"一步一回顾"。经过对上百篇课文的独立钻研，对教材有了一种"庖丁解牛"的本领，为自己的教学奠定了深厚的基础和超凡的能力。

2. 变备课为研究、变教案为学案。

学案与教案虽一字之差，反映出来的教育思想却是天壤之别。学案更加关注的是学生在整个课堂上的自主参与的广度，研究问题的深度，以及学习时的热度。变革备课方式，变备课为研究、变教案为学案。

实行"一课三备"：先是集中学科骨干教师利用假期充分研究，形成公案；然后提前一周实行集体备课，进一步完善教学设计；最后每位教师进行个性化修改使用。由于教师个性不同，各个班级学生的情况各异，即使再好的教案都不可一成不变地演变成自己的教学思路。

（三）创新教育发展的路径

关注热点、突出重点、凝炼特色、打造盆景，创新成果的总结办法以及成果提升的手段和表现方式。

1. 教育改革获得成功的条件

改革是一个将新思想付诸实践的复杂过程，从新思想的形成到解决问题方法的提出，直至真正实现一项具有价值的预定目标的完整过程。法国学者拉迪斯拉夫·赛雷奇等人在分析欧洲实行基础教育改革中的教训时所引证的获得成功的条件：

（1）应该在较为有利的基础上制定改革计划。就是说，一开始就要协调一致。

（2）如果只把改革限定在一、二个活动领域内，如只限于招生、筹措经费等，那么即使是彻底的激进的改革也能成功。一般的说，一项涉及整个系统的改革容易受到各方面的批评。

（3）经费无疑是改革的重要条件，但不是最主要的，最主要的应使改革为所有参与者理解和接受，还要有决心把改革进行下去的坚定意志。

（4）如果阻力太大，改革常常要陷于困境，必须创立适当的奖励和支持办法。

（5）改革的目标必须很明确，多重目标容易带来弱点。因为目标多了，执行起来势必权衡利弊，患得患失。应当同步构思，分步达标。

（6）在贯彻执行中，检查和评价也是极为重要的。否则会使改革偏离预定方向，根本达不到既定目标。评价应是改革过程的有机组成部分。

（7）改革的成功在很大程度上取决于提出改革方案的人和各方面参加人员的作用，因为会有很多个人的、公共机构的、社会的方面对改革产生影响。

（8）成功的关键是管理和领导，尤其是教育思想的领导。

（9）教育改革通常须根据本地条件和文化传统来进行，不能生搬硬套别人的做法。

（10）改革的成功取决于实施的方式方法，有的应和风细雨，有的须雷厉风行。

（11）要使改革方案在专业上和理论上无懈可击，又具实用性，切实可行，同时符合领导和群众的意愿。

（12）让群众有一段时间去理解和支持改革，即有"合作的态度"。

2. 制约与激励是管理大厦的两根支柱

校长应该懂得进行体制改革和体制创新的根本目的不是约束人而是激励人，是最大限度地调动人的能动性、积极性和创造性。制约与激励是管理大厦的两根支柱，这两根支柱不能一根长一根短，也不能一根粗一根细，否则大厦就要出问题。制约机制是告诉大家不能做什么，激励机制是提倡大家应该做什么。制约机制要"密不透风"，即规章制度要周全；激励机制要"疏可走马"，即给大家发挥主观能动性和创造性提供广阔的空间。校长要同时扮演好两个角色：在执行制约机制时，要"金刚怒目"，敢于"管"；在执行激励机制时则要"菩萨慈眉"，善于"奖"。一个管不住职工的校长不是好校长，一个不能让职工充分发挥创造才能的校长也不是好校长。

吕型伟校长说得好："不受古今中外的书籍束缚，不被名家学说所吓倒，不拜倒在权威的脚下，不把前人的学说奉为教条，而是自由地去运用各种学说，辨别其真伪，不断提出创造性的新观点、新理论。"

三、让教师驶上专业成长的"高速公路"

黑格尔认为发展有两种含义：一是潜能，二是自在。潜能变为自为自在的过程就是发展。黑格尔强调了事物发展的基本条件是"潜能",而发展的目的在"自由"。

(一) 实践型"学习共同体"建设

"教师学习共同体"是指由教师作为学习者,专家、同事作为助学者,以教师个体的专业成长为取向,以教师的合作精神为核心,成员分享彼此经验和资源,最终实现互促共进的学习共同体。

1. 加强学校"课程共同体"的开发与建设

教师学习共同体探讨的主题应具备现实性和操作性,使共同体具有可持续的生命力和不断发展的活力。教师专业成长过程中,特别是青年教师专业成长中会遇到各种各样的问题,而这些问题往往不能简单地在书本上找到答案。教师的职业特点决定了实践性知识起着重要作用。能否解决教师教学中的困惑,讨论的问题是否具有针对性、现实性和操作性,是吸引教师持续参加共同体活动的内在动力。

共同体可以通过公开课、论坛、讲座等多种渠道,不断将成员的成就展示出来,可以让教师提高其生命质量,获取从教之乐,实现自己的社会价值。

2. 学习就是工作的目的

每个人都很清楚,并愿意成为一个自主学习者;每个人知道自己的学习类型,评估自己学习需求和核心能力,并将它们与人生目标联系起来。人与人之间能进行深层次的倾听和交流,能自由地、创造性地讨论一些微妙的话题,并具备摒弃自我的成见而悉心倾听他人的能力。这里的人们真诚地为他人提供服务,每个人都成为孩子们的帮助者,而教师的成功则在于创造值得自己崇拜的人。

例:天堂地狱是人自己造的,上帝给人的条件都是一样的。

上帝领着一人到地狱,这个人发现地狱的人都瘦骨嶙峋,他们都用一个特制的勺子喝粥,勺了的把很长,勺了的头很小,盛出的粥都撒在地上,一点也喝不上,最后桶里没粥了,大家互相抱怨,互相憎恨。上帝告诉这个人,这就是地狱。

而后上帝又把这个人领到天堂,他发现天堂的人都长的胖乎乎的,笑逐颜开,他们用的是同样的勺子,吃的是同样的粥,但是他们是把粥盛出来喂别人,你喂我,我喂你,结果大家都吃到粥了,互相感恩,因为有了你才有了我的粥。上帝告诉这个人,这就是天堂。

思考1:"选择比努力更重要",你选择了"地狱",任凭你再怎么努力也无效,因为你选择错误;如果你选择了"天堂",那么只要你稍微付出一点,就会得到回报。

思考2：学校要提升自己的效益，最重要的因素在于教职工的工作热情，而教职工的热情来源于大家的团结与协作和凝聚力。如果像地狱那样自己顾自己，那么谁也不会发展的；如果像天堂那样的话，你帮我，我帮你，结果很显然，那就是大家都得到了好处，都可以吃上饭了，难道不是这样的吗？

（二）让教师成为教育智慧的创造者

教师要做善于发现和抓住教学问题的有心人，针对问题深入研究，对这些问题的分析、解决过程就是教学智慧积累的过程，会在不知不觉中加速教师的专业成长。

1. 教育哲学是启迪教师追寻各种教学问题的哲学本原

有位哲人说过，"哲学不是理论，而是活动。"教育哲学首先是一种哲学思考的活动，是对教学作哲学之思、"爱智慧"之思，在哲学思考中走上智慧教学的旅途。

教学智慧的自主建构一般经历"建构－解构－重构"的否定之否定的过程，这是一个创新的过程。有人提出"教育超市"的构想，就是把超市的原理应用到教育上，所有教育资源"开架"展示，学生可以自由地选择班级、选择教师、选择课程、选择学习时间、选择学习方式和考试方式等。事实上，美国和西方很多国家，还有香港等地的学校早就这么做了，他们一所学校往往开设上百门，甚至几百门课程，几乎一个学生一个课程方案。

2. 教育教学研究的价值重在"问题解决"

用研究的视角，帮助教师"梳理教材""梳理课堂"，从教师外显的教学行为入手，探究其内隐的教育思想、教学素养；从教材分析、内容把握、目标定位、课堂调控、反思改进等诸多方面帮助教师进行教学行为改进。立足"真问题"、进行"真研究"、做到"真实践"、达成"真推进"、追求"真见效"，力争做"五真高人"。

（1）舒尔曼、格罗斯曼等对学科教学知识"pck"的核心成分

pck 的成分	指　　标
学科最核心、最有学习价值的知识	学科本身最核心、最基本的知识； 学科的思想、方法、精神和态度； 对学生今后学习和发展最有价值的知识。

pck 的成分	指 标
知识间的联系	某一知识在整个学科体系中的地位和作用； 上位知识与下位知识的联系； 新旧知识间的联系； 所学知识与儿童生活、经验的联系。
学生在学习某一知识过程中容易误解和混淆的问题	哪些知识学生容易理解，教师可以少讲、不讲或让学生自学？ 哪些问题是学生容易混淆或难以理解的？ 学生常见的错误是什么？如何辨析和纠正？
如何将特定的知识呈现给不同学生的策略	如何做学情调查，了解不同学生的认知基础、认识方式与差异； 呈现方式多样化策略的选择与应用； 对呈现效果的检测与反馈。

（2）舒尔曼认为：学科教学知识"pck"最能区分学科专家与教学专家、高成效教师与低成效教师间的差别。

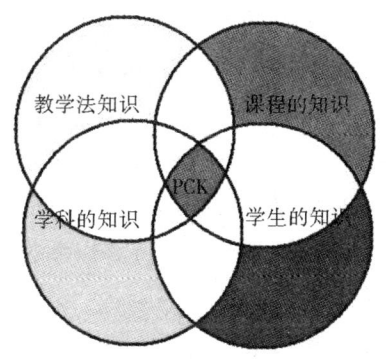

（三）让教学评价定格在促进学生多元智能的发展上

评价是教育过程中一个重要环节，它同样也是促进学生发展的有效教育手段。

1. 评价不是为了给出学生在群体中所处的位置，而是为了让学生在现有基础上谋求实实在在的发展，给学生以自信心。

学生的期末成绩 = 课堂出勤率（10%）+ 课堂参与度（10%）+ 小测验（15%）+ 家庭作业（25%）+ 期中考试成绩（20%）+ 期末考试成绩（20%）。

对学生而言，他们所经历的每一次评价或测试都是建立自信心的好机会。教师要真实有效地记录表明学生发展过程的资料，及时将这些资料展现并反馈给学生，使学生了解自己的成长与发展，不断对学生的表现进行纵向的比较，或与一定的评价标准进行比较，使学生明确努力的方向，通过评价让学生学会更多的学习策略，为学生提供表现自己所知所能的各种机会，使学生逐步获得自我认识，自我教育，自我进步的能力。

例：不可能有答案的"答案"

德国著名"数学王子"高斯在上中学时，有一次在数学课上打瞌睡，下课铃声响起时，他醒了过来，抬头发现黑板上有一道数学题，以为是当天的家庭作业，便匆匆地抄到练习本上。回家后，他埋头演算，就是算不出来，但他不气馁，不妥协，锲而不舍，终于求得了答案。他把答案带到课堂，老师见了大吃一惊，瞠目结舌，原来那是一道一直被认为"无解"的数学题。

这是个真实的故事，又是个耐人寻味的故事，从这个故事中我们会感悟到：如果高斯真的知道此题"无解"，他还会去如此"劳神"吗？"答案"恐怕仍为"千古之谜"。一件事，如果在一个人的意识中被认为"不可能"，在行动上自然不会去做，"结果"也就真的"不可能"。理论是行动的指南，有什么样的教育理念，自然会产生什么样的教育行为，也就会产生什么样的教育结果。

2. 以学定教、以教导学、以评促学、自学为主。

在多元智能理论中加德纳提出建立"以人为本"的评价理念，这种评价是灵活多样的，它体现了以人为本，建构个体发展的思想，它表明评价要关注个体的处境和需要，尊重和体现个体的差异，激发个体的主体精神，以促进每个个体最大可能地实现自身价值，促进学生的全面发展。坚持"以生为本"，做到相信学生、解放学生、依靠学生、发展学生。坚持"以学为本"，做到以学定教、以教导学、以评促学、自学为主。

中小学生正处在发育期和成长期，他们的行为习惯、道德品质、思维意识是可塑的，是有充分潜力可挖掘的，关键是我们能否去发现、去挖潜、去设计、去雕琢。

第二节 聚焦课堂：教育质量关键"增长极"

优化办学质量。学校要从单纯的追求升学率的狭隘教学目的观中走出来，要着力于教学方式的改革和创新，实现由只注重教师的"教"到兼顾教与学两方面，紧紧抓住教学质量这一生命线，树立正确的教学质量观，让学生得以最优发展。学校教学质量不是某个学生或某个教师个体成绩的展示，而是学生群体和教师群体素质的整体体现，教学要面向全体，照顾个性差异，切实使每个人都能得到适合自己特点的发展。教学质量也不是单一的某种素质的体现，而是学生综合素质的体现,是知识、能力、情感、态度、价值观内在统一协调发展的综合体现。

一、以课堂为根本"增长极"

如何提高课堂质量?以课堂为根本"增长极",着力提高课堂的科研含量。以研究促进转变课堂观,培育课堂文化,优化课堂结构,优化课堂管理,完善以课堂为中心的质量监测和调控机制,进一步强化课堂常规,提高课堂管理水平。

(一)注重教师教育境界和专业能力的提升

美国优质教师的标准:优质教师对学生及其学习尽职尽责,优质教师懂得其所授学科及如何向学生传授学科知识,优质教师善于监督和管理学生的学习,优质教师系统地思考其实践并从经验中总结学习,优质教师是学习共同体。

1. 教师能力是教学质量的根本保证

教师专业发展"五部曲":学习、反思、交流、研究、实践。学习教育理论,在理性认识中丰富自己;反思教学实践,在总结经验中提升自己;尊重同行教师,在借鉴他人经验中完善自己;投身教育研究,在把握规律中超越自己;坚持教学相长,在师生交往中发展自己。

教师质量是提高学生成绩水平的核心要素。教育质量是一个多维的概念,具有复杂的内涵。研究表明,"教师质量"有四方面的主要内容:一是学科教学内容知识,教师所教学科的内容知识直接影响学生学习成绩,两者正相关联系明显;二是教学经验,在可测教师特点中,学习成绩与教师教学经验始终有正相关联系,特别是在任教 3 – 5 年后影响最明显;三是专业证书;四是学术能力。这些资质一般来说是构成有效教学的要素。

2. 课堂是教师专业成长的主要阵地

教师的教学能力、经验、智慧是从课堂教学中磨练出来的。如果教师们天天都在赛课,教学就一定会发生"革命"。就能培养一批能做课题、能进课堂、能开讲座、能写文章的"四能人才"。

课堂教学能折射出教学的全景,课堂是教学的核心场景。顾泠沅说:"优秀的教师都是从课堂教学中拚搏出来的"。有效学习的"关键点"在于重视课堂,有效学习的"着力点"在于改变学习方式,有效学习的"效益点"在于培养习惯、有效学习的"支撑点"在于优化非智力因素、有效学习的"生长点"在于总结反思。

（二）把教学的"着力点"从如何"教"转变为学生如何"学"

课程的功能绝不仅仅是传授知识，应当通过课程使学生学会做人，学会求知，学会劳动，学会生活，学会健体，学会审美，使学生得到全面和谐的发展。

1. 教师专业化的重点在哪里？

教师要成为自觉的教学研究者。教师专业化的重点在哪里？教师培养模式改革的基本出发点是教师专业化。教师专业发展的重点不在于学习专业知识，而在于提高教师的专业能力和专业品质。科学构建教师专业标准体系势在必行。

为建立学习共同体而设计课堂。教学设计的目的是为了提高教学效率和教学质量，使学生在单位时间内能够学到更多的知识，更大幅度地提高学生各方面的能力，从而使学生获得良好的发展。肖川教授说："课堂是生命相遇、心灵相约的场域，是质疑问难的场所，是通过对话探寻真理的地方。"

例：陶行知喂鸡

陶行知先生在武汉大学演讲：他走向讲台，不慌不忙地从箱子里拿出一只大公鸡。台下的听众全愣住了，不知陶先生要干什么。陶先生从容不迫地又掏出一把米放在桌上，然后按住公鸡的头，强迫它吃米。可是大公鸡只叫不吃。怎么才能让公鸡吃米呢？他掰开公鸡的嘴，把米硬往鸡的嘴里塞。大公鸡拼命挣扎，还是不肯吃。陶先生轻轻地松开手，把鸡放在桌子上，自己后退了几步，大公鸡自己就开始吃起米来。这时陶先生开始演讲："我认为，教育就像喂鸡一样。先生强迫学生去学习，把知识硬灌给他，他是不情愿学的。即使学也是食而不化，过不了多久，他还是会把知识还给先生的。但是如果让他自由地学习，充分发挥他的主观能动性，那效果一定好得多！"台下掌声雷动，为陶先生形象的演讲叫好。

2. 研究教学设计，有效提升教学质量。

现代研究表明，有效的学习是建立在儿童原有经验的基础上，没有儿童的主动参与和原有经验的建构，任何脱离儿童经验的灌输都是低效的学习。此次课程改革，更加关注学生的经验，不再单纯以学科为中心组织教学内容，追求学科体系的严密性、完整性、逻辑性，而是关注学生的生活经验，使新知识、新概念的形成建立在学生原有经验的基础上。

例：应试教育、素质教育区别与现代教育、传统教育比较

	素质教育、应试教育的区别	现代教育、传统教育的区别
教育目的	素质教育以学生的全面健康发展作为目的，应试教育以追求升学和考分为目的。	现代教育特别强调培养学生的全面素质，传统教育只强调传授统一的知识。
教育面向	素质教育面向全体学生素质的提高，应试教育侧重对少数升学有望的学生的培养。	现代教育注重将全体学生都培养成社会的建设者，传统教育只注重适应大机器生产需要的少数劳动者。
受教育者地位	素质教育尊重学生的学习主人地位，应试教育学生处于被动、从属的地位。	现代教育把学生看作学习的主体，传统教育中学生缺乏主动性、创造性、个性。
个性化教育	素质教育重视学生个性健康发展、因材施教，应试教育强调统一性，压抑学生兴趣和爱好。	现代教育注重发展个性，传统教育注重灌输知识。
课程教学	素质教育重视各门课程与各科教学质量的提高，应试教育只重视升学考试科目。	现代教育重视更新教学内容，传统教育内容固定僵化。
教育方法	素质教育方法多样，应试教育方法单一。	现代教育注重教学方法更新，传统教育教学方法是灌输式或填鸭式。
评价	素质教育注重从实际出发，综合评价学生，评价教育教学工作，应试教育则以学科成绩作为评定学生学习质量和教学工作的唯一标准。	现代教育发挥考试对检查和改进教学方法的重要反馈作用，传统教育的考试主要靠"死记硬背"，将学生引导到追求高分上。
教育结果	素质教育培养具有良好素质，适应时代需要的各层次人才；应试教育培养少数书面文化尖子和以失败者心态走向社会的人。	现代教育力求提高全民族素质，着眼于培养建设者和接班人，传统教育培养的人才缺乏独立思考和创新精神。
师生关系	素质教育强调平等、合作、和谐的师生关系，应试教育为追求高分数，彼此保守，强迫性竞争。	现代教育倡导师生民主平等，传统教育强调教师主导作用，忽视主体性，学生"唯师"是从。

（三）理论与实践结合是产生新知识的关键

课堂是"金"。没有课堂的支撑，任何教育改革和追求都是空谈，没有课堂的彻底革命，任何改革都是蜻蜓点水。再好的教育理念，如果体现不到课程上，渗透不到课堂中，将很难真正发挥作用。

1. 研究本土的问题，才能出本土的理论。

每个人都有自己的价值观，且每个人都按个人的价值观行事，而教育的根本任务在于关注学生价值差异，给学生以选择的余地。基于此，我认为在教学设计中应充分尊重这种差异，给学生以选择的空间，并通过教材和教师自身的价值引领，使学生逐步树立正确的价值观。

发散思维训练。发散思维也叫求异思维，从多角度、多维度、多方位思考问题的一种思维方式。形象地说，它就从一个知识点出发，向知识网络空间发出的一束射线，收到"一个信息输入、多个信息产出"的功效，体现出极强的多向性、变通性和创造性。运用到学习上，发散思维可以架起由已知达未知的桥梁，创造出新的思路和解题方法，能提高悟性，变知识为智力，真正实现举一反三、触类旁通的思维效果。因此，教师在教学设计中，应找准知识点，引导学生进行发散思维。

2. 根据学生的原有知识状况进行教学

教学设计即教师在认真钻研教材的基础上，根据学生的学习特点和自身的教学观念和教学风格，结合新课改理念，运用系统的理论和方法"对各种课程资源进行有机整合、对教学过程中相互联系的各个部分做出整体安排的一种构想，即为达到教学目标对教什么、怎样教以及达到什么结果所进行的策划，是一种系统设计、实施和评价'学与教'全部过程的方法。"

如何设计出适合学生学习、提高课堂效率的教案？须以关注学生差异、创生教材内容、把握教材关键、突出思维训练为支撑基点，构建四位一体的教学设计新体系。在教学中，教师要做到选准知识点，营造创造性思维的环境；巧用教材中的例题，激发学生创造性思维的兴趣；练习时举一反三，促进创造性思维的发展。但同时由于学生的思维方式、思维素质各有不同，教师在设计练习题时，就要做到有层次性、坡度性，尽可能地面向全体学生。

3. 教师要在讲与不讲之间寻找"黄金分割点"

三个必讲：核心问题必讲、思路方法必讲、疑难之处必讲。三个不讲：学生已会的不讲、不讲也会的不讲、讲也不会的不讲。

讲知识结构。在教学中，教师要分析教材的知识结构，强调概念、原理之间的联系，学好知识结构是学生领会教材内容、掌握基础知识和提高思维能力的前提和有效途径。

讲重点、难点和疑点。教学重点指在学科体系中起关键作用、主要作用的知识。讲好重点是提高课堂教学效率，实现教学目标的重要环节。教学难点指学生难于理解，易于混淆和误解，不易掌握的知识。教学难点是教学的暗礁，讲解不透就会给学生的学习造成障碍，影响教学的顺利进行。教学疑点指学生思想认识中存在的困惑，常见于学生对知识的理解和运用中。教师在课堂教学中，要帮助学生理解重点、难点和疑点的实质。

二、把学习作为重要"增长极"

如何提高学习质量？把学习作为重要"增长极"。提高学生对知识的吸收率、转化率和产出率。以研究促进外因与内因的有机结合，坚持"学生为本"，营造契合教育教学规律的"外因环境"，研究学生智商、情商的开发之道。

（一）学生"会学"的潜能是无穷的

学校变革需要采取相应的策略：首先，要发展学生的主体性，让学生在自主的创造中学会学习；其次，要让学生学会选择，使教育更多地成为一种引导。

1. 让课堂成为燃烧学生学习热情的舞台

课堂教学最需要进行四方面变革：

（1）重新认识学校课程价值。要全面实现学科的多方面、整体性的育人价值，而不仅仅关注分点式的知识。

（2）重新理解整个教学过程。教学是师生两个主体交互作用的过程，因此，它不是预设教案的机械执行，而是在课堂上重新生成、不断组织的过程。

（3）重新认识学生在课堂上的角色。学生不仅是学习的主体，而且是在教学过程中与教师共同创造课堂的参与者；是教学的创建者，而不仅仅是学习者。课堂的创造过程是教师与学生合作进行的。

（4）改变教师观。教师不仅是知识的传递者，而且是育人工作中的创造者；教师在变革了的课堂中最基本的角色是教学的责任人、课堂的组织者和学生学习的指导者。

2. 向和谐的师生关系要质量

教师本身就是课程。其实，无论是新课程还是旧课程，只要教师是个不断学习的人，是个善于思考的人，他的课堂就一定精彩。最好的教育理念不一定是最新的，往往是永恒的。

"学习金字塔"理论是美国缅因州的国家训练实验室提出的。在塔尖，是第一种学习方式——"听讲"，也就是教师在上面说，学生在下面听。这种我们最熟悉、最常用的方式，学习效果却是最低的，24小时以后学习过的内容只能留下5%。第二种，通过"阅读"方式学到的内容，可以保留10%。第三种，用"声音、图片"的方式学习，可以达到20%。第四种是"示范、演示"，采用这种学习方式，可以记住30%。第五种，"小组讨论"，可以记住50%的内容。第六种，"做中学"或"实际演练"，可以达到75%。最后一种在金字塔基座位置的学习方式，是"教别人"或者"马上应用"，可以记住90%的学习内容。

学习效果在30%以下的几种传统方式，都是个人学习或被动学习；而学习效果在50%以上的，都是团队学习、主动学习和参与式学习。

（二）搭建"会学"能力培养的平台

"学生是学会的，不是教会的"。因此，关注学生的学习方式。"上好课"的六要素：科学地设问是上好课的关键；引导学生积极体验是上好课的核心；教师的激情是上好课的灵魂；充分的预设和精细的备课是上好课的前提；合理地分配教学时间是上好课的保证；适当地运用多媒体是上好课的辅助。

1. 让学生张口说话，把问题落实在笔尖上

例：这是一节物理试卷点评课：这张卷子共13题，学生做了一遍，老师批改了，有"√"和"×"，也有等级。点评课上，老师从第1题讲到第13题，写了一黑板又一黑板，老师讲得非常投入。老师课堂讲解没有任何问题。为检测一下讲解效果，共出了四道题，一道是原题，一道是变了数据，一道是换了一下问法，一道是变了数据又换了问法，结果全班对题率分别为：原题69%，变了数据的题47%，换了问法的题只有33%，变了数据换了问法的题仅有25%。这能算是一堂高效的课吗？

那怎么教呢？减少"讲"与"听"，增加"说"和"做"，要让更多的学生张口说话，把问题落实在笔尖上，把问题融在思考中。老师又换了一个班，把试卷先发给学生，给学生10分钟，先独立纠错，学生拿到卷子，看到"×"，就明白了，哦，是因为粗心把题做错了。学生眼高手低，一看就会，一做就错，这样的现象课堂经常能遇到，学生自己会的问题还需要老师再讲吗？然后给学生5分钟求助同伴，解决学生独立不能解决的问题，再在小组内讨论8分钟。老师出示了三个目标，一是组内大部分同学不会做的题，二是大家都认为更容易出现疏漏和错误的题，三是还有不同解法的题，然后在班内随机抽取三到四个小组进行发言，老师迅速归纳梳理，集中用10分钟左右的时间精讲，最后针对这些题目又让学生做了几个变式练习题。检测效果出人意料，全班对题率：原题91%，变了数据题85%，换了问法的题78%，变了数据换了问法的题70%。如图：

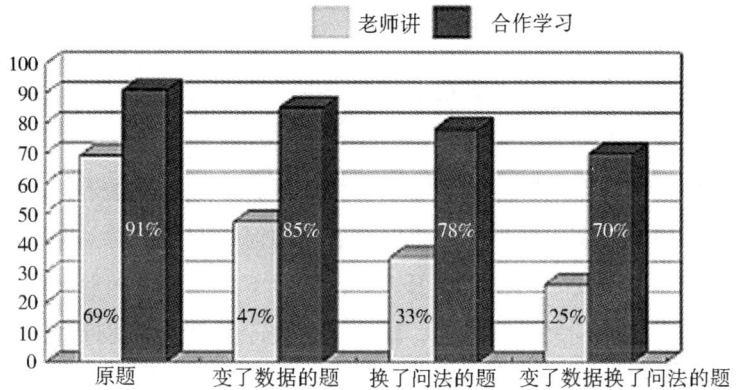

老师没有多讲,把课堂还给了学生,让学生去思考、讨论、分析,然后动手练习,这样的课堂效率比老师讲学生听的效率提高了一倍多。

2. 建立小组合作与竞争机制

作为人的认识活动,发现和探究常常会呈现出学习者个性化的特征,我们的教学以更加细微地关注学生,关注学生的学习方法、学习习惯、学习意识、学习态度、学习品质去适应学生学习方式的多样性、差异性和选择性,允许学生选择适合他自己的方式学习,建立小组合作与竞争机制,使其互帮互助,共同提高。

(三)把学生健康成长作为提高质量的"出发点和落脚点"

真正高质量的教学过程是尊重学生人格、尊重学生身心发展规律,引导学生全面、主动、生动活泼发展的过程;真正高质量的教学结果不仅体现在学生对知识的掌握上,更体现在学生的知识、能力、素质的协调发展及身心的全面发展上。我们坚决反对只注重学科知识体系而忽视人的发展倾向,坚决反对只注重群体统一发展而忽视学生个性发展的倾向,坚决反对只关注一部分学生而忽视另一部分学生的倾向,真正把教学工作的出发点和归宿落实到每个学生的身心发展上来。

1. 多样化的课堂教学组织形式

新课程要求以学生为中心,重视学生创新精神和主体意识的培养,教学活动的组织形式是多样的,除了班级授课这一基本形式外,更要有分组讨论、相互辨论、个别教学等多种组织形式。而多样的课堂教学组织形式要求师生的角色关系也必须随之变化,教师由传统教学意义上的讲解者、操练者转变为组织者、激励者、引导者、示范者,从而实现角色变换,改"一言堂"为"群言堂",变单向"平面型"教学为师生共同活动的多向"立体型"教学,营造师生、生生平等合作的和谐氛围,让学生充分参与、充分表现,充分发挥自己的主体作用。

2. 坚持可持续发展的学习观

按照终身教育的理论,学会认知、学会做事、学会共同生活、学会生存是现代人一生发展的四大支柱。新的学习范式主要关注学会学习,考评教学质量,就不能简单地以学生在某个阶段的学习成绩为依据,不能简单以知识掌握多少为依据,而要用发展的动态的眼光,侧重考核他是如何掌握知识的,他是否学会了学习,是否通过学习激发了内在的学习需求,掌握了在未来人生发展中所应当具备的基本社会适应能力。反对对学生、教师、学校评价中的急功近利倾向,纠正以升学率作为唯一标准评价学校办学水平的做法。

三、强化质量监控与升学考试应对的研究

"监控"一词源于管理学。亨利·法约尔认为:"监控就是核实所发生的每一件事是否符合所规定的计划,所发布的指示以及所确定的原则。其目的就是要指出计划实施过程中的缺点和错误,以便加以纠正和防止重犯。监控在每件事、每个人、每个行动上都起作用。"

从教育质量监控的视角界定,教育质量是教育产品质量与教育工作质量的合称。教育产品质量,就是学生发展质量,即学生是否达到既定的教育标准与规格。教育工作质量,是指教育管理运行过程整体水平的优劣。

(一)学校教育考试究竟试什么

考试不仅是教育评价的技术手段,且是教育活动的有机组成部分,是一种特殊的"育人"活动。学校教育考试及其内容出现偏差,不在于人们是否知晓考试的价值及内容,而在于人们是否视自己为考试的受益者,是否视考试为人们的生存方式和发展方式。教育者应养成充分把握、科学运用考试的职业素养和行为习惯,受教育者应自觉参加考试,自信挑战考试,娴熟驾驭考试,以考试规范自我行为,把增知长才与人格完善有机结合,把学习由兴趣逐步引向乐趣、志趣,使自己成为全面发展、健康快乐的人。这是学校教育考试当试且可试之内容。

1. 高考改革需要科学研究的支撑

如何科学选拔人才,发挥高考对基础教育的引导作用,这是高考改革的主要任务。这些任务的实现,需要科学研究、顶层设计,系统推进、逐一解决。再次,高考改革需要社会诚信的支撑,任务也特别艰巨。高考的任务只是"选拔",而不是"检验"。高考命题质量要落实到试题设计上。在设计试题时,不

但要关注单题、单卷的效应，还要顾及各题叠加、各科叠加后的综合效应；不但要关注学科的考试目标。试卷设计的结果要基本符合社会的期望值，保持质量的相对稳定。在现实意义上说，高考试题是对高中教学的终端评价；想通过考试来促进学生全面发展与减轻学生负担本身就是一个悖论，开设的高考考试科目越全面学生的负担就越重。

（1）高考要适应高中课改变化。高考制度改革要处理好四对关系：第一，考试改革与高中课程改革要紧密结合；第二，统一考试与高中综合评价改革要密切结合；第三，考试内容与考试方式改革要紧密结合；第四，考试改革与招生录取模式改革要紧密结合。

（2）高中教育多样化发展的核心是课程。高考要主动地去反应课程改革的新变化，要逐渐走向能力导向。二者的结合应该最后落实到学什么考什么。坚持三个"有利于"：有利于科学选拔人才，有利于促进学生健康发展，有利于维护社会公平。

2. 教育质量监控系统的特点

（1）目的性。教育质量监控系统的近期目的在于及时发现教育质量问题，科学分析教育质量是否达到了预定的标准，以便及时纠正与调控。教育质量监控系统的终极目的在于促进学生充分的自由的和谐的主动的全面的发展。

（2）全面性。从共时性视角看，教育质量监控系统要求综合监控的内容包括教育产品质量、教育工作质量等。

（3）过程性。从历时性视角看，教育质量监控系统要求持续地定期监控教育质量的全过程，而不仅仅是结果。

（4）群体性。教育质量监控的对象不是个别学生的质量，而是整个国家学校教育的整体发展质量。教育质量监控不需要了解每个学生在每一学科的分数，虽然它有时也对学生个体进行测验，但是它所关心的不是学生个体的成绩，而是通过抽样测试学生在校学习的若干主要课程，监控整个国家学生群体发展的质量。

建立基础教育质量监控与保障体系，及时掌握基础教育质量的总体状况，发现存在问题，是国家依法管理教育的重要标志。它对于科学地把握我国基础教育质量，有效地促进基础教育的普及，提高我国人口素质和开发人才资源都具有重要的现实意义。

3. 加快学业水平考试制度建设

成立学业水平考试研究组织，具体负责考试研究、试卷命制与题库建设、考试结果分析与质量报告等工作。为办好人民满意教育提供智力支持。

树立全面的学业质量观。学业质量是指学生经历课程学习后在认知、技能、情感等方面所表现出来的变化程度和发展状态，也就是说，学业质量指向的是学生通过课程或学科的学习所发生的行为变化。质量观决定评价观，学业测评既要关注结果又要关注过程，既要关注知识与技能的获得，又要关注情感、态度、价值观的形成、心智的成长，既要关注学业成绩，又要关注成绩背后的成本。坚持学业测评以课程标准为命题依据，命题团队在制定命题框架、双向细目表时要对课程标准要求的主干知识和核心能力进行准确表征，力避偏题怪题，强调结合生活、联系实际，在新情境中考查学生知识运用能力。

（二）关注学情分析，提高教学"质量－效益"的操作研究

树立新的质量观。教育质量是反映学校满足学生现实的、明确的和潜在的、隐含的发展需要的能力总和。学生是教育活动的主体，是教育质量管理关注的核心；教师在教育质量提高过程中发挥着主导、保证的作用。学校教育质量既有定量表述，也有定性表述。现代学校的教育质量是以培养"四有"新人为目标，集知识、能力、人格三位一体的质量，是追求以全体学生的全面发展为本的质量。

1. 学情分析是有效教学中不可缺少的前提

上课"四有效"：首先，模式要有效。几种常见课型——新课、习题课、讲评课、复习课等，都有一定的基本模式，即课堂基本结构和环节，把握好了这些结构和环节，课堂效果才能得到保证。其次，方法要有效。不论是教法学法，都要有针对性，针对学生，针对内容，针对自己，适合的才是最好的。还要有多样性，课堂上教师要善于变换方式方法，调动学生学习的积极性，一成不变的方式方法是单调乏味的，必然带来课堂的低效或无效。再次，手段要有效。要用好实验、演示、板书等常规手段，也要用好多媒体等辅助手段，并在用得合适，用得不可替代上下功夫。第四，训练要有效。从而使课堂达到高效。

2. 准确分析学情，提高课堂教学效率。

学情分析主要包括学生的学习态度分析、学习起点能力分析、学习心理状态分析和学生背景知识分析等。同时，在分析学情时还要研究学法。在设计教学时应思考：一如何教会学生，根据学生的学习情况，在这节课中要对学生进行哪些具体的学习指导；二如何让学生理解学习内容、如何组织学生参与学习的具体过程以及学生对问题的思维过程；三培养学生学习能力的具体方面和培养途径；四如何调动和激发学生学习兴趣，引导学生主动参与，积极思考，高效学习。只有

这样，课堂教学才能符合学生实际，做到高效、扎实。

准确分析学情，不只是课堂内的事情，从备课到上课，从习题设计、作业布置到批改、辅导，都必须及时关注学情，了解学情，根据学情及时调整教学行为和教学预设。只有准确分析学情，才能科学地组织小组合作学习。只有准确分析学情，才能合理进行分层作业，才能提高教学效率。

(三) 不断优化学校的办学实践

研究力是校长治校理政能力的重要体现。校长要重视研究、推进研究，更要示范研究、引领研究，追求成为"研究型"校长。校长既要深入研究如何改进个人所承担的学科教学，也要整体研究如何不断优化学校的办学实践。教师要深化研究价值认同，唤醒自我的研究意识，把研究作为个人的工作和生活方式及专业成长之道。

1. 行动着的人最接近上帝

例：一高中学生《学习计划书》中对六个学期的自我目标分析

树立信心，有计划分步骤学习，养成踏实认真的学习态度。

高一上：初中进入高中的过渡时期。目标：积极适应各科老师的教学方法，迅速吸收新知识，稳住脚跟，一步一个脚印地进步。目标：适应、稳定。

高一下：适应后的养成期。对自己的学习态度、方法、能力有比较客观的认识，对各学科特点基本掌握。目标：培养良好学习习惯，形成适合自己的学习方法，做到循序渐进地、有规律地学习，全面发展，形成自己的优势学科。

高二上：定位起飞期。高中生活早已适应，学习方法、习惯已经成熟，开始有所突破。目标：进入"一本"梯队。

高二下：稳步发展期。有上半学期的起飞和突破之后，又要开始稳住脚跟，要全面地、客观地看待自我和他人，"知己知彼，百战不殆"。目标：稳定水平，确定自己在年级的学习地位。

高三上：扎实复习期。经过高二的认知后，自己的学习地位已稳定下来。要静下心来稳扎稳打地复习。注意调整心态，保持自信、坚韧的性格。不受客观环境的影响，履行自己的计划，做到步步为赢。

高三下：加速冲刺期。适当做些拔高题。全面解决自己所面临的问题，查缺补漏。注意情绪变化，做到自我调整，自我鼓励和认定。"自行是成功的第一秘诀"。

2. 学习、研究、工作密切结合，互相促进是最佳策略。

教育要避免高原现象，持续向上提升，质量增长方式必然发生根本性的转变。教师的教学工作，仅凭加班加点、延长教学时间，已难以换来成绩的提高，必须依靠教学研究，提高课堂教学效率，从而转变教学方式；学生的学习仅凭"题海战"、苦干蛮干，也难以取得满意的成绩，必须改变学习习惯、学习方法和学习策略，变被动为主动，变消极为积极，从而转变学习方式；学校的管理仅凭"管死"教师的考勤和学生的时间，也无法满足日益增长的升学需求，必须适应教师教学方式变化、适应学生学习方式变化、适应家长家教方式变化，优化管理制度与策略，实现管理方式的转变。

学校其实是一个比较松散结合的系统，行政命令很难简单内化到每个教师的心里，走进课堂真正决定教学自主权的是教师自己。

第三节 提升高考成绩的"内在密码"

教育要避免高原现象，持续向上提升，质量增长方式必然发生根本性的转变。教育中最重要的东西往往是不能够看见的，那么我们需要做的就是保持对孩子生命的敬畏感，保护好儿童的天性，让孩子的生命在自主合作探究中活动。孩子的生命是有内在密码的，我们不必也无法去将这些密码用考试的方式呈现出来。因此，生命的自主活动就成了最好的教育形式。让孩子去活动，去探究，去想像，去规划，去创造，我们只需要提供必要的外在条件。

一、教育站在一个新的历史起点上

真正的政治家，往往是表面上提倡大众教育，实质上实施精英教育。高中生对于人生的发展目标往往没有明晰的认识，有了总的认识，也往往不能落实到具体的时段上。所以人生规划就显得尤为重要。"士不可以不弘毅"，为此，就要持之以恒地规划好一天完成什么任务，一周完成什么任务，一月完成什么任务，一年完成什么任务，三年完成什么任务。而且不只是落到纸上与口头上，还要切实落实到行动中。这样，就会天天、周周、月月、年年有目标，有收获。当所有时段都有目标、都有收获的时候，也就有了学习的好成绩，也就有了人生的目标。

（一）高考"成功密码"

向提高学生的素质要分数。素质的内涵：一个人内在的修养、品质、习惯、就是"真""善""美"。分数与素质并不矛盾,分数是学生综合素质的最直观的表现。要达到分数素质化,素质分数化。教学目标具有很强的导向作用,要在课堂教学中实施素质教育,明确教材中每一章每一节乃至每节课的素质教育目标,即课堂教学目标必须素质化。

1. 最大限度提高高三学生学习成绩已经成为社会关注的重要话题

领导和教师要把主要精力用在抓高三上。要明确目标,狠抓落实,把思想统一到高考备考工作要点上,把精力集中到要落实的任务上,把功夫下到备考工作细节上。考生要明确目标,坚定信心,调整状态,讲究方法,提高效率。

(1) 稳心态、出状态、重态度

高考不仅仅是知识的角逐更是心理素质的较量,考生的心态直接影响着学生成绩的高低。紧张:就是能集中精、气、神,使自己忙起来,适度紧张才能高效率的学习。有序:有计划并严格按计划执行。按部就班、有条不紊。

(2) 抓重点、难点、热点

对于考点的理解,必须抓住概念"是什么""为什么"和"怎么样"。知其然,知其所以然。从历年高考试题中寻找重点,从高校与高中衔接教学内容中寻找重点,从联系学生生活实际中寻找重点。要在重点、难点、交汇点和热点上下功夫。

(3) 回过头来看课本、看考纲、看错题

教材是我们的"命根子",复习期间绝不能舍本(教材)逐末(做题)。要学会精读教材,抓住知识的重点,尤其是一些重要的概念、原理、规律和事实性的知识。只有在正确理解的基础上准确记忆相关知识点,答题时才能规范表达。每科自备"好题本",将经典题目及解答过程规范书写下来,并经常翻看此本,定会受益匪浅。

(4) 点、线、面,建网络

"点",即《考试说明》规定的知识点和考点,这是复习的基石。"线",把知识点像珍珠一样串在主线上。构建知识框架:在章节内,章节与章节之间,建立起完整而清晰的学科知识体系与知识网。在知识系统复习的基础上,注意把握主干知识重点知识,加强知识纵横联系的理解、记忆。构建知识、方法网络,注意提升解题能力。完成读书由"薄-厚"到"厚-薄"的过程转变。越是到复习的最后阶段,越要强调"回到基础上来"。

(5) 夯实基础知识、基本原理、基本技能

学生在复习中应该掌握运用知识的方法和解决问题的思路,会思考,会运

用，而不是堆砌积累加深知识。复习的导向直接关系到复习的效率，科学的方法才会有理想的成绩。

（6）答题科学化、规范化、要点化

对教材内容进行系统化，把教材内容问题化，把问题答案明确化。把教材中的问题进行归类整理，形成知识线，然后根据知识线设计练习题，进行针对性训练，突出基础能力的提高。回归课本，回归母题；多答点，不倒扣分；多思考，把握主要矛盾。

（7）讲课时间、自习时间、自主时间各占三分之一

将高考备战科学的分为"梳理、冲刺、点睛"三个阶段，每个阶段，应该掌握哪些内容、考点、试题，以什么样的节奏进行复习等。

2. 激发内在动力，创造高考奇迹。

复习要"五到"。即心、耳、手、眼、口五到：心里想，脑袋不断思考，耳在听，口在说，眼在看，手在动。调查发现，只听效率为13%，只看效率18%，只动口效率为32%，如果耳、眼、口并用，效率为52%，如果加上双手不断地自然地做动作效率可高达72%，而且不会感到累。

（1）最大限度提高高考成绩

学习考试说明，明确高考考查的知识范围和对考生能力的要求。高考试题中易、中、难题的大致比例为3：5：2，个别试题稍难一些主要是为重点大学的重点科系选才用，对绝大多数同学能否考上没有影响。何况难题均是难在对问题的分析能力、解题技巧等方面，绝不会出现超过考试说明的知识和能力要求，这一点要把握好。复习课本知识时，应想到这些知识是如何应用在解题中的；而解决具体问题时，又要想一想用了哪些概念和公式，让知识和解决问题的能力结合起来。

（2）要学会架构文章

把握高考作文要点，从而做到得心应手。高考作文的六个"提分点"：

提分点1：文前要腹稿。

提分点2：审题要把握。

提分点3：结构要审美。

提分点4：拟题要雅致。

提分点5：思维要条理。写文章是理性思维，不是工作思维，要揭示事物内在的因果关系。不求一整篇文章妙笔生花，但求有一两个亮点即可。

提分点6：材料要准备。

"知道一切的一点，知道一点的一切"，后者对我们写作更为有用。每一个

标题背后都要有鲜活故事和案例作为支撑，只有这样我们的文章才会有血有肉。激活学生的身心，张开学生的耳目，活跃起学生的思维与创造力，就会有理想的作文高分出现。

（3）中高考考什么？怎么考？怎么考高分？

考试大纲是中高考的风向标，是复习备考的依据。从理论上讲，凡是列入大纲的知识点都在中高考考察的范围之内；从操作上讲，考点有"变"和"不变"之分。变的是那些考试大纲中要求掌握的，不变的就是"必考点"。把握核心考点，掌握必考点，针对性练习采分点、最大限度规避易错点。中高考，不管考题怎么变化，不管是那个地方命题！有些重要考点几乎年年都考，这就是"核心考点"。高三"一模"前要梳理核心考点，精准冲刺，快速提分；"一模"后要查漏补缺，在最短的时间扫清盲区，直取高分；"二模"后要突破短板，最后一搏再提分；高考决战前，要实战演练预测做"密卷"，牢牢掌握大考原型题、典型相似题，轻松上考场稳赚考分。

例：高考前集体打吊瓶被称为"吊瓶班"，无一人考上重点大学。

2012年5月4日晚，湖北孝感一中高三（3）班学生集体在教室挂吊瓶，一张边打氨基酸补充能量边复习的照片，被传上微博后引起网友及媒体的强烈关注，一度被调侃为"史上最牛'吊瓶班'"。

考试成绩："吊瓶班"50多名学生中，无一人达到"一本"线。"吊瓶班"背后是应试教育在作怪，于是"教育有病、学生打针""当代范进、可悲可叹"等评价频频见诸报端。

（二）理论问题往往只有用理论来攻克

教育实践告诉人们，在一些质量层次较低的教育活动中，教育工作者往往可以通过埋头苦干获得教育质量。但当质量发展到较高层次特别是达到一流水平时，教育质量的获得就要靠教育科学的指导。

1. 向教育科学要质量的教育

一流教育的主体应有以下特征：一是能主动学习和运用教育科学。二是"研究者教育主体"比重增大，创立教育科学理论的能力增强。三是教育实践合理性意识增强。"合理性是一个人或群体思想和行为的一种特质"。具体表现是：

（1）须深思熟虑后按周密计划行事。

（2）行为遵循抽象或普遍的法则。

（3）倾向于把信念和价值观系统化为一个严密体系，并认为人的价值是在理性功能的发挥或满足中实现的。

(4) 以实现目标的效力为标准选择工具。可见，教育实践和理性意识的增强意味着盲目的、冲动的、短视的、无效的教育行为极大减少。

2. 科研兴考，向"高考科研"要质量：科学高效备考。

教科研永远是少数人带着多数人干的活动，强化中、高考命题方向研究，命题的题眼在什么地方以及《命题双向细目表》的科学使用。教育研究最终是为了实践的改造，想法设法提高教育研究对教育质量的"贡献率"。

例：政府"红头文件"，明令狠抓应试教育被批评。

沂水县政府出台《关于进一步加强学校管理提高教育教学质量的意见》称：只有教育教学质量提高了，才能使更多的学生顺利通过各类选拔性考试，帮助他们实现人生价值。全县加强学校管理提高教育教学质量的目标任务是，中考优秀率保持全市第一；本科进线人数、重点本科进线人数和"万人比"全市第一；实现学校管理层次高、教学水平高、升学率高、学生素质高、人民满意率高的"五高"目标。

在2009年7月31日召开的全县教育工作会议上，县主要领导要求："要教育引导广大教育干部、教师切实解放思想，突破常规，大胆、放手使用多年来我们积累的行之有效的管理模式、教学方法，做到凡是能够提高成绩的措施就要使，凡是能够提高升学率的方法就要用，营造一种抓管理、抓质量、抓升学率的浓厚氛围。"拿出专门资金，对完成目标任务的学校和个人进行奖励。教育局负责同志和几位高中校长已向县委、县政府和全县人民分别作了公开承诺，明年高考后，要严格按照承诺兑现奖金。

该县片面抓考试成绩和升学率的做法遭到山东省教育厅的严厉批评：其做法背离了中央有关教育改革的精神，他们还像在经济生活中只抓GDP而不顾其余一样来抓教育，非常片面。名义上是办人民满意的教育，但是从根本上讲不符合教育的内在规律，不符合培育合格人才的根本利益，从实际效果上讲不能提高学生的素质，效率是低下的。

（三）一个人的思想史往往就是他的读书史

"成长节点"往往是可以改变一个人的一生。应该说每个人，包括孩子都会有这样的深刻体验。有时候父母师长跟孩子唠叨一百遍一万遍都没用，某天你发现孩子突然转变了，变得连你也觉得惊讶了！这不是你的"叫"育起了作用，而是孩子某次巧遇了人生拐点，深深触动了他的心灵。

1. 给教师"补钙"

有那样一群人，他们抱着宗教般的殉道情怀，在从事着真正的人的教育。中国百分之八十五的人不信教，那么，中国人的行为、思想靠什么来规范？靠的是文化。一个人要想成功，就必须掂量一下自己到底积累了什么样的文化与社会资本，在权力关系中的"位置"如何，倘若没有足够的文化与社会资本，便无法取得成功。如果意识到了这一点，但却抵触学校的文化，而不是接纳并积累它，或选择与学校的文化不一样的文化，也不可能成功。

一个会思想的人，才是完美的人。"一个国家，一个民族，如果没有现代科学，没有先进技术，一打就垮；如果没有优秀的历史传统，没有民族的人文精神，不打自跨。"我们的教育应该以人类关怀为切入点，用名人卓越的人文素养来影响学生的人格，塑造学生的人格。"一个凡人，若能始终不渝地崇拜着一位伟人，他一定能减少许多庸人层次的烦恼，一定能较容易地使自己摆脱低层次的现象的缠绕，从而使自己在许多问题上能超凡脱俗。"

例1："不为"高考，"赢得"高考

——高中"六阶段十二单元"德育活动校本课程的构建

重建中小学德育教育活动"校本课程"的目标体系，把诚信、自信、责任、习惯等作为学校新德育目标的核心内容。围绕"兴趣、信心、习惯"分单元设计校本德育活动课程。积极构建高中"六阶段十二单元"德育活动校本课程。对每个主题活动的开展时间、德育目标、具体内容、工作流程、责任人等方面，都做详细规定，提出明确要求，使德育工作更加科学化、规范化、系统化，增强德育工作的针对性、实效性和可操作性。按学期分阶段、分单元、分系列、循序渐进的螺旋上升式的拧紧师生的"精神发条"，使全校师生时刻处于精神亢奋状态。

人的任何一种思想都是由"知、情、意、行"四要素构成，以主题为核心，以单元为架构，以综合为取向，将德育背景、内容、形式等信息中的"相似块"整合在一起，以德育为先导，以课堂教学为中心，以活动为途径，将各个分立的课程进行优化整合。

例2：基于"知、情、意、行"四方面的主题单元教育活动设计

内容\主题	中华传统	民族文化	心理道德	学科素养	感恩奉献
认知	思考	沟通	分辨	分析	观察
情感	上进	合作	共享	热爱	关爱
意志	自律	尊重	自制	求实	责任
行为	自理	保护	交流	探索	付出

2. 改"教知识"为"教状态"

"教状态"也就是激发兴趣、树立自信心。"学习不好并不可怕，可怕的是学生失去学习的兴趣"，叶圣陶说："什么是教育？简单一句话，就是要养成习惯。"具备这两点还需要自主学习的能力，与人合作学习的能力，求助实验、图书、网络学习的能力。我们要在教给学生知识的同时，更要教给学生多种有效的学习方法，让学生自己建构知识网络。所以，当一个人具备了学习的兴趣、信心、习惯、能力和方法之后，我们还担心他的学习成绩不能提高吗？

成功是勤奋的产物。莎士比亚说过："在时间的大钟上，只有两个字——现在"。"苦一阵子，不苦一辈子"的说法也许不妥，但只要考试存在，竞争存在，倡导学习"吃苦"的做法不该放弃，刻苦是无需理由的。高考是需要实力的，有实力才有竞争力。让信心、勇气、力量在这里集结！拼搏，才会赢。

二、"超前性"质量开发

所谓"超前性"质量开发，就是通过市场调查研究，了解社会质量需求变动的趋势和特点，探索产品质量发展的方向和途径，从而开发出具有质量优势和质量特色的新产品和新品种，并通过这些符合未来趋势的新产品和新品种去开发新的质量要求。这里关键问题是进行必要的质量开发投资，搞好质量开发预测。

（一）让高中学生有选择性地定向发展

高考需要出"尖子"，而且需要多出"尖子"，这是优质教育的必然要求，也是衡量教育水平的一个重要标志。课堂变革的核心应该是让学生学习增值，学生的"学习值"包括动力力值（更想学）、方法值（更会学）、数量值（知识、技能学得更多）、意义值（对学生个人的发展更有意义）。

1. 掌声留给紧随其后的"落伍者"

一种完整的教育教学活动至少要回答以下四个核心问题："为什么教""教什么""怎么教""教到什么程度"，只有这四个问题具有逻辑上和行动上的一致性，才能说该教育教学活动是完整的、专业的。坚持以学生为主体、教师为主导，加强教育教学研究，注重因材施教，学思结合，知行统一，大力推进启发式、探究式、讨论式、参与式等教学方式和分层教学、走班制、导师制等教学模式改革，减轻学生过重课业负担，着力培养学生的创新精神、综合素质和实践能力。

掌声留给紧随其后的"落伍者"。"第十名现象"，即前三名之后，第十名前后直至20名的学生，在后来的学习和工作中"出乎意料地表现出色"，并成长为"栋梁型"人才；相反，那些当年备受老师宠爱、成绩数一数二的优秀学生，长大后却淡出优秀行列，甚至在其后的升学和就业等方面屡屡受挫。

"第十名现象"对教育的启示：推动职业学校规模化、专门化、特色化发展，提高办学"质量-效益"。以提升学生就业能力和可持续发展能力为导向，深化工学结合、校企合作，有效构建人才成长"立交桥"，大力培养职业道德、职业技能、文化素养、职业能力兼备的高素质劳动者和技能型、应用型人才。

2. "失败者"的"拯救工程"

有人说职业教育从事的是"失败者"的"拯救工程"：对做人没尊严的，给尊严；对自己没自信的，给自信；对未来没信心的，给信心；对生活没乐趣的，给乐趣；对就业没技能的，给技能。使"中职"学校功能多元化：就业、升学、社会服务"三位一体"，服务于学生、服务于行业、服务于社会。

（二）培育教师个体自我质量监控

改造考试竞争。曾有一位美国的大学校长在研究了中国高考试卷之后，说它是"捉弄人"的考试，并且说他们学校里的来自名牌大学的与来自二、三流大学的中国研究生，就发展潜能而言只有几个月的差别。

1. 每个人都是自我质量的管理者

树立科学的教育质量观，必须以科学发展观为指导：

一要树立以人为本的质量观，科学发展观的核心是以人为本，对教育亦是如此；

二要树立全面的质量观，德智体美要全面发展，各阶段、各学科都要重视，不能就高考抓高考，这只能是一种短期行为；

三要树立可持续的质量观，体现在全过程、持久的质量意识，继续坚持"高起点、低重心、厚基础、强管理"的思路不动摇，重视各学科、各阶段、全过程的教育质量提高；

四要树立既承认功利又超越功利的质量观。在现行体制下，最直接的评价手段还是考试，但仅站在高考角度抓质量就是没有超越功利的表现。

2. 教师因素对教学质量的影响

（1）教师鼓励学生积极发表个人见解与学生的学业成绩成"正相关"。

（2）教师注重引导学生关注社会，拓展学生学习视野与学生的学业成绩"正相关"。

（3）教师的知识面宽广与学生的学业成绩成正比。

(4) 教师的即时评价、对实验操作进行考查与学生学业成绩成"正相关"。

(5) 教同年级同一学科，每天备课时间2小时以上，担任班主任，积极参加集体备课的教师，学生学业成绩较好。

(6) 教师在备课时越能广泛参考其它版本教材、参考资料，学生学业成绩越高。

(7) 教师的专业技能，包括使用多媒体、组织指导多种形式的学生活动、关注学生、鼓励提问、教学要求具体明确等，与学生学业成绩具有正相关性。

3. 推进"质量工程"

完善教学管理、科研教研、质量监控等质量保障机制，建立适于学校教学管理的运行机制，定期诊断阶段性目标落实情况，分析研究改进的措施，细化教学管理。质量监测引入增量分析。发挥质量监测队伍的作用，掌握课堂教学第一手信息，制定提高课堂效率的可行措施。结合教师教学能力提升工程和教学基本功活动，全面提高教师教学能力。加强教育研究，提高教学效率，切实减轻学生课业负担。

一般来讲，衡量教育质量，应该坚持事先约定与事后满意相结合，但是对于教育全过程的不同环节可以有所侧重。对于教育输入，达成约定标准就可以了；对于教育过程，除了要满足约定标准，还必须让学生和家长满意；对于教育结果，不仅要满足约定标准，还可以让政府、高一级学校或用人单位满意。（见下表）

教育质量标准优先顺序表

教育质量标准	消费者	学生	家长	政府	高一级学校 用人单位
教育输入质量	约定标准	●	●	●	●
	满意标准				
教育过程质量	约定标准			●	●
	满意标准	●			
教育结果质量	约定标准	●	●		
	满意标准			●	●

注：标●者为优先考虑的标准

（三）以生养校、质量立校、科研兴校

学校要突出一个主题：追求卓越。实现"一流的管理、一流的师资、一流的质量。"创建区域"标志性"学校。

1. 质量，永恒的追求。

重视家庭教育，家长是最可靠的同盟军（学生的"三任老师"：家长、课任教师、环境）。只有赢得家长信赖，才有好的生源、高的质量；

向教育教学管理要质量、向校本教研要质量、向45分钟要质量；

把握教育发展的"三个"关键词：建构主义、科学民主、质量效益。

2. 牵住提高教育质量的"牛鼻子"

学校发展＝教师发展＋学生发展。将教育管理的重心下移到学部、年级、班级。整个学校团队就像一列高速运转的"动车组"，每节车厢、每个成员都充满了生机与活力。

注重抓教学过程管理，确定学生质量跟踪制，全员标准分考核为总的教学质量考核思路，实行学生成绩跟踪分析考核。

3. 办适合学生发展的"质量－效益"型名校，让学生在校发展最大化。

一般学校发展轨迹：从规范到特色再到品牌。以生养校，以质量立校。以特色为切入口（切记：任何游离于课堂之外的特色其影响力都是有限的），寻求最近发展区，让学生在校发展最大化。

三、向家庭教育要质量要效益

调查显示，在1980年以后就业的国家和社会管理者中，出身于"国家和社会管理者"家庭的比例，比1980年以前上升了21.1%。这一数据说明，先赋因素在某些优势行业就业过程中仍在发挥着重要作用。

调查对象：北京680名初中、小学生的家庭。调查内容：在校表现与家庭教育水平之间的关系。调查结果发现：家庭教育水平很好，其孩子在校表现优等生占95%，基本没有后进生；教育水平不当的家庭，其孩子在校为后进生却高达85%，几乎没有优等生；而教育水平一般的家庭，其孩子在校为中等占2/3，并有15%左右为后进生。

重要结论：如果我们能把不恰当的家庭教育提高到一般水平，则后进生就会相应减少五倍左右；如果我们把一般的家庭教育再提高到较好水平的家庭教育，则优等生就要增加三倍左右。

（一）精彩极了，糟糕透了

一个人，在成长的过程中，既需要鼓励、表扬，又需要受到批评、指教，才能不断地提高自己。

1. "精彩极了"和"糟糕透了"

故事《"精彩极了"和"糟糕透了"》讲述的是美国著名作家巴德舒尔伯格的父母,对他七八岁时写的一首诗的不同评价。母亲的评语是:"精彩极了",而父亲则说:"糟糕透了"。两种不同爱的方式,一种是父爱的力量:警告、提醒,是严厉的,不让孩子误入歧途;另一种是母爱的力量:赞扬、鼓励,是温柔的,使孩子增强自信心。这两种力量交织在一起,正确引导了孩子的成长。父爱的力量让孩子面对困难不屈不挠,敢于正视自己的缺点,母爱的力量给孩子以自信,是灵感和成就感的源泉。

批评和表扬一样,也是人生中不可缺少的东西,当你得到别人的批评时,应像得到别人的表扬一样感到高兴,因为它使你又发现了自己的一个缺点,让你及时改正。批评并不是对你的一种吹毛求疵,也不是给你难堪,它就像红绿灯一样,告诉你在人生的大路上该如何通行。

2. 什么?伴随着您的孩子!

一个人的童年对他将来人生道路的成功起很大的决定作用,《教育与孩子》这首诗就说明了这一点。

敌视伴随着孩子,他学会争斗;

嘲弄伴随着孩子,他羞愧腼腆;

鼓励伴随着孩子,他信心倍增;

赞美伴随着孩子,他鉴赏有方;

认可伴随着孩子,他爱心常存;

分享伴随着孩子,他慷慨大方;

诚实与公正伴随着孩子,他领悟出真理与正义。

……

(二)寻找"最近发展区",实施差异教育

维果斯基特别强调:教学应该走在发展的前面,只有走在发展的前面的教学才是良好的教学,才能有效地促进每一个学生的发展。这就是说教学的任务和活动应该定位在学生的最近发展区内,教学才会取得良好的效果。

1. 目标分层、差异教学:从课堂教学上减少学生学习差异

(1)承认学生学习能力的差异,制定差异学习目标。

教师在承认学生学习能力差异客观存在的基础上,依据学生学习能力的差异,制定符合不同层次学生的目标要求,即在制定学生学习总体目标的基础上,增添学习的基础目标和发展目标。

（2）重视学生知识经验的差异，合理组织学习材料。

根据学生知识背景所存在的客观差异，探寻适合不同学生学习发展的"最近发展区"，合理地组织学习材料，使每个学生都能在原有学习知识经验的基础上顺利地实现知识、能力、情感的迁移。

（3）关注学生学习方法的差异，引导个性化学习。

学生由于知识经验不同，所表现出来的学习方式也必然存在着差异，教师要关注学生学习方法的差异，"允许学生用自己的方式学习"，引导学生进行个性化学习。

（4）正视学生思维方式的差异，组织合作探究学习。

让不同思维特点的人，在同一个组内进行共同探究，通过不同思维的碰撞，起到相互学习、共同推进、促进发展的目的。

（5）尊重学生学习体验的差异，组织学习交流活动。

借助组织学习交流活动，展示学习过程的多样性、丰富性，并通过不同学习体验的交互与碰撞，使每个学生都能在学习交流中得到不断的完善与发展。

（6）分类设计、作业自选，从练习巩固上减少学生学习差异。

作业设计分成三类：一是基础性作业，适合全班学生；二是提高性作业，三是综合性比较强的作业。允许学生根据自己的需要和意愿自由选择。

（7）多元目标、综合评价，从评价体系上减少学生学习差异。

为了增强学生的学习自信心，增强学生后续学习的热情，激发学习欲望，教师可以延迟对学生的学习评价。

2. 学生的"差异"不仅是一种客观存在，而且也是一种重要的课程资源。

如果我们在教学活动中在正视学生差异的同时，能有效地利用差异，那么差异不仅不会成为我们教学活动的阻力，而且还能转化为学生学习过程的一种动力。

（三）变"要我学"为"我要学"

陶行知"教学做合一"原则："教学做是一件事，不是三件事。我们要在做上教，做上学。在做上教的是先生，在做上学的是学生。从先生对学生的关系说：做便是教；从学生对先生的关系说：做便是学。先生拿做来教，乃是真教；学生拿做来学，方是实学。不在做上用功夫，教固不成教，学也不成学。"

1. 新课程改革的"三个阶段"

（1）以理念启蒙为重点的阶段。以新课程理念的普及为特点，宣传面向全体学生提高全面素质的教育目标，突出以加强德育为核心，以培养创新精神与实践能力为重点。

（2）以模式探索为重点的阶段。以课堂教学模式的探索为特点，通过新课程理念指导下的课堂教学模式研究活动，突出启发式教学、探究式学习、合作学习、信息技术等的运用、以及社会实践课程、其他校本课程的研究。

（3）以增强效能为重点的阶段。以增强教学效能研究为特点，突出关注课程改革与课堂教学的针对性与实效性。

由于地区与学校的背景与条件不同，课程改革的推进力度不同，当前不同地区、不同学校课堂教学的状况处于不同水平。

2. 教的有效、学的愉快、考的满意。

（1）创造适合孩子发展的教育

把"创造适合孩子发展的教育"作为办学理念，以指导自己的工作。可以设立一种课型，让孩子们每天能像整理家务一样整理自己的学业。一天的学习即将结束时，反思一下当天哪些知识掌握了？上课走神的时候哪个知识点溜过去了？哪个问题还没弄明白？然后带着问题去请教同学或老师。3年或6年下来，一定很不一样。

（2）高三"一模后"的复习策略

高三一模前：完成知识的讲授，从某种程度上说，是个知识储存的过程。要把这些公共知识转变为个人知识，才能在高考中立于不败之地。

一模到二模：完成教师"教什么"向学生"学什么"的转换。教什么是把教材从"薄"教到"厚"的过程，是一个把压缩并建构后的知识体系，进行解构和解压的过程。但从一模到二模，是学生把对教材的学习，从"厚"又回到"薄"的过程，是一个对整个高中所学知识进行重新压缩和建构的过程。通过二模，要尽量做到把教材上的知识，把教师掌握的知识，转变为学生自己建构起来的知识，这个时候的知识一定要系统化。

从二模到三模：要完成学生"学到什么"向"提取什么"转换。用命题人的试卷，用特定的题型来证明你掌握了多少知识。教师要把所有知识点与相应的考试题型对应起来，学生在应用自己掌握的知识时，不但要证明自己已经记住了这些知识点，还要知道用什么样的题型来表达这些知识点，知道如何通过这些题型甚至于如何利用这些题型来表达这些知识点。

从三模到高考：要完成准备"考什么"向准备"怎么考"转换。真正上了考场，是需要有具体的应对技巧和良好心理准备。面对那几张决定自己命运的试卷，怎么做才不紧张。这些，要求在三模后解决。还有，就是这段时间如何把兴奋期调整到高考期间去，避免因为生理原因拖垮了高考。

3. 建构英才教育体系

英才教育是指为在智力、创造性、艺术、领导力以及特定学科领域具有杰出才能的儿童和青年，提供不同于学校日常教育的区别性的服务和组织活动，目的是为了充分挖掘人群中1%的高智商儿童在天赋才能方面的潜能，通过满足其特殊的需求，使其得到充分发展。英才在我国人力资本结构中处于最顶尖的位置，我国英才奇缺，很大原因就是英才教育体系的缺失。

英才儿童在人群中是客观存在的，一般存在于前1%－5%的人群比例中。国外发达国家和地区都将英才教育纳入正规教育体系中，并建立了系列的英才教育法律法规，设立专门的英才教育管理和研究机构，建构了完善的英才教育培养体系，并将英才教育作为教育的重要组成部分。

第三章 以"质量-效益"为中心的资源配置

一般而言,教育发展规模与社会生产力发展水平是成正比的。教育发展速度也须由生产力发展水平决定。十八大报告指出要"大力促进教育公平,合理配置教育资源",强调"让每个孩子都能成为有用之才"。这就要求我们以更大的决心、更有力的举措来推进教育公平。

第一节 教育资源的"有效"配置

教育的发展只能在物质资料生产发展的基础上相应地发展,不应该也不可能脱离物质资料生产这个基础而孤立地发展。一方面经济发展对教育提出要求,要求教育为经济发展培养所需要的劳动后备力量和各种层次、各种规格的专门人才;另一方面,经济的发展又为教育发展提供物质条件。

一、以"质量-效益"为中心的资源配置

学校的人力资源能否整体而有效的开发,不仅影响到人的个体全面和谐发展的状态和水平,而且也影响到学校整体效能的大小和未来发展的状况。

(一)"经营"教育资源

学校经营是在动态中寻找资源并注重资源的有效配置以达到教育目标最大化、促进人的发展的系列活动。学校经营的目的,应该落脚在对学生的培养上,力求达到质量和效率的统一。"经营"的核心:聚集。办学策略的重心在于聚集

有利于学校发展的一切资源。"经营"的艺术：多赢。聚集资源的根本目的是使资源增值与放大。学校经营的核心理念应是盘活教育资源，改善办学环境，服务于教学教研，服务于人才培养，提高教育质量和办学效能，增强学校的竞争力。

1. "经营"之道在于制度和执行力

经营学校和管理学校是两个不同的概念。管理要效率，经营讲效益。管理学校，核心是如何提高个体和群体的工作效率，目标指向是完成任务；经营学校，核心是如何提高学校的社会效益和经济效益，目标指向是生存发展。管理学校着眼于学校内部，重在"练好内功"，是封闭的；经营学校则要关注学校在市场中的地位，必须"内外兼修"，是开放的。管理学校，强调照章办事，常用词是贯彻、落实、执行，是被动的"等靠要"；经营学校，强调不断创新，常用词是服务、竞争、生存，是主动的"谋发展"。管理学校，只要向上负责，让领导满意就行；经营学校，还要向下负责，让教师、学生、家长都满意才行。管理学校，遇到困难找"市长"，寻求行政支持；经营学校，遇到困难找"市场"，寻找市场商机。

校长的管理就是一种经营，校长要有经营之道。科学而人本化的制度是校长管理学校的根本，是高效"经营"的保证。首先，经营来自于和谐，和谐是学校持续发展的保证，和谐来自于科学、民主、公正的制度，来自于制度的执行力。只有坚持依法办学，规范管理，把制度管理做实、做细、做精，才能有突出的管理效益。

人本化管理的"三要"：作为校长，每周应该到一个教研组去参加教师的教研活动。要坚持每周与1-2位教师谈心，与教师平等地讨论师生关注的热点、难点问题。要关心每位教师的生活情况，关心每一位教师的成长，为教师设计成长的路径。

2. 教育投资对经济增长的贡献

教育投资是指为了培养不同熟练程度的后备劳动力和提高现有劳动者的劳动能力而投放到教育领域中的人力、物力和财力资源的总和，它包括各种货币形式的支出和非货币形式的支出，其实质是一种通过获得或增加、调整知识、技能等存量资本以影响或改变预期收益的活动。

教育是促进经济增长的重要因素。发展教育事业，提高全民族的素质，把沉重的人口负担转化为人力资源的优势，这是我国实现现代化的一条必由之路。因此，我们必须把教育事业作为国民经济发展的战略重点，确保教育事业的优先发展。但是，这并不意味着教育事业发展的速度越快、规模越大就越好。在社会再生产过程中，生产资料的再生产和劳动力的再生产之间必须保持一定的数量关系和质量关系，社会再生产才能正常进行。生产资料再生产和劳动力再生产之间的这种比例关系，客观上要求教育与经济协调发展。

教育的发展归根到底要受到物质资料生产发展状况的制约，即要受到经济发展状况的制约。这种制约不仅表现在生产发展对劳动者素质的要求方面，而且更表现在为教育提供物质基础方面。

（二）教育市场分割降低了教育资源的利用效率

教育市场是教育资源合理配置的基本手段，是教育产业得以快速发展的载体。教育作为一种稀缺性资源，同样也受着成本、价格等因素的制约。而教育供求关系实现的必要环境——教育市场的完善与否，会直接或间接地影响到教育资源供求的均衡和教育资源配置的效率。

1. 教育市场分割对教育效率的影响

教育市场分割降低了教育资源的利用效率，产生了教育活动的内部不经济性和外部不经济性。其内部不经济性可以从教育服务的数量、质量、成本上加以分析。

首先，教育市场分割不利于教育质量的提高。在教育市场分割的情况下，教育服务单位之间很难展开真正意义上的竞争，教育质量的高低在很大程度上依赖各教育单位的自觉性。而个体的自觉性是有限的，在外界压力较小的情况下，个体必然会降低教育服务的水平，致使教育质量下降。

其次，教育市场分割不利于教育服务数量的自然增长。在市场分割的情况下，每个教学单位的服务总额是已经指定了的，这种服务额的划分尽管也在一定程度上考虑到学校的服务能力，但很难考虑到服务单位的服务意愿，因此，就出现了想多招的无法多招，不想多招的却无法拒绝的情况。

再次，教育市场分割加大了教育成本。教育市场分割使高校之间各自为政，专业重复设置，设备重复采购，从而降低了资源的利用效率，增加了不必要的教育成本。

2. 教育市场可分为"广义的教育市场"和"狭义的教育市场"

广义的教育市场应包括：一教育产品交换的场所和领域；二反映教育产品生产的教育资源，如资金、师资、生源、土地、教育设施设备、教育技术等；三进行知识转移和传播的教育生产，如教学设计、教学管理、教学活动、人才培养等；四由教育需求和购买能力组成的教育消费；五教育市场规则。相对于广义的教育市场而言，狭义的教育市场应包括资金市场、师资市场、生源市场和就业市场。

教育资源使用效率低：第一，教育部门和地方"条块分割"造成了教育资源的重复设置、数量多但条件差、教育质量不高等问题普遍存在；第二，教育设施闲置严重，教室、实验室、图书馆、体育设施及其他贵重器材利用率过低；第三，学校办学模式趋同，层次不清，职能不明确，无特色，不规范；第四，教育投入不注意成本核算，缺乏科学管理，水、电、财产等消耗性开支过大。

3. 财政政策应体现教育公平、效率、质量的政策导向。

建立拨款激励机制。教育属准公共产品，其经费应由政府和市场来共同提供。政府在教育资源配置中应起主导作用，以维持教育的公平性。应通过制订科学合理的教育财政政策，优化资源配置，提高资源效率，促进教育的公平与效率。但公平与效率往往是一对矛盾，在提高效益时会影响公平，相反在促进公平时往往也会影响效益。政策面对的挑战是寻求适当的平衡，允许和鼓励灵活反映，提高对效益的公共关注。为此，应建立科学、合理的教育投资效益评估机制。

（三）优质教育资源的拓展

教育优质化意味着要不断更新教育理念，建立健全以提高教育质量为导向的体制机制，促进教育内涵发展，促进教师素质整体提升，促进学生德智体美全面发展，满足人民群众接受优质教育和经济社会发展的需求。教育全民化则是不断优化整合教育资源，完善终身教育体系，构建终身学习"立交桥"，推进学习型城区建设，提升城市文化内涵和全民素质，基本形成"人人皆学、处处能学、时时可学"的学习型社会。

1. 提高教育资源的使用效益

在资源配置方面，要转变理念，多从学生发展、教师发展和教育管理队伍建设的视角来考虑资源的配置、使用和效益评价，切实改善学生的学习和生活条件、教师的工作和发展条件，促进教育管理人员的专业发展和领导力提升。公共教育资源配置要向那些教育质量薄弱的学校和地区倾斜，以矫正由于经济社会发展和教育发展水平不均衡带来的教育质量差距过大问题。坚决反对和禁止教育发展过程中的豪华建设及资源浪费问题，切实提高资源使用效益。

世界上可开发利用的资源有四种，即物力资源、资本资源、信息资源和人力资源，而人力资源是唯一可连续开发、深层次开发和无止境开发的战略资源。

2. 舒尔茨人力资本理论的主要观点

（1）人力资本存在于人的身上，表现为知识、技能、体力价值的总和。一个国家的人力资本可以通过劳动者的数量、质量以及劳动时间来度量。

（2）人力资本是投资形成的。投资渠道有五种，包括营养及医疗保健费用、学校教育费用、在职人员培训费用、择业过程中所发生的人事成本和迁徙费用。

（3）人力资本投资是经济增长的主要源泉。人力投资的增长无疑已经明显地提高了投入经济奋飞过程中的工作质量，这些质量上的改进也已成为经济增长的一个重要的源泉。"有能力的人民"是现代经济丰裕的关键。

（4）人力资本投资是效益最佳的投资。人力投资的目的是为了获得收益。人力资本投资是回报率最高的投资。

（5）人力资本投资的消费部分的实质是耐用性的，甚至比物质的耐用性消费品更加经久耐用。

二、优化教育结构

中国现阶段面临着经济转型，面临着爬陡坡，面临着转变经济发展方式。需要"管理学"这门工具来提升整个组织的生产效率。

（一）优化教育资源配置

数量和质量始终是一对矛盾，它们是互相对立的，但它们也是互相依存的。一方面，没有一定的数量，就没有基本的质量；另一方面，没有质量的数量，本质上是没有意义的。所以，人们一直都在追求数量和质量的辩证统一。扩大规模是发展，提高质量也是发展？适度规模办学。所谓适度规模，是指在一定教学条件下，可以保证教育质量的注册学生的最大规模。在这个点上，质量和效益双赢；规模偏小，质量是有保证，但效益会受损失；规模过大，质量无从保证，效益就是负效益。当然，适度规模是一个随教学条件变化的动态概念。

1. 优化物质资源配置

建议：

（1）提高中小学公用经费的比重、改善教育事业费的支出比例，根本思路是从总体上提高教育经费水平，只有这样，才能保证在教师工资水平不受挤压的同时，公用经费所占比重有所提高。建立有效的中央对地方的转移支付体系，以保障地方经济发展水平较低地区的教育经费的充足性。

（2）建立科学、规范的教育支出绩效评价体系，将政府拨款与支出效率相联系，以提高经费使用效率。加强基础教育阶段公共经费支出的监管和制度建设，提高基础教育阶段的行政效率，避免出现业务经费挤占公用经费的现象。

2. 优化人力资源配置

教师人才资源是学校的核心资源，是学校和效益的拥有者，保持学校核心竞争力的知识型雇员与其他人员应有的差距。"岗位靠竞争，报酬靠业绩，重能力，重水平，重表现"是人力资源开发的基本政策。

提升学校人力资源的贡献率。学校管理一个永恒的目标追求，就是用最少的资源或用有限的资源获得最大的效率产出。而人力资源开发管理同样有如何提高投入产出比率以及如何提升贡献率的问题。这一目标指向，一是降低人力资源的投入成本，增加人力资源投入的收益，实现学校管理效益最大化；二是科学合理地进行人力资源开发管理，促进人力资源价值实现，最终实现学校的组织目标。

在学校人力资源的开发管理上，变人员的单位所有为社会所有，打破地域和身份界限，按照学校的编制、岗位和工作需要，通过考试、竞争、资格确认、聘用等方法，自主获取高质量的人力资源；根据劳动量的投入，岗位的重要程度，贡献和业绩的大小等因素来确定每个人的收入水平，由按劳分配转变为按劳分配和按生产要素结合的多样化分配，教师职称评聘随着学校人力资源开发管理的深度发展，加大竞争力度，保持人员的持久发展动力；通过持续学习、培训，进行人才的深度开发，保持学校持续发展的动力；为适应学习化的人才开发趋势，致力于提升人力资源质量的培训教育，在内容、模式、途径、方法等方面要不断地创新，实现由过去的学科中心向人的发展中心和问题研究中心的培训教育转变。

（二）建立科学、规范的教育支出绩效评价体系

《现代化管理》书中说："现在，国外一般公认先进的生产技术和先进的管理是推动现代经济高速发展的两个车轮。"规范的理念包含两个层次：

一是制度规范。《辞海》中对制度的解释："要求成员共同遵守的、按一定程序办事的规程。"夸美纽斯认为，制度是学校一切工作的灵魂。哪里制度稳定，那里便一切稳定；哪里制度动摇，那里便一切动摇；哪里制度松垮，那里便一切松垮和混乱。

二是程序规范。程序是纪律，也是保障，有了完善的制度，没有规范的执行程序，也不能保证结果的公正公平。

1. 农村教育成为"游离"于农村社会发展之外的"异类"

农村教育资源的最大特点是稀缺。充分保护、开发、利用好已有的农村教育资源，最大限度地提高资源利用率，避免各种形式的损失或浪费，是我国农村教育追求的理想目标。

传统农村教育的最大特点是其自我封闭性,其功能定位"游离"于农村社会的发展之外。使得农村教育的功能"异化"为向城市教育输送"半成品"的教育"材料"。农村教育的最大目标变成让自己最优秀的子弟离开农村,为城市服务;农民的最大愿望是一家人省吃俭用,让自己的孩子跳出"农门"进入城市社会,因此,城乡差别越来越大。农村教育成为"游离"于农村社会发展之外的"异类";农村社会也因其教育"体外循环"式浪费,而难以获得发展壮大所必需的教育营养。

中国教育"学而优则仕"的传统可谓源远流长,这使得农民习惯了教育远离自己生活实际的"异化"倾向。由于义务教育的强制性和高等教育大众化导向的强力拉动,仍然保持着它"游离"于农村社会需要之外的特性。改革只实现了"农村教育农民办"这半句话,而"办好农教为农民"则名实不符。农村教育培养出不为农村社会服务的人,对农村教育而言这是最大的浪费。在这个培养过程中,效益越高,浪费越严重。

2. 优化教育投资结构

公平和效率如何相互促进、和谐统一?目前我国教育发展既存在由于教育资源配置不公平而导致的不同地区教育发展不平衡、个人受教育权利和身心素质发展不平等问题,也存在由于"应试教育"产生的教育整体效率不高问题。因此,必须站在国家发展的战略高度,综合研究解决教育公平的目标、方式设计和制度、资源安排问题,实现公平和效率相互促进、和谐统一的教育公平。

第一,调整教育投资结构,实现教育投资在小学、中学、高校三级教育之间的合理配置,并根据市场经济需要及社会经济发展的要求,调整学校的专业设置,以改变我国教育投资结构中不合理的"错位"状况,促进我国教育事业健康、有序发展。

第二,加大对农村和贫困地区教育的投资力度。农村教育无论从升学率、教学设备配置、还是师资配备等方面来看,都远落后于城市教育。而农村,特别是不发达的农村地区又是剩余劳动力的主要来源,是最急需提高文化教育素质的地区。加大对农村落后地区的教育投资,对于改善过剩劳动力素质、提高全社会人力资本的积累是必不可少的。

第三,力求实现对教育投资的主体多元化,鼓励和支持多方投资用于教育事业建设。在国家财力不足的情况下,应多层次、多渠道筹集资金,提倡民间投资教育;鼓励企业、团体、个人办学或捐款;组织申请国际金融组织的贷款,提高教育投资的比重。

3. 建立面向未来的教育投资体系

世界银行2006年公布的世界发展指标：2004年主要上中等收入国家和地区，幼儿入园率平均为75%，小学教育毛入学率平均为104%，中学教育毛入学率平均为89%，高等教育毛入学率平均为47%，人均预期受教育年限平均为13年，公共教育经费投入占国民生产总值平均为4.9%。

教育资金利用率提高的关键：

首先在于对庞大的非教学人员编制的调整和学校管理体制的改革，减少学校行政和后勤管理人员数量，增加教育研究和教师队伍整体素质提高方面的投入，这样才能对教育所培养学生质量的提高起基础性保障作用。

其次，必须进一步提高现有教育资源的利用率，在保证生均成本随年教育经费增长而增长的前提下，加大对学校基础性教学设施建设的资金投入，加快各种设施的现代化更新，为学生发展以及未来社会发展创造必备的外部物质条件。

最后，教育管理部门必须加强对教育经费审计与监督力度，健全教育部门和学校内部财务管理制度，严格控制经费使用的审批和报告制度，从根本上节约有限的教育经费，提高资金利用效率。

（三）在办学社会化中利用好"外脑和外力"

陶行知说："不运用社会的力量，便是无能的教育；不了解社会的需要，便是盲目的教育。"

1. 何谓人力资源

学校人力资源是指进入学校管理活动领域并与学校管理者发生功能联系、产生互动作用的具有智力劳动和体力劳动能力的个体人的总和，它具有生命性、能动性、动态性、智能性、社会性、增值性等特点，而学校的人力资源开发则是以政策为导向，以学习为基础，以创新为动力，持续不断地增强学校成员的能力，改变其工作态度，形成群体合力，促进全体成员个体全面发展，提高学校整体效能的管理活动。

2. 经营教育资源要做好两方面工作

教育资源是指教育教学所必备的物质资源和文化资源，包括人力资源、物力资源、财力资源以及教育历史经验或有关信息资料。经营教育资源要做好两方面工作：一使所有可以利用的教育资源，都要发挥作用，有效地服务于教育教学活动。二适时充实和扩大教育资源。因此，要广泛地同外界联系，充分发挥各类专家的作用，获取各类信息，为我所用。

"在我国，学校作为事业单位，长期躺在政府的怀抱里，任务由上级下达，经费由财政拨给,绩效由领导考评,命运由组织掌握,既无生存之忧,也无发展之虑",在这种体制下,管理效率低下就成为通病,其管理水平严重落后于企业。而管理的核心是提高效率,现代学校管理中面临的各种问题,如办学定位、战略规划、精细管理、校际竞争、品牌经营、执行力、绩效考评、制度建设、员工忠诚、授权与激励等,都可以在企业里找到满意的答案。

三、帮助教师克服职业倦怠

变管理的模式为领导的模式。管理是经济的产物,管理是拿着各种规章制度约束人,领导是举着高昂的旗帜走在前面,而且是精神教练,以人为本,以提高人们的精神素质为主。

(一) 学校发展=教师发展+学生发展

教师的专业化发展有两大问题:一理念的更新。教育理念、育人理念、管理理念的陈旧落后,是制约教师行为的重要因素。二内涵的提升。教师的专业内涵分成三个层次:专业精神和技能,精神层面上的追求,生命意识和生命品质。

提高教学质量必须坚持以教学为中心,优化、整合各种教育资源。主要做法:

1. 加强教师队伍建设,奠定现代学校教师素质的"支撑点"。

教师是实现学校教育目标的核心和关键,品牌学校离不开品牌教师,赢得教师才能赢得教育,建设一支胜任现代教育教学工作,适应教育改革和发展需要的高素质师资队伍,不仅关系到能否应对现代激烈的教育竞争,而且关系到学校的生存和发展。

完善榜样引路机制,举办优质课、优质课件、优秀论文、优秀教案评选活动;评选"教坛新秀""骨干教师""学科带头人"等;完善人文关怀机制,营造有利于教师成才的软环境,积极推进民主治校进程,建立透明、公平、民主化的决策机制,让"想干事的有舞台、能干事的有作为、干成事的有地位"。

2. 运用现代技术,把握现代教育技术的"制高点"。

具有信息资源建设意识和教师资源建设的理念。信息技术对于教育教学的影响不仅仅是教材、教学信息、教学内容、教学模式的改变,而是整个学校从教学组织结构到思想观念都发生系列的调整与变革。它的实质是在变革学校传统的教学文化。如教师的教学观、评价观、课程观、学生观等思想观念都要做出调整和更新。师生之间、校长与教师的沟通方式也必然发生改变等。因此在学校里,校长有意识的引导和相关制度的建立形成一个有利于"整合"的文化氛围是至关重要的。

3. 确立教学改革和教学过程管理的"着力点"

《学会生存——教育世界的今天和明天》一书中，作者告诉我们："在节约教育方面再没有比不浪费学生的时间更有成效的了"。

（1）教学效率＝有效教学时间/总教学时间×100%。

公式告诉我们，有效教学时间越多，教学效率就越高。增加有效教学时间，就要杜绝教学时间从课堂上溜掉。教学效率和教学效益有着密切的联系。在通常情况下，教学效率的高低决定了教学效益的大小。从这个意义上说，强化教学时间意识，就是强化教学效益意识，杜绝课堂教学时间的流失，就是在创造教学效益。

（2）优化教学技能

古人云："工欲善其事，必先利其器。"教师教学的"器"是什么？我想主要的是教师的教学技能，具有高超教学技能的教师在课堂上会游刃有余，能收到上乘的教学效果。而教学技能低下的教师，在课堂上则心有余而力不足，徒然消耗学生很多宝贵的时间。因此，优化教师的教学技能，对于充分利用课堂教学时间资源，创造教学效益，具有非常重要的意义。

（二）知识可以对社会变迁产生巨大的能量

众所周知，近几十年来社会变化之剧使得我们生存的坐标、边界都不再确定。我们曾以为发展进步是硬道理，现在多少明白发展要加上科学的前提；我们曾坚定地站在五四新文化运动一边，现在多少理解文明传统仍有永恒的魅力和不朽的价值。我们是现代化的追随者。在这罕见的现代转型中，知识人有着不同于政治家、企业家等精英阶层的职业分工。政治家要维持秩序，企业家要创造财富，知识人则要提供解释。知识人服务于社会，他提供的知识产品也是长久思考和细致观察分析的产物。

1. 鲁迅的权力就是来自他的写作

人类追求真理的本能潜藏于人的"活的灵魂之中"。人的生命是有目的的存在，而写作则是知识劳动者实践生命意义的重要方式。

写。我手写我心，一个人不写作，他的思想深刻不了。写作是一种权力，一个人真正的权力是来自于他的思想，他的思想越深刻、越丰富，他的权力就越大。一代伟人毛泽东，其文才武略，更是独领风骚，写作、读书伴其一生。他年轻时就"激扬文字，挥斥方遒"，转战陕北后在窑洞里完成了《论持久战》等举世闻名的巨著。

以写促思。写作不仅是积累经验的一种方式，更是逼迫自己勤于阅读和思考的强劲动力。因懂得这些，虽工作辛劳，文笔稚嫩，但仍能坚持用文字记录自己的教育生活，让忙碌的"我"不断与宁静的"我"进行对话，让冲动的"我"不断接受理智的"我"的批判，让实践的"我"不断接受理论的"我"的提升。

2. 知识就是力量："我思，故我在。"

知识就是力量，一旦产生，知识可以对社会变迁产生巨大的能量。政府可以是知识的使用者。意识到这一点，政府就要在自己和知识分子之间确立一个边界，要容许知识分子在独立的天地里自主地创造知识。换句话说，政府必须主动负责，为知识分子搭建一个有效的创造平台，那就是自由。如果中国的知识分子依附政府的传统不改变，知识分子创造知识的使命感无从建立。

哲学家笛卡尔曾经说过一句著名的话："我思，故我在。"一般情况下，我们对这句话的理解是，由于我思考，所以我存在。但是这句话的真实含义是，通过思想，而意识了存在，即由"思"而知"在"。就大多数人理解而言，笛卡尔这句话不外乎强调了思考对人的巨大作用和意义。正是由于思考的作用，才使得人类产生了许多辉煌的文明成果。

（三）培养教师内在的力量

专业精神是教师专业发展的动力，敬业、奉献是教师专业精神的具体表现，优秀教师有一共性：坚定的教育信念。

1. 一个心灵健康者，对工作，对学生，对同事，都会有个健康的指向。

关注评教评学的效果。开展评教评学首先要解决指导思想问题。评教评学的目的不是要把教师区分出来，哪个好，哪个不好，这不是主要目的，当然客观上也反映了这个东西，目的是肯定老师的教学成绩，找到存在的问题，研究解决的办法。教师评价是世界性难题，你用什么办法评价，它都不是最科学的。但是我们可以找到自己的"着力点"，我们要干什么，要解决什么问题，从而发挥评价的积极作用。通过评教的过程，让老师知道他好的地方在哪里，不好的地方在哪里，怎么去改进。因此，评教活动应该是学校和教师共同的需要，它必须是学校与教师共同参与，是面对面的，不是背靠背的。

2. 校长是学校文化的"布道者"

用思索者的冷静唤起听者的认同与思考。邓小平同志尊重百姓的创造，他曾说过，所谓政策，就是要将百姓自发的创造合法化。人们称小平同志为改革开放的总设计师，其实小平同志的伟大之处，在于他不设计，他放权让利，给基层和百姓空间，让基层和百姓去设计，他只是鼓励和保护基层和百姓的自我设计活动，打破禁锢百姓积极性的条条框框。

校长作为学校信息资源的规划者、建设者和提供者，不仅要开发利用好课程资源，重视课堂教学资源的开发，而且还要重视课外学习资源的开发，它包括社会资源、人文资源以及自然资源的开发。

3. 用信任和尊重换取教师的责任感

人本管理要解决的主要问题，就是要了解教师的内在需求，即想什么、要什么，并如何适当予以满足。在物质和精神的需求中，教师的要求更主要的体现在精神层次，即能否得到信任，能否得到尊重，自我价值能否得到实现。信任是根本，古人云"士为知己者死"，一个人只有在得到一定程度信任的情况下，才能愉快地投入工作，干出成果，才能得到别人的尊重，其自我价值也就得以实现。学校管理必须注意用信任和尊重换取教师的责任感，使之发挥最大潜能。

现代管理理论认为，"学校管理是学校管理者通过一定的机构和制度，采用一定的手段和方法，带领和引导师生员工，充分利用校内外的资源和条件，有效实现学校工作目标的组织活动"。在经济知识化、信息网络化、学习社会化、教育素质化和竞争激烈化的形势面前，学校如何生存和发展？这是一个不容回避并需做出明确回答的问题。走人力资源开发之路，持续不断的开发人力资源，既是学校管理本身的职能要求，也是学校生命活力之所在。在学校管理的各种资源中，人力资源是使学校更具竞争力的资源，也是学校开发与管理的核心，学校的竞争优势、学校的质量提高、学校的持续发展，其关键在于学校中的人，在于学校人力资源开发的程度和水平，这是因为，各级各类学校的竞争，已经出现了由物力的竞争向人力资源开发，一般人力资源开发向高素质人力资源开发，学校内部人力资源开发向外部人力资源开发的转移趋势。所以，人力资源开发管理已成为学校发展的必然选择。

第二节 建立教育质量"问责"制度

实行"问责制"，对于未能履行工作职责，或不作为、对重大事情不呈报，或工作出现重大失误，造成不良影响的各层级的管理人员要追究责任，写出责任说明。"问责制"是一种有效的管理手段，通过对问责对象的行为的导向、监督和矫正功能,来保障绩效目标的实现。教育问责制中的"责"有两层含义:一是各教育主体如教师、学校、政府应该履行的"教育责任和义务",即应该做的行为和禁止做的行为;二是各教育主体没有履行教育义务所要承担的法定后果即"法律责任"。

一、建立教育公平监测体系

在任何时候,公平与效率都是矛盾的,彼此之间是有张力的。公平是一种基本的社会价值准则,是不容撼动的基石。如果因什么理由动摇了公平的原则,那么整个社会就会充满公平性抱怨,社会的亲密感也就很容易解体。

公平保证每个人最基本的教育需求。公平具有一种人道主义精神。效率是自由竞争的结果,但是,自由竞争不损害每个人的基本权利。市场讲究效率,而政府应追求公平。教育公平,通常讲的是机会公平、过程公平和结果公平。机会公平主要是解决有教无类的问题,是对不同的人都应该有接受相同教育的机会。过程公平归根到底要解决因材施教的问题。要给不同学生创造适合于他们的教育问题。结果公平,指人们参与社会活动之后获得的待遇、分配等具有公正性。结果的公平是最终衡量公平与否的重要指标。结果公平是人们追求公平的根本目的,也就是说唯有结果公平才能得民心、顺民意、使人信服,才是公平观念的终极体现。

(一)让教师行走于"能力极限"的边缘

一个追求卓越的教师要敢于将自身置于能力极限的边缘。行走在能力极限的边缘是需要付出艰辛的,挑战能力的极限需要信心和勇气。能力极限的边缘就是巨人的肩膀,我们每天都站在巨人的肩膀上,并且一直在长高,越来越多的胜景就会尽收眼底。

1. 要有坚毅的工作作风

诸多研究表明,教师的成长并非总是一种正向的成长过程。其中,有顶峰期,也会有低潮期。有驾轻就熟时的意气风发,也会有自我否定时的徘徊。"成长道路是痛苦的,蝴蝶在蛹的时候,也是丑陋和痛苦的,但一旦冲破了茧的束缚,就将转化为美丽的蝴蝶,得到真正身心的自由。"显然,教师的专业成长历程是一个持续的艰辛而又漫长的过程。但是,只要坚持不懈地追求,静心读书,专心课堂,潜心实践,悉心反思,就一定能获得自身专业的不断成长。确立了目标并坚定地"咬住"目标的人,是最有力量的人。

今天教师缺什么？

——不是衣食住行，而是文化与技术；不是理念，而是行为与操作；不是水平，而是责任与精神。期盼教师良心的回归，精神家园的重建。

少一点浮躁，多一点实在；

少一点自傲，多一点进取；

少一点偏见，多一点公正；

少一点享乐，多一点磨练；

少一点功利，多一点敬业；

少一点势利，多一点奉献。

2. 挑战自己的能力极限需要创新思维

创新是工作的需要，创新是工作的思维，创新是工作的方法。只有创新，工作才有亮点，才有特色，才能更好更快的发展，也才会出现奇迹。

教师需要专业自觉。教师专业自觉即教师对自己从事的教育教学工作的专业性的清晰体认，明确其特点和发展方向，坚定信念和理想，并为其孜孜以求、不断学习、勇于实践和思考，使自己高效的育人智慧达到高度自觉的状态。

例：沈阳"新招"监测高中教师教学质量

《中国教育报》报道：2008年1月16日是沈阳市高中生期末考试的最后一天，全市8000多名高中专任教师也与学生一起，参加了市教研室统一组织的教学质量监测。师生同场同卷考试，是沈阳市教师基本功大赛的一项内容，也是教育部门对高中教学过程和质量进行监测的一种有效方法。测试成绩将按百分制计算，教师成绩如低于80分将被视为不合格，以后不能参评各种荣誉及奖励。师生同考，教师在答卷中就能知道哪些是学生的失分点，今后可以更有针对性地对学生进行指导。

(二) 强化质量监控管理，向过程要质量

强化教学质量监控与升学考试应对的研究。考试应强调发展起点评价的观念，让学生在考试中树立起再前进一步的信心。成绩主要说明学习起点的新情况，而不是提供终结性的结论。考试是一种教育手段，它促使学生通过努力学习，通过考试以取得优异成绩，达到心理上的满足，现在还找不到一种更好的方式来取代"考试"与"分数"。考试如同一把双刃剑，用得好，扬利除弊，用不好弊端丛生。考试如同医生用药一样，不能乱开方，不能乱治病，要对病下药，对症开方，关键是诊病正确，"处方"有效的使用问题。只要考试制度客观存在着，只要人类文明、教育和社会需要考试这个测量工具来为其服务，考试的测量、教育和社会功能就会继续发挥作用。这是不以人的意志为转移的客观事实。

1. 影响中学教学质量的因素

影响中学教学质量的因素主要是教师的水平、教师的敬业精神、学生的学习兴趣等。详见下表：

影响中学教学质量的因素

影响因素	非常重要	重要	一般	不重要
教师的水平（教育者的能力）	√			
教师的敬业精神（工作态度）	√			
学生的学习兴趣（积极性）	√			
学生的知识基础（起点）		√		
学生的学习方法（技巧）		√		
教学方法（学校＋教师）		√		
教学内容（教材＋辅助）		√		
学校的管理制度（制约与激励）		√		
校风（教风和学风）		√		
主要领导（校长和书记）		√		
外部环境影响（社会和家庭）			√	
办学基础设施（硬件）			√	
学生的天赋差异（智商和情商）				√
学生的家庭背景（地位和贫富）				√

强化教学质量监控，应重视过程质量。追求有效教学，教师在教学理念方面要实现三个转变，即"教案"向"学案"转变、"课堂"向"学堂"转变、"师本"向"生本"转变；在教学行为方面要落实"三精"，即教学内容"精准化"、课堂教学"精致化"、教学管理"精细化"。

2. 《试卷命题双向细目表》值得研究

高考双向细目表，是高考命题前编制的考查能力目标（如识记、理解、运用等）和考查知识内容（各考点知识）之间的关联表。所谓"双向"，其中"一向"是反映教材知识内容的分布，"一向"是反映考生的学习水平（能力）。高考命题时围绕这个细目表去编制试题，能使试题的编制在考查知识的分布上比较全面和突出主干知识，考查能力的要求符合考纲要求，兼顾各种能力考查。

试卷命题的操作程序：

（1）学习和研究《考试命题实施细则》和参考卷；

（2）制定试卷命题计划表（命题细目表）；

（3）准备试卷命题材料（时代性、针对性、思想性）；

（4）编制试题（对课外原材料进行加工）；

（5）试题论证（科学性、难度；格式；试题卷、答题卷、参考答案及评分标准）；

（6）试卷校对（仔细、严谨）。

制作双向细目表时，试卷中拟对学生进行考核的"考核知识点"须按章次进行编排。双向细目表中考核知识点的个数须与试卷中涉及的知识点个数相一致。双向细目表中的能力层次采用"识记""理解""应用""分析""综合""评价"等作目标分类，体现了对学生从最简单的、基本的到复杂的、高级的认知能力的考核。每前一目标都是后续目标的基础，即没有识记，就不能有理解；没有识记与理解，就难以应用。所以，考核一个知识点在同一试卷中对应一种题型，原则上只能对应一种能力层次。

例：2007年常州市中考语文双向细目表

范围		序号	内容	能级					题型	取材	分值	难度
				A	B	C	D	E				
积累运用20分	积累与运用	1	根据拼音写汉字	+					客观	报刊	2	0.75
		2	自选理解性默写	+	+				客观	课本	7	0.80
		3	名著阅读	+		+			主观		2	0.80
		4	语言运用		+	+	+		主观	报刊	3	0.75
	综合性学习	5	从提供的材料中发现问题解决问题		+	+	+		主观	生活	3	0.75
		6	根据材料探究				+		主观	生活	3	0.50
现代文阅读28分	议论文或说明文	7	概括文章内容		+				主观	课外	3	0.75
		8	关键词句含义和作用的理解		+	+			主观		3	0.70
		9	观点与材料或提取运用知识信息（创造性阅读）		+	+	+		主观		3	0.50
		10	创造性阅读或评价性阅读		+	+	+	+	主观		3	0.60
	散文等文学作品	11	整体感知文章内容		+				主观		3	0.70
		12	理解关键词句在文中的含义和作用		+				主观		3	0.70
		13	理解作者所表达的思想感情			+			主观		3	0.70
		14	理清文章的思路			+			主观		3	0.70
		15	多角度创造性阅读或评价性阅读				+		主观		4	0.60

范围	序号	内容	A	B	C	D	E	题型	取材	分值	难度
文言文阅读12分	16	理解词意	+	+				客观	课内	2	0.80
	17	理解句意	+	+				客观		2	0.80
	18 19	理解文意		+	+			主观		4	0.70
	20	课外文言文理解		+	+			客观	课外	4	0.60
写作60分	21	修改语段		+	+	+		主客	报刊	5	0.75
	22	半命题或话题作文				+		主观		55	0.75

能级说明：A－识记，B－理解，C－分析或综合，D－运用（含探究），E－评价（鉴赏）。

（三）决战课堂从校本教研开始

大道无术，教学有法而教无定法。教育改革没有成功之日，不可能有一种教学模式是最好的。只要符合教育方针，有利于提高教育效益和质量，特别是有利于培养人才，就应支持试验，鼓励创新。

1. 优化教学过程是提高课堂教学质量的关键

质量形成于工作过程之中。教学质量的提高是通过一定的教师工作和学生的学习过程来实现的，有什么样的教与学的过程就会有什么样的教学质量。教学工作过程中包括备课、上课、辅导、批改、课外活动、考核等环节，其中核心环节是上课，因此，提高教学质量的关键在于提高课堂教学质量。重视课堂教学"兴奋点"的布设。

精讲点拨。"精讲"是要求教师抓住重点、难点、疑点、规律、联系等必讲之处，扎扎实实地讲清楚、讲透彻，揭示知识本质。"点拨"是在新旧知识的衔接处进行"精讲"，精讲点拨时要注意科学性、针对性，根据不同内容、不同基础的学生，采取适当的教学方法。

系统训练。教师在设计选配不同层次的练习题组时，应遵循"低起点、小坡度、密台阶"的原则，使学生循序渐进，依次达成各层次的目标，发掘课本习题的潜在功能，使训练题组有机结合。

达标测试。测评题应覆盖本节课的学习目标，题目由浅入深，适当联系以往所学知识并进行转换。题型以客观性试题为主，适度选择解答较为规范的主观题。

2. 在真实而复杂的学校场景中针对教师遇到的问题寻找改进的途径

新课程的实施呼唤教师教育制度、教育评价制度、问责制度、中介性监管机制等系列教育制度的确立，呼唤教育科学的重建，还需要有良好的社会舆论环境和配套的经费支撑。

例：浙江省义务教育教学管理要求

（1）建立学校课程教学资源管理制度

开发与积累各门课程资源，以及教学设计、课件、课例、习题、教学研究案例等资源，建立课程教学资源开发机制与共享平台。

（2）建立教学调研制度

针对教学管理中存在的问题，由学校管理者和骨干教师组成教学调研组，定期开展教学调研，关注常态课堂的教学质量。重视调研后的反馈、交流和行为跟进，强化管理的指导功能，使教学调研成为管理者与教师共同研修的过程。

备课检查应关注教师的单元整体备课能力、学科课程标准的研究能力、学习活动的设计能力、对学生学习基础和需要的分析能力、课堂练习和反馈的设计能力和对教学设计的反思能力。

指导教师及时反馈作业批阅结果。对学生作业中反映的问题要进行记录、分析，共性问题及时讲评，个别问题单独交流。讲评作业时，练习本和测试卷须发到学生手中。要引导学生从作业中分析学习得失的原因，以便更好地开展后续学习。

（3）重视培养学科"尖子生"。对学有余力的学生，设计适当的学习任务和作业，重点提高自学能力和综合运用能力，发展其特长。不增加教学内容与提高教学难度，注意"尖子生"的心理教育，培养自我认知能力和交流合作意识。

（4）建立学科考试评价分析制度。严格命题规范，提高命题质量，遵照课程标准，倡导"能力立意"。考试和教学应紧密结合，促使教师在研究命题过程中提高教学能力。试题要适合学生实际，体现正确的学习导向。小学高段期末测验难度系数在 0.8－0.9，初中期末测验难度系数在 0.75－0.85。控制测验次数，每学期只组织一次综合性测试。小学一、二年级原则上不得进行校级以上书面统一测试。

阶段性学业评价应重在获取改进教学的信息，诊断学生的学习困难。提高教师答题情况分析能力，使教师能根据考试结果分析、了解学生的思维过程及出现思维障碍的原因，提出后续教学的改进措施，对不同学生提出有效的学习建议。

（5）教师研修重点是执教能力和学科专业素养的提高

研修活动要重视引导教师理解和掌握学科教学规范，提高课堂教学设计与实施能力。研修的内容包括解读课标和教材、教学设计、课堂教学、作业布置与批改、学生学习诊断、学业辅导、过程性评价、考试命题研究等。

二、向管理要质量要效益

质量文化是一定组织中，影响人们行为的传统习惯、行为准则、思维方式、价值观念等的总和。质量是学校永恒的主题，质量是主旋律，一刻也不能放松。

（一）教学质量提升工程：完善教学管理制度，向制度要质量

学校管理制度要根据学生和教师发展需要进行重建，倡导人人都是管理者，也是决策的执行者。

1. 以教师为本

运用激励原则，切实为教师服务，要充分信任教师，鼓励和支持他们提建议、出主意、想办法，并予以重视，积极采纳。在轻松和谐的气氛中激发出每个人的内动力，使其积极主动地参与教学管理和监督。激励不仅是物质形态上的表现，而且要以精神形态体现，并使两者相结合，这样才可以使教师工作积极性达到"最大值"。

2. 实施情感管理

教学管理应有利于教师在培训研修、教学实践、总结反思、教学研究中不断提高，促进教师专业成长，在教学管理中，不可能没有规章制度，但执行各种规章制度、考核指标时，应以"无情决策，有情操作"为原则，注意教师情感的变化，善于疏导，常谈心，常交流，常帮助。

3. 以学生为本

把挖掘学生潜力、培养学生创新能力作为教育教学管理的最终目标。以学生为本是教学管理的核心，其根本就是要以适应学生身心发展的规律来实施教育教学。在教学管理中，要根据学生知能结构和接受能力设置课程，规划进度；要根据学生生理特点制定作息时间，并随季节变化进行调整以适应学生；根据学生知能现状选择教法，以调动学生的学习兴趣。

马克思说："一个人的发展取决于和他直接或间接进行交往的其他一切人的发展"。意思是人的发展自始至终都是在群体的影响下进行的。学校管理的关键是在某种管理制度下每个人的积极性和创造力能否最大限度地发挥出来。

（二）向常规管理要质量、向教研要质量

"提高质量从抓校本教研入手"。为使学校教学质量管理有章可循，在制定制度时，要努力呈现一种细节化的规范，体现对细节的追求。制度只是一种提

醒，是对质量的期望，是责任心的外显，是对学生真正的关心。学校质量管理，需要用制度来守护。面对老师，"在统一中追求自由，在标准中追求特色，在一致中追求个性"这是进行质量管理的出发点。

1. 追求教学质量零缺陷

导弹命中目标的过程，是典型的"精致管理"的过程。建立"定向制导机制"既是导弹命中目标的根本保证，这也是精致管理的灵魂所在。这个机制就是锁定目标，关注过程，着力执行。

目标锁定准确——关键词是"分解""量化""可测"。时刻关注目标的三个维度：方向、时间、程度。

过程自动制导——关键词是"反馈""诊断""改进"。准确反馈，及时调整，不断修正。

指令执行到位——关键词是"敏捷""通畅""到位"。反应敏捷，传输通畅，落实到位。

精致管理讲究"细化""常规化""内化"。细化——是指精细的，而非笼统的；常规化——是指常态的，而非突击的；内化——是指自觉的，而非压制的。

2. 如何选择教学方法

应根据教学目标、学生特征、学科特点、教师特点、教学环境、教学时间、教学技术条件等因素选择教学方法。

例：教学目标与教学方法之间的优选关系

教学方法＼教学目标	记忆事实	记忆概念	记忆程序	记忆原理	运用概念	运用程序	运用原理	发现概念	发现程序	发现原理
讲授	△	★	○	★	★	○	□	□	○	□
演示	★	○	○	○	○	□	□	□	★	○
谈话	△	★	□	★	★	○	□	□	□	□
讨论	□	△	△	□	★	□	★	○	△	□
练习	○	□	★	★	□	★	□	△	○	△
实验	★	△	□	○	△	★	□	□	○	★

说明：★：最好　□：较好　△：一般　○：不定

(三) 构建高效的管理机制

"中国教育缺钱，但最缺的不是钱。"缺什么呢？科学的运营机制。质量管理制度，是学校在教育教学实践中形成的有关权利和义务的规定，是学校实现质量目标的有利措施和基本方针,是学校价值观、管理哲学的反映,也是学校质量科学化、民主化程度的体现。在建立质量管理目标之后,为使参与管理过程的各种因素(如人力、物力、财力等)能朝着质量目标的方向有序运转,学校需要建立相应的质量管理制度加以保证。

1. 学校效能管理

全面提高教育教学质量是办学者和管理者的追求目标。"全面质量"评估学校效能的范畴包括:领导表现、人力资源管理、过程管理、信息及分析、策略与规划、内外部人士之满意度、运作结果、学生教育结果、社会之影响。

重视学校发展质量保障体系建设,优化学校全程管理,全面提高教育教学质量。要管理好学校,必须牢固树立系统优化的管理思想。学校质量管理体系要遵循优化原则:最优决策、最优设计、最优实施、最优管理等。质量管理体系各要素应是最优的,体系的运行机制应是最优的,体系的评估保障应是最优的。

教育管理部门关心学校的效能问题:

(1) 控制对学校的投入规模,避免对部分学校的投入超额或不足;

(2) 了解和支持学校工作重点,使有限的政策支持和投入产生最大的效果;

(3) 鼓励办学条件属中下等而效能较高的学校,对这类学校进行重点扶持,促进学校发展的平衡性;

(4) 监测学校的发展状况,及时对出现异常发展趋势的学校采取有效措施。

提升学校效能是学校办学的核心。效能是学校组织成功的基础,其核心价值是学校成功地发挥其教育功能和实现其教育目标,不同于效率。一般从三个层面理解学校效能的内涵:内部效能,焦点是如何提高校内各种行为的有效性;外部效能,主要关注相关人士对学校的满意度;面向未来的效能,关注学生对未来的适应。提升学校效能,主要从以下几方面着手:树立面向未来的学校效能观,建立高效能的学校组织结构,以团队学习与合作增进学校效能,发挥校长领导作用和自主办学,学校与社区、家长互动。

例:"知道"后"做到",就是执行力!

美国通用电气公司前总裁韦尔奇,被称为"全球第一CEO"。在他担任CEO期间,通用电气公司发生了根本性的变化,获得了长足的发展。他来中国演讲时,企业家们反映:"他讲的管理内容都很平常,大家都知道这些道理。"对此,韦尔奇的回答是:"我不仅知道这些管理的道理,而且在实际工作中做到了。"从这里我们可以看到,"知道"和"做到",是理论与实践的差距,这就是执行力!比尔·盖茨告诉我们:"没有执行力就没有竞争力"。也许,教育要长足发展，需要的也是这种"知道"后"做到"的执行力！

2. 常规管理的落实是提升教育教学质量的重要途径

常规管理的落实，需要我们"知道"，更需要我们"做到"。

"实施教学质量工程"。课堂教学是提高教育教学质量的关键。围绕教学抓质量、向课堂45分钟要质量，突出做好五件事：提高课堂教学设计质量；积极倡导抓好学生课前预习；加强专项教学研究；强化重点学科教学；加强教学质量反馈。使每个教师的"课堂教学质量达标"。

推进"教师成长六个一工程"。每学期至少一节公开课；提供一个优秀教学案例（或课件）；参与一项课题研究、撰写一篇有价值的教学论文；带好一名青年教师；出一份完整的优质试卷；以学科组为单位，当一次集体备课的中心发言人。工作三年内的教师每年完成20套本学科当年高三复习的习题解答，以便他们尽快熟悉整个高中阶段教学内容，适应循环教学；高二教师参加高三"二模"考试，以尽快适应新高考要求。时刻把握新时代教育发展的脉搏，努力提升自己的教育教学品位。

用好制度资源。制定《课件资源库管理制度》、《年级组教学质量分析实施方案》等，使老师在教育教学管理过程中能够做到有章可依，有规可循，有效地促进校风、教风、学风的优化。

三、实施学校文化建设工程

文化是一种思想，一种观念，一种价值，一种精神，一种风气，一种氛围，一种理念，一种追求取向，一种习惯，一种行为，并由此整合而成的一种力量。把学校建成设施完善的"家园"，学风扎实的"学园"，团结和谐的"乐园"，精神文明的"花园"。

（一）文化是一种精神期待

文化是引导社会进步的罗盘，是张扬真善美的旗帜。文化对思想解放起着引领作用，对经济发展起着先导作用，对社会和谐起着滋润作用，对人的进步起着催化作用。

1. 校园文化是一种持续的教育力量

"教育是一种文化过程。"教育者须对教育有信仰心，如基督徒对他的上帝一样。教育就其本质而言，是充满理想和激情的事业。没有信仰，没有理想，教育就会陷于迷茫与困顿；没有激情，教育就会陷于迟滞与僵硬。没有思想与价值观支撑的文化，是没有"软实力"意义的文化。学校文化形象塑造，同样应当注重价值观的锻造，使得学校文化形象具有鲜活的灵魂，且这种灵魂具有强大的穿透力、感召力。

文化"软实力"已经成为综合国力的重要部分：

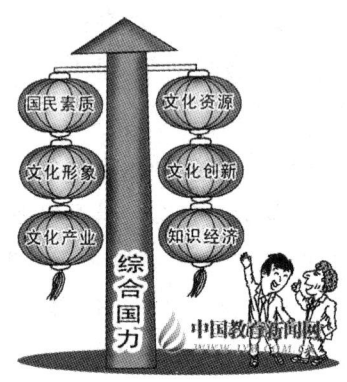

2. 文化是一种触动人心的力量

文化的本质是什么？一言以蔽之：传播。就是说，人类所创造出来的文化，它必然要在横向上得到传播，在纵向上得到传递。不然，社会就不能存在与发展。而教育正是人类文化活动中最重要的一环。教育活动是与人类社会同时出现的，自有了人类，也就同时有了教育这种社会现象，教育在人类社会中之所以必要，就在于人类社会的文化，只能主要依靠教育活动这种手段才能得到传递和发展。

3. "精神"对学校可持续发展的作用是巨大的

置身于一所有特色的优秀学校，总能感到一种奔涌着的、富有生命力的东西不断撞击着自己的心灵，使你感动、兴奋、激越、升腾。这种能唤起、激发学校师生崇高情感和进取性的东西就是学校精神。学校精神应该包括坚定的目标追求、强烈的进取精神、良好的团队意识、和谐的人际关系和独特的文化韵味，能极大地影响师生的价值选择、人格塑造、思维方式、道德情操、行为习惯。学校的生命核心是学校文化、学校精神。

（二）将教育管理的重心下移到学校、年级、班级

当学校规模扩大时，原来的有效办法是增加管理层次，而现在的有效办法是增加管理幅度。当管理层次减少而管理幅度增加时，原先金字塔状的组织形式就被"压缩"成扁平状的组织形式。遵循"低重心运转，近距离服务"的工作理念，明确"扁平化管理"的工作思路。

1. 领导下沉，立体管理

年级主任由校级领导兼任或分管，这样就把领导摆在了教学一线，从而更加有利于对教师思想、责任心、进取意识、工作态度的了解，对学生的学习、生活的了解，还有利于及时化解矛盾。实行年级自治后，年级主任在年级管理上互相比着干，比着学，相互促进，年级主任工作热情显著提高，学校的管理水平也随着提高。

年级组是学校教育教学管理的核心组织，其主要职责是在校长领导下，根据学校总体安排，全面规划、协调、组织、实施年级教育教学工作，重点抓学生管理、教学措施落实和质量提升；备课组是组织教师实施教学、教研、落实教学常规的基本组织和管理单位，其主要职责是规划年级学科各阶段教学，引领、组织、协调教师按规划和要求落实教学常规，组织开展集体备课和校本研修活动，探索有效教学、高效课堂思路，引领教师的专业成长；班级教学组是教育合力的聚合点，班主任是教学组的组织者和协调者，其主要职责是组织本班任课教师通过学科间的教师交流、沟通，师生之间的协调与信息反馈，建立教师之间、师生之间的信息桥梁，形成教学相长的合力。

2. 明确职责，责任到人

实行"谁分管谁负责""谁的岗位谁负责""谁的班级谁负责""谁的课堂谁负责""谁的宿舍谁负责"的岗位责任制，一方面可激发其主人翁意识和工作责任感，提高教师自我成就感，增强工作效率；另一方面由于教职工参与学校管理，增加了管理的透明度与可信度，增强认同感，使学校与教职工形成一个整体，人人明确自己的成长、发展与学校事业发展的密切关系，提高了教职工的自豪感、责任心和使命感。

各个年级"分而论道"。由于年级主任管理幅度较小，对教师、学生行为规范与督促的力度加大，学校决策能较快上情下达，年级遇到问题能较快下情上报；协调服务，创新了管理，提高了管理效能。

（三）从土生的课堂变革实践中寻找启示

教育在本质上是本土的，它深深植根于一定的区域经济社会文化背景之中。教育的本土性意味着教育发展必须立足于自身发展阶段。教育的目的、功能、教育资源的组织和教育实践策略与本土社会须臾不可分离。教育不仅决定于区域社会，其归宿也应效力于区域建设与发展。

1. 教育质量成为当前大众最关心的问题

虽然每所学校都赞成要提高质量，都把提高教学质量作为首要工作，都根据工作质量来评定每个教职工。可是，大众已失去信心。80年代末，国外教育界应对变化的策略之一是采纳来自企业界的管理技巧，其中全面质量管理是最为流行的一种。这些管理技巧在教育界的实施，使得教育质量和教育投资效益得到一定程度的改善。

2. "精细化"的学校管理

建立完整的学校管理体系，将制度内化为教职工的自觉行动，以提高管理的效率，做到决策科学化、管理精细化、实施规范化。"讲科学、讲协作、讲奉献"的良好教风和"会学习、会合作、会创新"的良好学风。

学校必须走内涵式发展道路。紧紧抓住办学质量的提升，是学校发展的核心。切实转变教育教学观念，树立全面发展的质量观，完善学校教育教学管理、评价机制，形成具有学校特点的教育教学模式。

"精致教育"是一种教育思想，是一种管理模式。用精致的教育策略与精心的管理策略，实施以精准目标为取向，以精细过程为推动，以精良结果为归宿，关注个性，重视细节，着眼优质的科学与艺术有机结合的一种教育思想与实践模式：

（1）精致教育首先是一种思想。

（2）精致教育是面向每个学生最优发展、关注个性的教育思想，特别强调个性发展。因材施教实际上非常强调个性发展，个性张扬，一切从实际出发。

（3）精致教育思想是指教育教学过程，重视细节的教学思想。所以教育教学的粗放如何解决，是值得研究的。

（4）精致教育思想是实现学校自身特色发展，着眼优质的教育思想。

（5）精致教育思想是追寻不断超越的科学与艺术有机结合的思想。

精细化、学科化、校本化。强调的是让每一个学生在可能发展区和最新发展区最大限度地挖掘潜能，这既是精致管理的目标，也是精致管理的结果。

第三节　区域教育变革成功推进的实践智慧

教育变革不可能就教育谈教育，必须把教育发展问题置于整个社会发展进程中，用与政治、经济相关的方式去考察。教育变革的所有理念、政策都必须经过政治和社会结构这架机器的实际打磨。否则，脱离政治、经济、文化发展现实去谈论教育发展问题，不可能全面理解教育发展进程中存在的问题。

一、创新是"旧"的资源"新"的整合

学校人力资源开发的目标已超越传统的人事行政管理的目标，具有丰富的内涵：

第一，要不断提升学校人力资源的贡献率，按照学校的编制、岗位和工作需要，通过竞争、聘任等方法，不断获取高质量的人力资源；再根据工作量的大小、工作岗位的重要程度、贡献和业绩的大小等因素来确定每个人的收入水平，实现奖勤罚懒，优质优酬；同时要实行教师职称评、聘分开，加大竞争力度，保持人员的持久发展动力。

第二，要提高教职工的整体素质，通过对人力资源的培训，提高人力资源的参与程度和水平。

第三，要推进学校的改革创新，有效的实施学校"质量－效益"教育。这几个方面是有机联系、整合一致的体系，其最终目标是在控制人力资源管理成本，维持学校人力资源的基础上，通过深度开发管理，提升学校人力资源品位，促进学校的可持续发展。

（一）教育公平与质量提升需要经费支撑

加快提升教育发展水平，这是社会发展对教育提出的新的更高的要求。因为经济发展了，改善教育环境、增加教育投入成为可能。如果经济发展，没能为改善教育环境提供足够的支持，那么经济虽然强，并不会促进教育发展。如果教育发展水平上不去，终将会影响经济社会的可持续发展。

1. 构建促进教育公平的教育财政制度

（1）教育公平表现为规则公平。教育公平包括教育机会公平、教育过程公平和教育结果公平。机会公平是过程公平和结果公平的起点。教育公平的实现是一个历史过程，在社会经济发展的不同阶段，教育公平也有不同的重点和目标。就我国目前而言，首要的目标是实现教育机会的公平。

（2）"教育平等"其次是体现在教育经费筹措方面。建立充足、公平、有效的教育财政制度是促进教育公平的根本保障。为此，应大力推进教育财政制度改革。

2. 规范义务教育财政转移支付制度

按照国务院和省级政府制定的义务教育阶段办学基本标准，包括教职工编制

标准、工资标准、学校建设标准、生均公用经费标准,根据经济和社会发展状况适时进行调整。以此为基础将教育经费全面纳入财政保障范围,并在中央和地方各级政府财政预算中单列,以保证所有适龄儿童和少年接受并完成高质量的义务教育。

(二)保障教育优先发展的机制

教育是社会经济发展的强大原动力。马克思确认,教育使学生学会赚钱的本领。人力资本理论创立者舒尔茨断言,教育是一项生产性投资。

1. 改进财政拨款制度

对同一行政区内的实施基础教育的学校,实行以在校学生为基础的均等化拨款制度,对农村和办学条件差的学校倾斜。对中等职业教育学校的拨款应高于普通高中。同级财政负担的高等学校,对维持学校正常运行的基本支出,按不同学科生均标准成本比例实行均等化拨款制度,对办学条件差的学校倾斜。为建名牌学校,通过项目支出予以倾斜,在项目支出中引入市场竞争机制,采取招投标制度,并以学科建设为主要支持对象。

2. 政府教育支出政策确立两个目标:一是提高效率;二是增进公平。

教育财政支出的效率与公平关系:

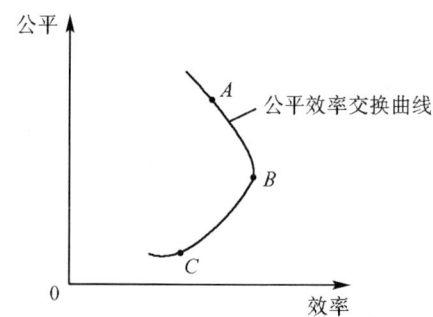

政府在对教育资源进行配置的过程中,效率并不是唯一的目标,还应包括公平目标。因而,兼顾效率与公平目标提供教育资助的政策含义应该是:不管何种家庭,政府都均等地提供最低标准的教育,而非义务教育如高等教育的资助只给予贫困的、有能力的个人,这样便可兼顾公平与效率,既保障了所有社会成员接受基本教育的权利,保证了全民族文化素养的提高,又使那些有才能的贫困学生能够脱颖而出,从而为社会创造更高的生产率。因此,从图中看B点的位置要明显优于A、C两点。

教育发展除了受到经济政治发展因素的制约,也要受到其自身发展规律的制约。同时,时代主题不同、地域文化差异、社会进步快慢,都会对教育发展产生影响。因此,一个地区的经济社会发展水平与教育发展水平之间是不能简单地划等号的。在"速度"与"质量－效益"之间寻求一个平衡点。如何尽快确立"质量－效益"型发展模式,"优化结构,提升内涵"是提高教育"质量－效益"的关键。目前需要解决的是,从规模扩张式发展转为"质量－效益"型发展。发展是硬道理,但发展必须是有质量、有效益、可持续的。

(三)建立区域内教育资源共享机制

"基教""职教""成教"资源共享。"基教""职教"和"成教"在立足于人的终身教育、服务于发展变化的农村社会、打通时间上的界限、构建前后衔接过渡和传承接力的纵向教育系统。

1. 建立教育资源配置平衡机制

教育是一种公共产品,它以追求社会效益最大化为原则。建立教育资源配置的平衡机制,教育资源均衡化是大势所趋,只有在城乡之间、地区之间、社会阶层之间、校际之间进行教育资源的优化配置,做到存量部分在本地区均衡,增量部分向薄弱地区倾斜,才能在教育产品这一公共属性上实现起点平等、普遍受益。

科尔曼的标准:所谓教育公平,是指国家对教育资源进行配置时所依据的合理性的规范或原则。"合理"是指要符合社会整体的发展和稳定,符合社会成员的个体发展和需要,并从两者的辩证关系出发来统一配置教育资源。具体来说,教育公平的内涵分三层次:一确保人人都享有平等的受教育的权利和义务;二提供相对平等的受教育的机会和条件;三教育成功机会和教育效果的相对均等,即每个学生接受同等水平的教育后能达到最基本的标准。科尔曼把教育公平分为两种:即"机会均等"和"结果平等"。但"结果平等"是世界各国的共同需要但又无法在短期内实现的目标。

2. 随着时代的发展,区域教育逐渐呈现出新的特点及目标。

(1)拥有内在坚定的区域哲学

区域教育发展的哲学应当明晰、前瞻、相对成熟且一以贯之。这一哲学既要扎根区域现实土壤,又要遵循教育本质规律;既要有鲜明的时空特征,又要有穿越时空的永恒魅力。面对新形势,教育如何回应本区域百姓对优质教育的诉求?如何定位自身的个性与特色?在国际化现代化进程中,如何诠释全球视野、国家责任与公民素养?

(2)基于质量标准的区域特色

质量是评估区域教育的第一个指标，这个质量指标体系包括教育体制机制的完善、人才队伍建设计划、教学管理水平与学生全面发展程度。以科学的育人质量为标准是区域教育发展的前提。"区域教育"必须彰显教育特色。

（3）激发富有创造性的区域活力

"区域教育"需要一批以实践教育理想作为人生目标的校长；需要凸显教师的专业伦理，提升教师的专业水准；须建立优良的课程文化，形成管理、教学、研究三方的合力，营造"教育为现在而研究、为发展而研究"的生态环境。建立教师专业发展学校，提升区域教育的知名度与美誉度。必须以学生发展为本。这既包括引导学生全面发展，也包括让偏才怪才有适情适性的土壤。

3. 不同地区教育发展特点

中科院国情小组根据2000年资料统计分析，"胡焕－庸线"东南侧以占全国43.18%的国土面积，集聚了全国93.77%的人口和95.70%的GDP，压倒性地显示出高密度的经济、社会功能。"胡焕－庸线"西北侧地广人稀，受生态胁迫，其发展经济、集聚人口的功能较弱，总体以生态恢复和保护为主体功能。到2020年，基本实现教育现代化，基本形成学习型社会，进入人力资源强国行列。

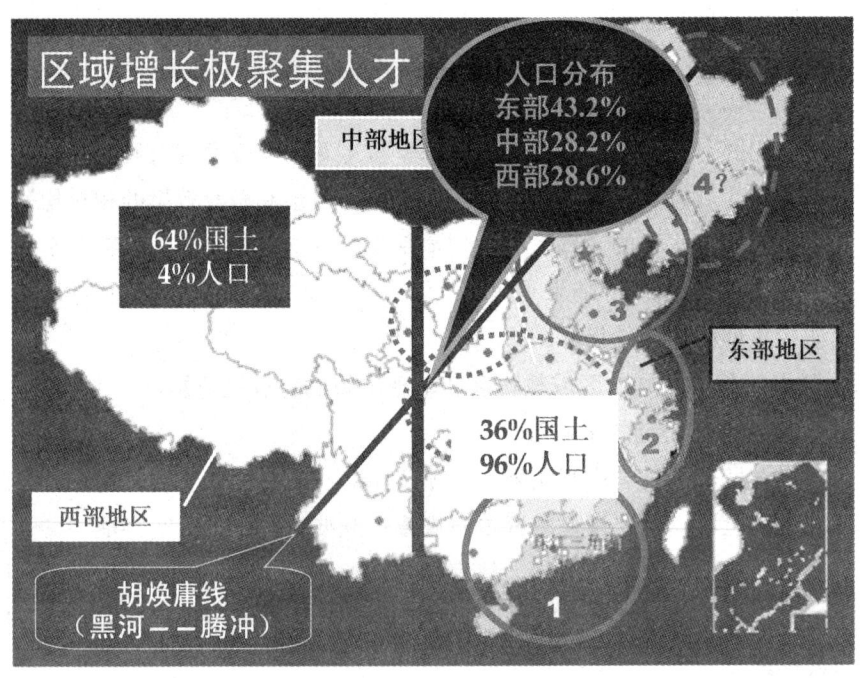

不同地区教育发展模式

人口	分类	主要地区	从现在起到2020年的教育发展特点
50%以上	很高	沿海地区的大城市	较高质量地普及高中阶段教育，高等教育毛入学率50%以上，职业教育和继续教育发达，率先实现教育现代化，基本建成学习型城市。
	较高	多数中小城市、发达地区城镇、农村	全面普及高中阶段教育，高等教育毛入学率达到40%以上，职业教育发展顺利，基本实现教育现代化，学习型社区建设有很大进展。
40%	中等	少数小城市和部分中等发达地区	九年义务教育全面普及，质量稳定，高中阶段毛入学率90%以上，高等教育毛入学率30%以上，职业教育增长潜力较大，初步实现教育现代化。
10%以下	较低	欠发达地区	全面普及九年义务教育，高中阶段毛入学率80%以上，高等教育需求稳定，职业教育需要增强动力。

二、区域性优质教育的推进

优质教育是在高效率的教育运行系统中，以发展着的教育思想和理念为指导，利用优质课程和优质方法，实现教育质量和效率、公平和公正的统一，满足受教育者的成长需求和当地社会经济发展对受教育者素质的要求，实现受教育者与社会协调发展的教育。

（一）区域性优质教育特征

优质教育是一个与时俱进的概念。优质教育是发展的、动态的，随着历史的发展而发展。优质教育最能实现人的"全面和谐"发展。不管什么样的优质教育，作为一种教育模式或者一种教育过程，应该是最能促进受教育者的全面和谐发展，提高全体社会人的素质。优质教育的目的是以优质、高效的教育服务，实现高效率、高质量的教育效果，培养优质的人。

1. 区域性优质教育特征："四性"。

区域性优质教育是以该区域内学校的优质教育为载体，以"低耗、高效、质优"为核心，丰富的优质教育资源得到有效整合和优化，该地区的教育质量、效率明显优于同类其它地区。

时代性。区域性优质教育随着时代的发展而变化和丰富。

地域性。区域性优质教育表现为优质教育的受益面的最小"单元"是区或县级区域，否则就失去了区域性价值。

完整性。优质教育的受益面覆盖区域内绝大多数受教育者；区域内大多数学校都实施甚至实现了优质教育；经过优化和整合后的学校优质教育，而不是区域内学校优质教育的简单相加；能提供多样化的教育服务，满足区域内不同社会人的教育需求。

系统性。它是"内耗低、效率高"的教育运行系统，各要素有机联系，不可分割，良性高效运转，产生"内增效应"；它是开放的系统，对外输出"能量"，既包含优秀的"教育产品"，也包含先进的教育思想、观念、方法；能不断吸收外界"能量"降低"内耗"，增加产生"内增效应"的能力。

2. 优质学校和薄弱学校的关键差异在于学校核心精神和核心能力不同

高质量教育是人类共同的价值取向和努力目标。随着人民生活水平的不断提高，广大群众对教育的要求也越来越高，家长们都希望自己的子女能够受到更好的教育，对优质学校和优质教育资源的需求越来越强烈。

例：义务教育优质均衡发展指标体系

一级指标	二级指标	三级指标	指标方向	设计目的
优质义务教育资源均衡配置指数	义务教育经费充足度	义务教育经费比例与均衡比例的差距	适度	考察教育经费与办学物质条件
	办学条件达标率	生均面积达标率	正向	
		生均仪器设备达标率	正向	
		生均图书达标率	正向	
	生师比达标率	小学生师比达标率	正向	考察师资队伍
		初中生师比达标率	正向	
	教师学历达标率	小学教师学历达标率	正向	考察教师学历
		初中教师学历达标率	正向	
城乡间义务教育优质均衡发展指数	城乡间入学率差异	城乡间小学入学率差异	正向	考察城乡间教育机会均等程度
		城乡间初中入学率差异	正向	
	城乡间生均教育经费差异	城乡间小学生均教育经费差异	正向	考察城乡间教育经费与办学条件
		城乡间初中生均教育经费差异	正向	
	城乡间骨干教师比例差异	城乡间小学骨干教师比例差异	正向	考察城乡间师资队伍
		城乡间初中骨干教师比例差异	正向	
	城乡间升学率差异	城乡间小学升学率差异	正向	考察城乡间办学质量差距
		城乡间初中升学率差异	正向	
学校间优质均衡发展指数	学校间生均教育经费差异	小学校际生均教育经费差异	逆向	考察校际间经费与办学条件差异
		初中校际生均教育经费差异	逆向	
	学校间骨干教师比例差异	小学校际骨干教师比例差异	逆向	考察校际间师资队伍
		初中校际骨干教师比例差异	逆向	
	学校间中高级职称教师比例差异	小学校际中高级职称教师比例差异	逆向	
		初中校际中高级职称教师比例差异	逆向	
	学校间升学率差异	小学校际升学率差异	逆向	考察校际间办学质量差异
		初中校际升学率差异	逆向	

（二）教学实践求稳求实：在教学前沿了解情况、发现问题

学校管理就是对学校组织系统内外诸因素进行优化组合，从而高效实现育人目标的一种活动。

1. 坚持"改革创新与立足实际并存、高标定位与高效工作并用"的行动策略，切实把握各个"时间节点"和"关键环节"。

学校管理可分为对人、财、物、时间、信息的管理，可分为对德、智、体、美、劳的管理，……管理活动渗透到学校的每一项工作，每一种学校特色的形成，都是管理活动直接作用的结果。目前，广大群众在物质生活质量不断提高的同时，需要教育、关注教育的程度日益增高，教育取向日趋优质化、人本化、个别化，对优质教育资源及品牌学校的需求越来越强烈，教育的发展也在由规模数量型向"质量－效益"型转变，品牌已经成为赢得家长、学生和求得生存发展的关键。

2. 教学实践求稳求实

在日常的教育教学中，突出一个"实"字，在常规教学上下工夫，建立严格的备课、讲课、课外辅导、作业批改、复习考核等教学环节的管理制度和考核细则。在教学中提出"能够胜任教学工作的教师，才是称职的教师；能够带好毕业班的教师，才是有作为的教师；能够做好班主任工作的教师，才算得上是骨干教师"。学校领导班子成员牢固树立"前沿意识"：在教学前沿了解情况、发现问题、推广经验、考核业务、培养人才、塑造形象。开展"三查三促"活动，坚持每周定期教研活动不动摇，定时间、定人员、定内容，进行说课、评课，群策群力，备大纲、备考纲、备学生、备教材、备教法。尽管高考模式不断变化，但万变不离其宗，都是对基础知识和基本技能的测试，学校围绕一个"能"字，按照新课程和教学大纲的要求，适时适度精选一些有利于学生整体发展、终身受益的基础知识和基本技能，不断改进教学方法，培养学生搜集和处理信息的能力、获取新知识的能力、分析和解决问题的能力以及交流与合作的能力，改变过去在偏题、难题、怪题上押成绩的习惯做法，在强化"双基"训练中出成绩，既当传授知识的教育者，又当为学生终身发展打基础的服务者。

（三）学有特长、教有特点、管有特性

学校教育是培养人的活动：培养什么样的人？用什么培养人？怎样培养人？谁来培养？培养谁？如何把这些相关因素协调安排好？这就涉及到教育目标、教育内容、教育方法、教育者、受教育者、组织管理等一系列的问题，也就引发出

一系列的特色模式：由教育目标引申出目标优化模式，由教育内容引申出内容优化模式，由教育方法引申出方法优化模式，由组织管理引申出系统优化模式。这四种基本模式又包含着受教育者、教育者和管理者的"学有特长、教有特点、管有特性"等方面内容。

1. 教育应该培养完整的人

培养什么样的人？应当基于人的基本生存发展特性，注重培养每个人的独立思想、自由精神、健康人格、公民观念、规则意识、质疑勇气等，使人们养成对智慧以及真、善、美的追求，实现精神成长，进而追寻一种善良的美好的有价值的生活。

教育改革，应当围绕培养什么样的人进行顶层设计，建树现代教育理念，改进教育体制、模式、方法、内容等。

2. 用什么培养人

苏霍姆林斯基说："智慧培养出智慧，良心培养出良心，有效地为祖国服务培养出对祖国的忠诚。"如果你用无知、粗鲁、愚昧来培养人，那培养出的就是无知者、粗鲁者、愚蠢者；而苏霍姆林斯基提倡的是智慧、用更多的智慧去培养人。这样培养出的可能是智慧者。

用什么培养人？——以育人内容为突破口，创建内容优化模式。教育内容涵盖面比较广，一般来说，德、智、体、美、劳是基本教育内容。有些学校"五育"并举突出某一"育"，抓住某一"育"作为"突破口"，对学校实行整体优化，形成了鲜明的特色。

3. 教育方法是一个怎样培养人的问题

如何培养人？——以思想观念、方法手段为突破口，创建方法优化模式。方法是一个体系，是一个由众多要素相组成的有机整体。对于方法的研究，分类的角度不同，所描述的方法就会不同。方法有层次之别：观念的方法是高层次的方法，虽然不能用它去解决具体问题，但它是教育教学过程中的指导思想，价值取向，如某一种主体教育思想就属于这一类。技术的方法是低层次的方法，它是直接作用于教育对象的一种方法，如某种教育实验、某项教研教改等。

三、创新区域教育发展的体制与机制

一切教育改革的效能最终是否有效决定于课堂教学环节中的具体教育实践，而一般的情形往往是：教育改革与现实的学校教学联系不紧密，因此出现教育理念与实践无法真实结合、空泛理念与落后的教育实践并存的尴尬局面。也就是

说，教育在适应区域经济社会、制度文化等发展条件的同时，要警惕"有增长无发展"，关注能促进学校、学生、教师、课堂模式等发展主体与要素根本性变化的有效变革，注重区域自身内在需求并使之受益与发展，才可能获得可持续的变革支持环境和发展动力。

(一) 创建普通高中教学质量推进机制

美国是一个外来移民组成的国家，其文化传统和价值观念强调"自我"，标榜"独立"，崇尚个人奋斗和竞争，重视实用价值。其管理思想的特点是强调个人主义与机械性的社会组织观念，以理性的契约、法规来整合个人利益、协调各种冲突，实现组织目标。

1. 学校管理创新

在学校管理领域中，引入新的管理要素，进行重新组合，产生新的管理效益和办学效益。通常意义上，这些要素主要包括：人、财、物、事、技术、信息；也可以是思想（理念）、内容、方法（技术）、手段、结构和策略。

新的留人观：

一靠法制留人。学校要有好的法制环境，办任何事情都有法规可依。

二靠公正（公平）留人。学校领导对人公正，办事透明公开。

三靠创新留人。学校充满朝气，具有创新活力。

四靠机遇留人。在你这所学校工作，发展的机遇多。

五靠发展留人。重视每位教师的发展，能够为每位教师的进步、发展创造良好的条件。

六靠信息留人。一个信息贫乏、阻隔的学校，是不可能留住人才的。

例：神医扁鹊的故事

魏文王问名医扁鹊："你们家兄弟三人，都精于医术，到底哪一位最好呢？"

扁鹊答："长兄最好，中兄次之，我最差。"

文王再问："那么为什么你最出名呢？"

扁鹊答："长兄治病，是治病于病情发作之前。由于一般人不知道他事先能铲除病因，所以他的名气无法传出去；中兄治病，是治病于病情初起时。一般人以为他只能治轻微的小病，所以他的名气只及本乡里。而我是治病于病情严重之时。一般人都看到我在经脉上穿针管放血、在皮肤上敷药等大手术，所以以为我的医术高明，名气因此响遍全国。"

管理心得：事后控制不如事中控制，事中控制不如事前控制，可惜大多数的事业经营者均未能体会到这一点，等到错误的决策造成了重大的损失才寻求弥补，而往往是即使请来了名气很大的"空降兵"，结果于事无补。

2. "问责"是教育改革不得不付出的行动成本

在区域教育变革中，那些具有强大惯性的潜在文化习惯，常常成为先进发展模式选择的阻力，致使改革的第一步不是如何去实施改革计划，而是首先有能力设计和实行最适当的解决发展问题的观念。除了政策的权威性之外，还要有诱导、舆论动员，特别是具有打破传统路径锁定的实践能力。这种能力在于设法使制度变迁进入有利于教育发展的良性循环，使改革方略成为共识。

"现在高考的选拔制度存在多种矛盾。"在扩大学校规模的过程中，质量因素是很重要的因素。在学校经营中，应遵循一个原则，质量第一、效率第二。学校经营效率的提高应在保证学校质量的前提下进行。这里，衡量质量的标准，对不同地区有不同的要求，同时国家应该进行适当的宏观调控。学校经营的目的，应该落脚在对学生的培养上，力求达到质量和效率的统一。

陶西平说，单纯以高考分数作为高校招生的选拔制度，社会感到不满意，但又觉得这种人才选拔制度相对可信；对于大家认为合理的评价标准，实际操作起来又有很大的难度。高中课改进程中最大的障碍，是高中课改设计和高考设计的协调问题。杨振宁教授指出："中国留学生学习成绩往往比美国学生好得多，然而，十年以后，科研成果却比人家少得多，原因就在于美国学生思想活跃，动手能力和创新精神强。"丘成桐教授说："获得奥数金牌只能证明考试能力强，而不代表研究能力，研究的根本是找问题。奥数只是训练做别人的题目，而不知道去做自己的题目。"

（二）从具体的教育教学场景中捕捉问题

教育教学改革的实践探索和质量提升，需要在具有本土特色的相对独立的教育理论体系指导下，回归教育本身，从教育教学的基本问题做起。变革必须善于从现实传统社会中发掘有利因素，从传统场域中诱变支持的力量与社会变革共识，甚至变阻力为助力，使改革者成为大多数人，在社会急剧转型中，寻求和谐发展的通道，从而推进深度变革。在这个意义上，新的教育变革制度运行的成功在很大程度上是与区域文化机制相适应的成功。

1. 激活思维关键在于提出问题

朱棣文教授说："中国学校过多地强调学生书本知识学习和书面应试能力，而对激励学生的创新精神则显得明显不足。"教育活动的根本目标在于建构人的文化生命，在于塑造人的灵魂，形成人的精神世界。但人的精神世界不是凭空产生的，它是以实践为基础，以知识并通过知识而形成的思维、方法、原则为质料的。因此，精神是一种境界，思想应当诞生在学生的心里，教师仅仅应当像"助产士"那样办事。真正富足的生命，是思考思维与永无止境的探索的运作过程。

新时代的"接生婆"，如何扭转人们心目中传统接生人员"技术含量低"的落后印象呢！——从学校实际问题出发，立足于学生全面发展，坚持科学理论的指导，力行教育民主，发挥专业共同体精神，鼓励个性化探索等，来激活师生的创造欲望。破解教育理论研究和教育教学改革的困境，让教师自己找到制约学生发展的"钥匙"，将"学习点"拆成思考的问题，以作业"撬动"学生学习方式的变革。

2. 研究是用系统的方法和步骤，找出问题的答案。

激励教师加强对教学设计的研究，不断提高教学设计的水平，全面、准确地操纵影响教学效能的各种变量，不断提高课堂时效。在学习中重要的不是你掌握了多少知识，而是你掌握了多少获取知识的途径和方法。最有价值的知识是关于学习方法的知识，方法的优劣决定着学习的成败。

教育研究的新追求。对"教育学术"的概念也可以解放思想：进行泛化、浅化、本土化的解释，凡有作用于教育教学，以及教育管理改进、革新，有利于学校发展、教师成长、学生成长的学习、思考、研究、笔录、著作等活动，均为"学术行为"。实施基于"工作过程导向"的动态校本课程的开发研究，让学生获得"工作过程知识"，建立在"能力点"分析基础上的课程开发，为学生提供解决问题和"设计"的空间。

寻找心灵的力量。校本研究是在理论指导下的实践性研究，理论指导、专业引领是校本研究得以深化发展的重要支撑。在一个教师群体当中，能够有不同的思想、观念、教学模式、教学方法的交流与冲突，是非常宝贵的，是非常重要的。真正的教育家是关怀实践的，并具有强烈的实验精神。教育的真谛首先是培养有社会责任感、有爱心、有理想、有志向并愿意回报社会的人。

（三）牵住提高教育质量的"牛鼻子"

美国教育专家维廉·班奈曾建议从10个方面来确认一所学校是好学校或高质量的学校：环境安全，秩序井然；教育科目明确；注重和尊重个人的特点和独创性；高水准的师资队伍；校方领导得力和健全；高标准、严要求；注重布置有效的作业；经常自我评估和意见反馈；家长积极参加学校活动；走进学校，如走进温馨的大家庭。

1. 分析评价学校质量的"五个维度"

目前在我国，教育行政部门、学校教师、家长和社会对学校质量的认识与评价出现了多元化的倾向，一般可从以下五个维度来分析评价学校质量：

（1）教育政策的执行情况，如教育督导、上级领导检查的结果；

（2）学生的学习成绩，如优秀率、合格率，毕业率、升学率，竞赛成绩等；

（3）对教师工作的评价，如教师的教学成绩、教学技能与水平；

（4）学校的办学水平和办学效益；

（5）学校的社会影响：各种"软影响力"，社会声誉、学校形象等。

评价什么就会拥有什么。评价那些我们真正想要的东西。当我们选择评价那些我们真正想要的东西时，我们可以淡化其他事情的评价。寻找正确的而不一定是精确的评价。

2. 将教育质量放在内涵发展的突出位置

学校质量是指学校办学质量、教学质量等的总和。其中，教学质量为其主要内容，包括教师教学工作质量和学生学习质量的总和。教学质量是一所学校的生命。它直接反映教师教学工作和学生学习的优劣程度。教学工作质量包括备课质量、讲课质量、作业质量、辅导质量和课外校外活动的质量，学习质量包括预习的质量、课堂听讲的质量、复习质量、学习小结的质量等。

牵住提高教育质量的"牛鼻子"，全面提升教育质量。要推动教育的科学发展和满足人民群众的需求，就应将教育质量放在内涵发展的突出位置。与经济社会和人民群众需求相适应的教育质量是教育现代化的关键和重点。目前，应重点关注学生的综合素质，学生职业能力及就业水平以及与提高教育质量密切相关的教育信息化建设水平等。

第四章 提高教育投资的经济社会效益

教育的责任是国家的责任,教育的虚弱是人民的虚弱,教育的穷困是未来的穷困!我国教育正面临着教育资源短缺与资源利用效率不高并存的现实,教育结构不合理,会造成教育资源浪费;教育决策的失误,也会造成教育资源的浪费。如何提高有限的教育资源的使用效率,是教育管理需要优先解决的课题。

第一节 办与经济社会发展相适应的教育

在教育普及目标实现之后,社会对教育的需求向质量转移,国际教育的竞争也集中在质量的竞争上,发展高质量的教育无疑是 21 世纪教育的主题。

一、节约型社会呼唤节约型学校

节约型学校是指以提高学校资源利用效率为核心,以促进学生全面发展为出发点,优化学校资源配置,提升学校办学效益,并能不断促进自身有效可持续发展的一种新型学校发展模式。

(一) 正确引导教育需求

大量资金投进去,如果产出的只是大校舍、大招牌、大编制,教育质量却降低了,从教育上看就是低效益、大浪费。钟启泉教授讲:"我记起 20 年前,日本一大学校长说过:学校繁荣,但是教育衰败。学校建得很漂亮,很豪华,但是教育衰亡了。他当时就提出要警惕教育的泡沫,不要看表面的豪华!"今天有没有这样的泡沫？有，表面的繁荣下掩盖着与以人的发展为本相悖的应试教育！

1. 学校建设的"出发点"是学校发展的需要

从效率的观点看，学校建设的出发点是学生发展的需要，是学校发展的需要。学校校舍和校园重在为学生营造便于学习和潜移默化的自然和人文环境，而不是追求高档豪华的建筑和设施。学校生活设施重在对学生健康成长有益，而不是追求舒适享受。所以，要从学校的基本规律出发，从国情出发，有效地使用好有限的教育资源。

2. 办学效益的内容涉及三个方面

一是表明数量方面的对比关系；二是具有一定的质量要求；三是达到一定的社会适应性规定。学校办学只有在数量、质量和适应性上与社会的要求相适应才能使效益得以实现，如果学校在一定的投入条件下产出数量很多，但质量不高、适应性不强，则数量越多，浪费越严重；如果质量很高，但适应性不强、产出数量不足，对社会同样是一种浪费；而如果适应性很强，但质量欠佳、产出数量不足，也难以体现学校办学的价值。因而，三者是紧密联系的，数量的对比关系是办学效益产生的前提，一定的质量要求是效益产生的基础，一定的社会适应性是效益的质的规定性，办学效益体现了数量、质量、适应性三者的统一。

3. 准确判断我国经济发展潜力的关键环节

准确研判我国城镇化潜力。目前我国城镇化率超过50%，从国际比较看，实现现代化目标，我国城镇化率至少还要提高20个百分点左右。这就意味着还将有3亿左右的人口要由农村转入城镇。另外需要注意的是，城镇常住人口中还有2亿左右没有城镇户籍；城镇常住人口中近40%居住在县城以下的镇里。如果考虑这些因素，未来城镇化是要使5亿左右的农村或者准城镇人口转变为真正意义上的城市居民，使2.6亿左右的镇域居民达到城市居民享受的基础设施和公共服务水平。

盘活沉睡的教学资源。历史上的帝国多在捍卫国家战略底线中崛起，在无节制地突破其战略极限中败亡。毛泽东同志告诫中国人民不要作超级大国，不要称霸世界，所以才有新中国可持续的高速发展；明治天皇告诉日本国民要征服整个亚洲，要称霸世界，结果却使日本不仅成了世界唯一经历核打击的国家，其近代"成就"也随之灰飞烟灭。

(二) 提高学校资源利用效率

学校的核心任务就是持续不断的开发资源，只有这样，才能在教育改革的大潮中与时俱进，充分发展。

1. 解决办学效益整体不高的问题仍是教育改革与发展的当务之急

（1）从规模效益的角度来分析，学校布点散、规模小、效益差，仍是今后提高办学规模效益改革的重点。

（2）从结构效益的角度来分析，克服各类教育结构失调造成的结构性浪费仍是今后提高教育结构效益改革的重点。

（3）从资源配置和使用效益角度分析，师生比偏低、教师超编及工作量不足、教学人员和非教学人员比例失调、教育资源不能共享等，使得教育资源效益不能得到充分发挥。

（4）从学校管理效益的角度分析，学校内部管理的高效运行机制还没有完全建立起来。有的学校管理者管理水平有限，人、财、物等因素不能优化组合，整体办学效益差。

例：12名老师教1名学生

据2013年4月12日《人民日报》报道：九年制鲟鱼学校，2011年9月至今整个学校只有1名学生12名老师（含校长一人，党支部书记一人）。

鲟鱼镇是一块"飞地"，居住面积仅有0.8平方公里，虽为镇，常住人口只有几百人。"很多孩子随父母外出打工，本就有限的生源流失严重。有不少家庭在市区、县城购置了住房，迁走了户口，把孩子转到户籍所在地读书了。"据居民介绍，把孩子从鲟鱼学校转到县城中学，一年要多花1万多元。

思考1：城镇化引起农民的大群体流动，"融入城市生活的农民工费尽心思要让孩子到城市接受好的教育，把希望寄托在下一代身上。"农民向城镇流动造成学校萎缩，生源过度流失导致恶性循环。

思考2："办学需要效益，孩子也需要同学、课堂氛围和学习参照性"。政府应发挥职能作用和统筹协调力，充分考虑到学校存在的意义和办学效果，公平地对待孩子和老师。

2. 加强学校现代管理是克服影响学校发展因素的迫切需要

普遍存在学校管理观念陈旧、体制僵化、方法落后、内容单一、目标模糊等问题。主要表现在：办学的人本意识、开放意识、民主意识、法制意识、发展意识、创新意识不强；学校管理外部体制不顺，内部机制不活；方法粗放单一，见物不见人，为考而教，以分取人，畸形评价；管理内容不系统、不全面，形不成管理合力；追求性质目标，忽视量化目标管理；追求原则目标，忽视精细管理；追求工具目标，忽视价值管理。

3. 建立教育资源配置平衡机制

教育是一种公共产品，它以追求社会效益最大化为原则。建立教育资源配置的平衡机制，教育资源均衡化是大势所趋，只有在城乡之间、地区之间、社会阶层之间、校际之间进行教育资源的优化配置，做到存量部分在本地区均衡，增量部分向薄弱地区倾斜，才能在教育产品这一公共属性上实现起点平等、普遍受益。

（三）创建节约型学校的策略

建立健全建设节约型校园的长效管理机制。加强对建设节约型校园工作过程的监视和控制，使建设节约型校园工作程序化、制度化。

1. 建设"节约型学校"

教育部〔2005〕19号文有关"做好建设节约型社会近期重点工作的通知"指出：各级各类学校的校园建设要以提高资源使用效率为核心，以节能、节水、节材、资源综合利用为重点。各级各类学校要厉行节约，在加强日常管理中出效益。树立"节约资源，人人有责"的观念，积极营造节约资源的良好氛围，努力建设节约型教育。

（1）有效整合资源，物尽其用。推行"整合资源，创建节约型学校"的发展规划，研究并整合学校人力和物力资源，采取可行的统筹方案、技术改造和实际操作的节约措施，以达到"资源整合，物尽其用"的目的。学校在决策层面上抓节约的执政方式：人尽其才，人力资源的合理配置。计划开支，资金高效的合理使用。物尽其用，物资供应的合理有序，优先教学的合理配备，建设"节约型学校"。

（2）实现教育资源共享。引导和帮助各级各类学校进行有效的教育资源整合，从根本上实现教育资源利用价值和经营效益的最大化。建设节约型学校，是建设节约型社会的重要组成部分和学校自身发展的需要，也是一种社会责任。树立"经营"的理念及成本与效率意识。在学校管理过程中如何有效地降低成本和提高效率，是在建设节约型校园中亟待解决而又容易被忽略的问题。

2. 构建内部控制的长效机制

建立节约型预算管理制度。发挥预算引导，开展教育成本核算研究，规范项目的申请、审批及立项程序，组织专家鉴定，提交校财经工作小组审核。加强收支管理和预算监督，规范财务审批程序，严格执行经费支出范围和支出标准，杜绝发生无预算、超预算或超范围、超标准支出现象，杜绝私设"小金库"，杜绝铺张浪费、损公肥私。

完善资产管理制度。制定《国有资产管理办法》和《资产购置立项及验收管理办法》等。对设备采购、基建工程、大型维修工程严格执行公开招标制度，力求优质低价，花最少的钱、办最大的事。

加强内部审计。建立财务审计、干部任期经济责任审计、基建审计、内部控制审计、效益审计等制度体系，建立基建决算初审、复审、终审的"三审"制度，有效降低建设费用。把节约型校园建设工作列入审计范围，加强对日常办公运行成本、校园能耗等方面的审计，逐步形成内部控制和风险管理为导向的管理型审计模式。

二、从传统的升学导向向就业导向转变

从传统的升学导向向就业导向转变，建立与经济社会发展紧密联系的办学机制，将教育教学与生产实践和社会服务紧密结合。加强职业指导和创业教育，建立和完善毕业生就业和创业服务体系，推动职业学校更好地面向社会、面向市场办学。学习目标要从为了获得形式上的学历向重在开发个体潜蕴的智慧和才能转变。学习内容要从"缺什么、补什么"，向不断提升学习能力和吸收新知识、新的综合技能，不断完善知识结构转变。

（一）学校应树立质量成本观念

"教育需求，是指国家、生产单位和个人对教育有支付能力的需要。教育供给是指某一段时间内，国家教育机关提供给学生受教育的机会。"

1. 教育经济效益主要体现在三方面

一生均投入成本合理，换言之是一定的教育投入应有合理的数量产出。在学校规模不变，性质不变的情况下，过多的投入会造成生均成本过高。当然，怎样才算合理，要综合考察地区经济水平，社会和个人对教育的期望与经济承受能力等很多复杂因素，怎样才能达到合理水平更是一个复杂问题。

二提高产出的质量。如果教育投入不能直接或间接为提高教育质量服务，这样的投入就没有经济效益；如果教育投入不能合理地保障和提高产出的质量，它的经济效益就不高。

三产出是否适应社会的需要，所受的教育能否充分发挥作用。其中一个指标是专业人员能否充分对口就业，包括专业对口和程度对口，能否充分运用其所学的知识及体现其通过教育提高了的各种素质。

2. 学校应树立质量成本的观念

学校讲求办学质量，往往存在着忽视办学成本的问题。通常认为学校提高了

质量只要不增加成本或消耗就已经很好了，似乎二者总是一对矛盾，但事实并非如此。对于企业而言，质量与成本之间存在着必然的联系，但这种必然的联系并非是线性的，也许它们之间的联系应分为两个阶段。在第一阶段，企业要改进和提高产品质量，往往要多支付产品开发费、试验费、人员培训费等，在一定时期内产品质量越高，产品成本也就越高，但当进入第二阶段，产品的质量稳定提高后，因减少了废次品和由此带来的损失，提高了合格产品的产量，从而降低了产品的成本，达到质量与成本的统一。

借鉴企业界的有益经验，学校应树立质量成本的观念，进行质量成本的分析，通过正确处理办学质量与办学成本的关系来促进办学质量的提高和教育事业的发展。

（二）办学成本往往会成为办学质量高低的"信号"

学校在追求办学质量的过程中，往往存在着忽视办学成本的趋向。办学成本往往会成为办学质量高低的"信号"，学校对于质量的追求往往演变成对成本的追求。借鉴企业界的有益经验，学校应树立质量成本的观念，进行质量成本的分析，通过正确处理办学质量与办学成本的关系来促进办学质量的提高和教育事业的发展。

1. 效率是经济学研究和追求的目标

经济学中"效率"一词源于自然科学，原意是指物理学中有效输出量对有效输入量的比值。效率是经济学研究和追求的目标，对教育的经济研究也不例外。从经济学角度研究教育效益，要回答的基本问题是：教育领域的经济活动是如何产生的，教育领域的经济活动是如何进行的，以及这些经济活动应该如何改进，应该如何运行才更为有效率。

教育学上的教育效益内涵很广，包括数量、质量、结构、速度、效益、条件、成效、平等、稳定等基本内容。其中，质量是基点，效益是中心。在教育平等与效率的关系上，在讲效益的前提下寻求教育的公益与私益的平衡点，使教育具有很大的公益性，对个体具有显著的私益性。教育要奉行效率优先兼顾公平的原则，提倡和实行效益递增，反对和避免效益递减。以教育的全面优化为基点协调教育发展内涵各要素的关系，保证效益的实现。

2. 办学成本往往会成为办学质量的反映

在学校，办学成本往往会成为办学质量的反映，成为办学质量高低的"信号"。一般而言，学校的资源越多，越有可能配备先进的办学条件、聘任优秀的师资和用于小班教学等，可以认为学校的办学质量也应该是较高的。在学校具有相同的任务和相当水平的学生时,若资源相同,则相同的生均成本能反映出质量也是相同的,而当学校的资源不同、且学校所培养的学生水平和承担的任务也都不同时,如果认为成本越多其质量就越高,这里,有一个重要的前提就是学校的资源要被充分而有效地利用。也就是说,用学生的生均成本来代表学校的办学质量是有条件的,这需要对有关的诸如学校的资源是否被充分利用、是否发挥了金钱应有的价值、是否有多余的开支、是否有浪费的现象等问题做出判断,而这一点通常被忽略了。

学校规模经济的形成是在保证一定教育质量前提下,使学校资源获得充分和适当的使用;同时,规模经济的生产必须在规模扩大后不致衍生不经济缺陷的条件下才能成立。教育资源投入,以单位学生成本计算,产出则以学生(在学或毕业)人数计算。学生人数增加的比例大于单位学生成本增加的比例,便是学校经营规模经济。也就是指单位平均经常成本因学生人数增加而下降的情况。反之,学校经营规模不经济则指单位平均经常成本因学生人数增加而上升的情况。

3. 劳动力才是吸引外资发展经济的主要资产

据法新社报道,我国香港政治经济风险咨询机构最近组织了亚洲教育质量调查。调查采用了几项标准,如对地方教育制度的整体印象及劳动力成本多少。此外,还包括高素质生产者的占有量,高素质管理人员的占有量及其成本,英语水平及劳动力的综合技能等。

调查采取 10 分制,零分为最好成绩。最后的得分情况为:韩国 3.09 分,新加坡 3.19 分,日本 3.50 分,中国台湾 3.96 分,印度 4.24 分,中国 4.27 分,马来西亚 4.41 分,香港特别行政区 4.72 分,菲律宾 5.47 分,泰国 5.96 分,越南 6.21 分和印尼 6.56 分。

香港政治经济风险咨询机构表示:"要提高劳动力素质,首先要发展教育。这需要时间和资金,一些亚洲国家在这方面做得比较成功。"由于自然资源缺乏,亚洲四小龙如中国台湾和新加坡已经意识到劳动力才是吸引外资发展经济的主要资产。

(三)在质量与质量费用之间找到一个最佳的"平衡点"

教育质量可能是多种因素共同作用的结果。教育需要一定经费投入作基础的,但是超过某个临界点后,经费投入的效果便不再明显。如果能够找到一种既省钱又能提高教育质量的方式,又何乐而不为呢?关键问题是,这个重要的临界点在哪里?

1. 建构服务型教育体系，立足于办学的社会效益和经济效率的平衡点上。

教育的效率标准，是经济学研究教育时本身的标准。它研究教育发展过程是否有效率，教育资源配置是否合理等问题。

（1）争取加大教育投入的同时，充分注重教育的经济效益。从用人单位来说，使用一个大学生比使用一个中学生要承担更多的费用，而且差距要适当拉开，从而减少或避免用人单位招工时盲目追求高学历。

（2）设法提高学校资源的利用率，是提高学校经济效益的有效途经。

（3）政府部门，尤其是计划、科技、经济、劳动、人事等部门，应及时向教育部门通报有关经济现状及发展预测的信息，在教育发展与投资的一些重大问题上，应从经济效益的角度给教育部门以具体的指引，以保证教育投入能获得合理的经济效益。

台湾有学者认为：教育的效率问题，在教育产业化进程中始终是动力和标准。在教育效率的选择中有三个原则：

（1）受教育者的机会应该优先给予能够得到较高学习效果的人。因为当教育层次提高时，能够从该层次得到学习效果的人数相对降低。

（2）教育机会应该优先给予学习动机强烈的人。因为学习动机与学习效果有很大的相关系数。

（3）教育投资应该选择报酬率最高的部门。因为报酬高，表示该种教育的市场需求大。

三原则的说法，其实质是为了教育的效率而必须注重教育的选择性问题，教育要有效率，必须有优先观念与选择性。从表面看，教育的选择性愈强，就愈难兼顾教育公平，但实际上，教育效率选择并非一定有违教育公平。建构服务型教育体系，立足于办学的社会效益和经济效率的平衡点上。

2. 质量的经济性

质量的经济性，强调的是在产品生命周期内，质量经济效益与质量成本之间的权衡。提高质量经济效益的途径：$V = F/C$，因此要么提高质量收益，要么降低质量成本。即质量效益是质量改善所发生的费用与由此产生的经济收益之间的比值：质量效益（V）=质量收益（F）/质量成本（C）

质量损失的存在要求必须提高产品的质量，但提高产品质量，需要进行大量的投入。从下图就可以看出，最佳质量水平并非最经济的质量水平。

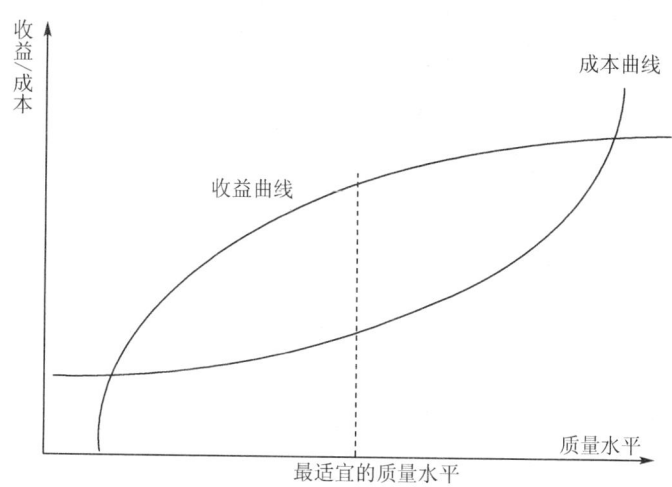

质量的实质并不是追求"精品"或"极品"的质量标准，而是通过质量成本把质量限定在适合需要的"合格品"的水平上，尽管企业的那一套质量成本的概念并不一定适合于学校，因为学校所从事的几乎任何活动都是与培养质量相关的，很难明确分清教育教学活动中哪些活动是用来形成质量的、而哪些又是用来预防质量不合格的，但是分析学校质量成本还是很有现实意义的。

据测算，经合组织成员国的教育投入占 GDP 的百分比达到 6.2%，并且这一比例仍有增加态势。但教育投入如何能够转变成学生的学习成绩，如何提高教育投资的效率和效益才是大家最关心的问题。相关统计显示，教育投入与产出并不成正比。比如，芬兰教育投入水平在经合组织成员国中只处于中等水平，美国和挪威教育投入水平较高，两国学生在国际学生评价项目（PISA）中的成绩却比芬兰学生低。一些国家生均投资近年来增加了一倍，投资目标却没有实现。可见，教育投资的增长并不意味着教育质量一定会提高。以学生成绩为例，成绩提高并非一定是教育投资增加的结果，它还与学校的组织、教师的教学、课堂、学生的学习环境等因素有关。因此，提高教育投入的同时，一定要问责投入效益。

三、现代化的教育体系是国民教育体系和终身教育体系有机结合的整体

社会教育与学校教育、家庭教育并列为教育的三大组成部分。随着终身教育思想的提出、学习型社会的到来，终身学习的理念日益深入人心，社会教育在促进社会进步和人的发展中将发挥越来越大的作用。未来的学校是开放的社会组织。社区和家庭对学校发展将起着更为直接和重要的影响。在现代学校制度框架

下，构建学校、社区与家庭"三位一体"的学校教育体系，是学校变革的重要方面。因此，实施学校、家庭、社区"教育共营计划"，也是旨在把学校生活和社会生活连通起来，让教育的各种"利益攸关者"都加盟进来，构建一种帮助学生健康成长的教育共同体，形成一种更加开放的、广泛参与的、校园文化和社会文化良性互动的学习文化。

（一）教育和学习应是贯穿人生全程的连续不断的过程

教育界必须明确：教育根本上是为了培育学生的好奇心和想象力，是为了满足学生求知欲和审美欲的，教育的追求高于世俗功利追求，只有坚守这一点，教育才能成为社会进化之源。研究生教育更要培育梦想家，而不是生存竞争的战场，更不是当大官赚大钱的教育。

1. "活到老，学到老"

教育应该贯穿于人的一生连续不断的学习过程。例如我国古代的思想里就已经包含着终身学习、终身教育朴素而又光辉的脉络。在终身教育理念指导下的未来社会中，学习成为每个社会个体终身发展过程中不可缺少的活动，目标是建立一个平台切实有利于每个社会成员根据社会的需要和个体自身的需求在一生中的任何阶段进行学习。

领导力有两大要素：第一是理念，第二就是战略。真正的领导是变革型的。变革型的领导或者说变革型的校长有什么特点呢？在一个组织、一个单位当中，如果一个人总是忙于琐事、小事、边缘事，他迟早会被边缘化。一个人只有做最重要的事，才能成为最重要的人，永远都如此。

2. 学习："心灵上的粮食"

现实社会是一个极其需要知识、需要技能的社会。为了适应社会的需要，这就要求每个人具有自我教育与自我完善的能力。自我教育过程也是一种心灵升华过程，人是一种精神上的存在物，需要一种"心灵上的粮食"来养育生命的成长，自我教育实际上就是在不断的吸收这种精神养分的过程。正是这种不断的吸收精神养分的过程使人的灵魂得以净化，生命升华为一种崇高的精神。

（二）教育对国民经济的促进作用

马克思认为人类发展的最高境界就是人的自我价值的实现，人的发展和经济的发展是相辅相成的，人力资本理论强调人的后天素质与能力，以及这种素质与能力在经济发展上的意义，有助于引导人们重视人的价值，引导人们去实现自我价值。

1. 教育对农村经济的贡献率

教育无法直接面对经济发展的各个方面,特别是物的方面,教育面对的是人,通过促进人的发展而推动经济的发展。

1990-2008年东、中、西部教育对农村经济的贡献率

	1990-2008	1990-1999	2000-2008
全国	4.94%	4.43%	5.68%
东部	5.08%	6.64%	4.02%
中部	4.30%	3.79%	5.79%
西部	5.27%	3.42%	6.31%

教育是发展生产力的智力基础,教育是科学技术转化为现实生产力的桥梁,教育是实现生产管理现代化的决定因素。

2. 教育是生产高素质劳动力的根本途径

首先,教育促进人力资本提升。教育从低端到高端对社会进行人才输出,提高了全社会的文化水平、专业技术、管理能力以及科研能力,从整体上提升了人力资本。

其次,教育促进劳动生产率的提高。教育对经济发展的促进作用典型地表现为提高劳动力的工作或生产效率。一般认为,如果一个人的受教育程度越高,则意味着拥有较多的知识和技能,会更快地适应新工作,在相同条件下会更多、更快、更好地完成工作任务,具有较高的劳动生产率。

再次,教育推动科技进步。科学研究是推动科技进步最主要的力量,任何新技术、新发明的应用都是以大量的科学研究为背景的,而教育一方面直接参与科学研究,另一方面为科学研究提供人才保障。

最后,教育促进社会就业,教育促进社会和谐。教育全面提高人的素质,一方面有经济意义,另一方面还能促进社会和谐,具有社会意义。

据研究表明,教育为澳大利亚带来的利益是非常显著的,就高等教育每年对经济产生的影响达220亿澳元,政府对高等教育投资的平均回报率估计为11%。还有一些影响是无法衡量的,比如,毕业生在工厂对提高生产力所发挥的作用,研究成果对于生产力、改革与社会多方面的影响等。个人从接受高等教育中受益同样很多,从总体上讲,大学毕业生的收入要比非大学毕业生多,大学毕业生更容易找到职业性或管理性工作,较少失业,工作相对比较稳定。

3. 学校乃是社会发展的策源地

美国 19 世纪公立学校领袖霍拉斯·曼说："教育是社会进步和社会改革的基本方法"。教育是杜威实现其民主主义理想的首要工具。

（1）杜威的民主主义教育思想是他整个教育思想的核心。其基本内容包括：以民主主义为原则，培养民主主义社会公民的教育目的观；重视儿童的天性与个性；主张学校是一个民主的社会；要求学校实行民主管理；强调师生关系的平等；以科学方法改进教学方法。

（2）杜威的民主理论有几个独特的观点：民主是一种信仰；民主是一个程度问题；民主是一种生活方式。表现为：教育以发展每个人的潜能为核心价值；"教育即生长"表明了杜威对教育中激进民主自由精神的强调；民主应成为教育中所有人的生活方式，杜威的教学论实质上不是活动教学论而是民主教学论。

杜威的教育理论遭到批判是在二次世界大战后：1957 年苏联人造卫星上天，震惊了美国朝野。海军中将李科弗在《美国教育—全球性的失败》中指出："苏联卫星上天意味着苏联在国防、生产、科技方面正对美国的领导地位进行挑战，呼吁"具有训练的人力只有从彻底改造的教育制度中来培养，这种教育制度要有跟美国当前教育制度完全不同的目的和比较高的学术标准"。教育学者贝斯特早在 1953 年曾说："真正的教育就是智慧的训练"。

（三）教育投资产生的经济效益，是通过教育培养的人从物质资料生产或非物质资料生产过程中间接产生的。

效率是影响一个系统或单位实际成效的关键，也是其内部组织状态与运行状态，即管理水平的表征。管理的重要功能是提高系统或单位的运行效能。对学校而言，就是要最大限度地提高学校人、财、物的使用效率，即人力资源与物质资源的使用效率。

1. 教育投资的经济效益的形成规律

（1）教育投资产生的经济效益是间接的。由于教育不是直接参加物质生产过程，教育过程形成的直接成果是人所增长的知识和能力，而不是直接获得社会的或经济的收益。教育投资产生的经济效益，是通过教育培养的人从物质资料生产或非物质资料生产过程中间接产生的。

（2）教育投资产生的经济效益在时间上是比较迟缓的。教育培养人的周期比较长，把儿童培养成为可以进入生产领域的劳动力，需要 10 年以上的时间，这就推迟了教育投资产生经济效益的时间。

（3）教育投资产生的经济效益发挥作用的时间比较长。通过教育获得的知识和能力，能够在长时间内发挥作用，如小学毕业生所受教育发挥的作用年限可以长达40-50年。

(4) 教育投资产生经济效益的形式是多种多样的。例如可以通过培养普通劳动者，提高生产能力，直接推动经济发展；也可以培养专门人才，通过科研，提高劳动生产率；还可以通过培养管理人才，通过管理，提高劳动生产率等。

2. 校长要经营学校的办学效益

效益观念是指学校经营者应具有以效益为中心的观念。作为独立的办学主体，取得较好的办学效益应该是经营学校的基本原则。值得一提的是，这里所说的效益包括经济效益和社会效益。

(1) 办学效益主要体现"三看"

一看满足社会需要的程度，即办学的社会效益和学校品牌的价值，满足社会需要程度高，品牌价值高，效益就好；

二看资源利用的效率，即投入产出的比例，低投入高产出，少花钱多办事，资金利用率高，效益就好。

三看学校发展后劲，即资金积累水平，它是学校扩大再生产、保持持续健康发展的基础。经济效益好，学校就会积累更多的资本，用于改善办学条件，扩大办学规模，提高教学质量。

(2) 强化校长的"四种意识"

效率意识。在学校中，管理是为教育教学服务的，是为学生的健康发展和素质提升服务的，必须讲究效率和效益，即在保障一定教育成本的前提下，最大化地提高教育的效率和效益。管理者要倡导和奉行这样的意识：早想到比晚想到好，早做到比晚做到好，今天做到比明天做到好，现在做到比以后做到好。

质量意识。质量意识是完成任何一项工作的目标指向。教育就是培育生命的质量。因此，在学校教育和管理的过程中，管理者要关注每件小事、每节课、每个学生的质量。对学校来讲，办学质量的生命在于培养出高素质的学生，为学生未来生存的质量负责。

创新意识。创新在一定程度上是改进、改革，其目标是实现又好又快地发展。管理者的创新意识应包括：创新需要继承和发展，创新需要改变自己，创新需要意志力，创新需要内驱力，创新需要有改变现状的意识。

文化意识。学校文化是学校精神和价值观的集中体现，是领导、教师、学生内在价值的外显。文化引领具有强大的凝聚力，每个人的思想、行动都在相应的制度文化、精神文化、行为文化、物质文化的引领下变成一种主动和自觉，教人自尊、求真、关爱、向善、进取，最终促使人人具有强大的内驱力和自我约束力。

第二节 以社会效益作为"最高准则"

质量是规模、结构、效益的全部归属,人才培养质量是学校竞争力的核心,是教育的生命,是永恒的主题。教育质量是教育改革、发展、提高的核心问题。办学效益是指在同等资源消耗下培养更多的符合社会需要的人才,合理配置各种教育资源,以求用最经济的方式,培养一定数量的适应经济和社会发展的人才。

一、教育:伟大的"平衡器"

教育的目的是什么?在美国教授看来,教育是为了使每个公民能够得到公平的生存和发展机会。教育看作是"伟大的平衡器","公民需要接受教育才能作出明智的决策,公民要生存而且能成为对社会有贡献的人,必须拥有竞争能力,这也得依靠教育。"

教育公平,历来被看作社会和谐的"瞭望塔"。教育公平是构建和谐社会的基石之一。教育公平是和谐社会的重要价值取向,是构建和谐社会的重要支撑,也是构建和谐社会的重要标志。

(一)教育是一种基于信念的行为

"理念"是行动的先导。教育应该因势利导,回归其"传道、授业、解惑"的初衷。孔子率先垂范,国人不愿意对其精神世界、对其灵魂做深入的探究与追求。为此,"教育人"必须驱除应试教育的迷障:走出"以分数为王,以升学为唯一目的,片面地追求升学率这个教育'GDP'"的误区。教育深陷应试教育的泥潭是社会的综合症。这种症状源自于家长望子成龙、望女成凤的社会传统,源自于日趋激烈的就业和社会竞争,源自于人们渴望改变现状和追求成功、追求幸福生活的强烈愿望。

1. "信念"的力量

法国有位作家说:"如果你不想放弃未来,就应该牢牢把握住学校,因为学校是年轻一代形成世界观的地方。"人生就是一个人的疆界,最要紧的是负起自己的责任,管好这个疆界,而不是越过它无谓地悲叹天地之忧!每个成功人士背后都有一个登上行业第一平台的故事。所以这也是职业规划的重要原则:进入行业内的第一平台,并展示自己。

激发思维的交锋和碰撞。鲁迅是深刻反思中国人精神的伟大思想家,鲁迅的"反思精神"具有现实意义。鲁迅在中国的真正价值,就是教导"偏不肯研究自己"的中国人明白自己是怎么回事,周围世界是怎么回事,在这样的世界上应该怎样做,活得明白点儿,做个明白人。人们的思维习惯于用己之长去量人之短,国家、民族、文化、文明,都是如此。所谓"文化自觉",对个人而言,需要具有文化反思和自我批判的能力,寻找生命更大能量与开发生命智慧的活泉,寻找心灵的力量⋯⋯

2. 做一个有"灵魂"的自己

思想总是处于重重的思想包围之中。"千夫诺诺,不如一士谔谔"。温家宝说:"一个国家、一个民族,总要有一批心忧天下、勇于担当的人,总要有一批从容淡定、冷静思考的人,总要有一批刚直不阿、敢于直言的人。"没有思想的猪得到主人食物的施舍,还以为是得到了最大的福报,于是快乐着,可猪们没想到这催促自己长大长肥的食物,正是一道道催命符。

人生最好的境界是丰富的安静,如何获得心灵的宁静,善用智慧与信念的力量。诗人雷纳·玛利亚·瑞克告诉我们:"关键在于经历一切,所以,现在就去经历你的问题吧!"做了才可改进。教育在本质上是个理想的事业,不要再拿着昨天的"旧船票"。要以问题为载体,让课堂充满思维的张力和生命的活力。现在的教学是"今天的课堂,传授着昨天的知识,培养的是需要解决明天社会问题的人",因此,以知识传授来替代课堂教学的行为,其带来的弊端是思维力的退化与创新力的弱化。

人的信仰与价值观的确立,才能构建起一个有意义的精神世界,才能拥有生活的理想与目标。著名哲学家雅斯贝尔斯在其名著《什么是教育》中反复说到,教育的过程首先是一个精神成长的过程,然后才成为科学获知的一部分。教育的本质是精神的,而非物质的,它以对人的灵魂陶冶为核心。教育是需要触及灵魂的,包括对生命内涵的领悟、对生命的敬畏、责任使命的承担、大爱和宽容等。

(二) 教育是国家和社会的责任

学校经营的效益主体包括三部分:政府、学校和学生。

政府作为学校经营的效益主体是因为政府是学校的举办者,但是政府获得的收益主要不是经济收益,而是"政治收益"或"社会收益",即作为政府能够保证公民享受宪法所赋予的受教育的权力,实现教育的公平性,提高全体公民的科学文化素质,从而稳定国家的政治经济文化秩序,实现和谐发展。

学校作为经营的效益主体必须实现其"资本增殖",才会给整个社会带来更多的效益,从而产生良性循环:扩大学校经营规模、吸纳更多的消费者消费学校的教育产品,提高整个社会成员的文化科学素养,创造更多的物质和精神财富,使国家走向繁荣昌盛。

学生作为效益主体,其实现具有相对的迟效性。在学校经营过程中,学生享受了教育服务,由自然人变成了理性人,实现人力资源向人力资本的转变,形成了个人将来发展的"人的增力"。学生离开学校就成为人才,是浓缩过的人力资本,将来在社会上寻找合适职业获得回报,即产生学生的"个人收益"。从这个意义上讲,学生是学校经营的效益主体,也是最直接、最大的受益者。

1. 新加坡的公民教育兼备东方德育与西方价值

新加坡的公民教育是以儒家伦理价值追求为基本精神,同时吸取西方的科学理性精神以及其他民族的精神气质。"国家至上、社会为先;家庭为根、社会为本;关怀扶持、尊重个人;求同求异、协商共识;种族和谐、宗教宽容"。这几句话可以看作是新加坡公民教育内容的纲领主线得到例证。

法国总统弗朗索瓦·奥朗德在2012年上台之初即发表教育政策优先事项,其中基础教育是重中之重。法国人认识到,"法国不能不看世界,世界不会等待法国,世界也不会给法国的孩子预留位置。"法国基础教育改革要"勇往直前"。

例:法国教育部于2011年开始实施"中小学创新与成功计划"。

该计划旨在改善学校环境以帮助每个学生取得学业成功,并加强教师队伍的稳定和促进机会平等。

该计划在人力资源方面的创新主要在允许学区总长根据中小学校长的建议录用教师和学校管理人员。在初中和高中一年级设置学监以加强对学生的管理。在教学方面,要求教育督导人员与教学人员共同组织学校课程,确定学生的学业定向计划,强调跨学科学习,注重学生学习成绩的评估。设置学校生活委员会,对违背学校规则的学生行为予以惩罚,并要求家长予以配合。加强个别辅导,特别是在小学毕业年级开设补习课。

2. 教师思想的支点在哪里?——执着的"灵魂"。

"执著",原为佛教语,指对某一事物坚持不放。"灵魂"不是物质,我们无法用常人的方式来观察它(看不见、触不着、闻不到、听不见),灵魂如此神秘。但在科学和宗教之间有个中间地带,那个中间地带就是"哲学",我们要学会用哲学的观点思考问题。

(1)知识的"淘金者"

"阅读一本好书，如点燃一盏心灯、照亮一片光明。"人生的实践经验反复证明，一个人，没有一种淡定的心境，没有一个强大的灵魂，就不足以抵挡住每时每刻可能袭来的种种诱惑。思想是学术的灵魂。书本是经过总结并可以传承的人生经验的最好载体。向书本学习，是一种自身成长的过程修练，是一种能不断促使人心灵高贵起来的人文熏陶和文化传承。

（2）人类追求真理的本能潜藏于人的"活的灵魂之中"

灵魂是存在于每个人身上的精神实体，是能感知、能思维、有梦想的精神存在。灵魂就像是电线里面的电流，你用肉眼看不到它的存在，但是你却能真实地感觉和意识到它。图书馆是灵魂的避风港，是补充精神氧分的加油站。思想家们的思想和智慧都在这里储存，等待着那些知识淘金者们挖掘和使用。思想者们虽然死了，但他们选择了另一种方式永存，他们的思想将永远伴随着人类的存在而存在。

（3）"灵魂"历练

余秋雨说："一个不被挖掘、不被表述的灵魂是深刻不了、开阔不了的。不被表述的灵魂无法不断地获得重组。不断的表述实际上就是在不断地组建自己的灵魂。"因为有天赋的人经常对自己感兴趣的事情表现得很执着，一个人能够在自己天赋中自由舞蹈，这无疑是一种幸福，这能抵挡住一切成长的动荡。一个行走着的思想者必须有追求，必须有梦想，必须有灵魂，并且执著于自己的灵魂。尼采认为，光辉成就的由来，全出自严肃的工作态度，由于有充分的耐心与毅力，能够不好高骛远，脚踏实地，了解本身与工作对象的特性，如此而已！

思想是头脑里爬出来的藤，它曲曲身子，滋生叶子，在虚空里装饰出一派绿茵茵的繁荣。

（三）教育是社会发展的"平衡器"

教育再度充当中国改革和社会进步发展的火车头。教育投入不足固然是个问题，比这个问题更严峻更紧要的问题，则是教育投入和产出的不对称。

1. 教育是社会公正最好的调节器

任何投入都应该追求产出的最大化，但教育不是经济部门，它的产出不应该是利润，而应该是社会效益。我们说教育投入和产出不对称，主要是说教育产出的社会效益没有做到最大化。教育应该产出的诸多社会效益中，第一效益是公正，这方面有改进空间。教育是社会公正最好的调节器，这一点无论怎么强调都不过分。教育的第二个产出是效率。这里的效率依然不是利润指标而是社会效益，即整体国民素质。根据木桶原理，最短的那个木板决定着桶的容量，因此需要加大对所有贫困人群的教育投入，保证贫困人群充分享有义务教育，从而尽可能地提升整体国民素质，避免庞大的低素质人群对现代化进程的制约。

2. 让公立教育从产业化大潮中急流勇退

关注在教育投入短期内难有戏剧性增长的条件下，怎样"节流"，即怎样尽可能地降低教育成本，使更多的孩子无需例外救济亦能免遭失学之苦，应该比"开源"具有更重要的意义。要降低教育成本，一方面要从源头上杜绝教育领域的腐败和浪费；另一方面，则是尽可能地遏制公立教育的趋利冲动，让公立教育从产业化大潮中急流勇退。

教育有促进经济增长的功能，主要是把它看做一种促进科技发展的加速器、孵化器等。实际上，教育还具有一个非常基础的功能，就是平等化的功能，它是社会发展的一种平衡器、稳定器，也就是说通过教育，它能够促使处于弱势状态的人群向上层流动，从而增进社会的平等，促进社会的稳定。对教育公平问题，从理论到实践有许多值得研究和反思的地方。

3. 芬兰基础教育取得成就的最重要原因

一是芬兰的全民教育和经费体制。芬兰教育面向全民，人人有免费接受从学前教育到终身教育的平等机会，教育的责任是提高全民族的知识和技能素质，使每个人都能顺利进入知识信息社会。二是重视教师队伍。所有教师都必须具有硕士研究生以上学历和教师资格证书，以保证教学质量。免费为教师提供在职或脱产培训，不断提高教师的专业素质和更新知识。三是完善的全国图书馆免费网络服务。为所有人免费提供全国各图书馆的借阅服务。平均每年每人从图书馆借阅20种图书和音像制品。

二、感慨：德国"最大的本钱在智力"

如果说，普及教育是打基础，职业教育是培养员工，那么，高等教育则是造就顶尖人才。19世纪末到20世纪初，世界一流的科学家云集德国，德国成了全球的科技中心。从1901年到1914年，德国就有13人获诺贝尔奖，甚至20年后，在诺贝尔奖牌榜上，德国依然高居榜首。

德国当时的职教体系很发达。各工业部门都建了技术学校。1910年，德国中等技术学校的在校生就达135.6万人。大量的专业人才，为德国日后经济的飞跃，奠定了殷实的基础。德国科学家还很善于将科研成果很快就融入生产中。这样做的结果是形成了新的经济增长点，开辟了新的市场，给德国带来了巨额利润。

教育投资，就像是涓涓细流，虽不会立竿见影，但它会逐步渗透到方方面面，时间一长，定能灌溉出一片片绿洲。1871 年，德意志帝国刚成立时，尚不能与列强们相提并论。可到了一战前夕，其技术基础雄厚，工业体系完善，实力远远超过英法，仅次于美国，居世界第二位。美国人在考察后，大发感慨："德国最大的本钱在智力"。

思考：为了同中国的经济社会发展相适应，职业技术教育应当走向中心，与普通教育并列为双主体，否则中国的教育难以走出困境，难以适应经济发展和就业的需要，难以将人才成才的包袱转成巨大的人力人才资源。

（一）受教育程度与劳动生产率是密切"正相关"

教育能开发和提高受教育者的劳动技能，提高个体的劳动生产率。联合国教科文组织的调查表明，劳动者的劳动生产率与其受教育程度密切相关，受过小学教育劳动者的生产率要比文盲高 43%，受过中等教育的要比文盲高 108%，受过高等教育的要比文盲高 300%。人力资本理论也认为，劳动者受教育程度越高，其对提高劳动生产率的贡献也就越大。一般而言，劳动者受教育程度越高，在他身上所花费的费用也就越多，因而它的劳动复杂程度也就越高，从而在单位时间里创造的价值也就越多。为此，应大力发展教育事业，提高全体国民的素质。

1. 大力培育教育市场，提高人的总体素质

我国在实现城镇化，及农村劳动力转向城市的过程中，要保证并促进城市的文明程度，形成并保护"城市的空气"。这种"空气"或称"市气"实质上是一种氛围，是一种自由、民主、文明的文化环境。这种氛围的营造需要转入城市的农村劳动力有较高的素质和较快的适应能力。"人气"足，"市气"才旺，只有大力培育教育市场，提高人的总体素质，才会有"市气"，不可一味地追求圈地运动，重土、重城而不重市，不重人。农村劳动力进入城市之前，需要具备较高的综合素质，这种基本素质需要通过教育来完成。

2. 教育质量具有综合性

现代教育要求我们树立全面的教育质量观，以国民综合素质的发展为根本目的、教育教学任务的全面完成和全体学生全面提高的状况作为评判教育质量高低的标准。除端正质量观外，还应把办学效益提到与教育质量同等重要的位置，强化学校办学效益，必须加强办学成本核算，力争以较少的投入赢得最大的产出，获得最大的经济效益、社会效益。

（二）美国教育重通才，中国教育重技术

迄今为止，主要有两种有代表性的教育模式，一个是美国通识教育，二是前

苏联的专业化教育，我国现在仍然是专业化的教育。

1. 中国的教育侧重硬技术

从历史来看，产业结构本身的变化跟教育方式、教育理念和教育结构的变化总是相辅相成的。美国的服务业占GDP的85%以上，所以美国的教育体系侧重点就不同，是侧重通识教育，培养通才。

中国的教育侧重硬技术，由此产生的人才结构，即使想实现从制造业到服务业的转移也非常困难。从上幼儿园到读研究生，中国教育一直强调死记硬背应对考试，强调看得见摸得着的硬技能。科学和工程几乎被所有家长、老师所认同，这样的教育体制使中国差不多也只能从事制造业。建立创新型社会必须侧重思辨能力的培养，也必须重视综合人文社会科学的训练。只看重硬技术、偏重训练工程思维，这样离开市场和人性的研究，难以建立价值。

2. 对于"通才"教育与"专才"教育的含义，人们有不同的理解

广义的通才教育包含自由教育与通识教育双重内涵；而狭义的通才教育强调在专业教育的前提下，同时加强文理科的基础教育，要求培养知识面宽的人才，而"专"与"博"都被认为是真才实学。通才教育主要以美国"通才"教育模式为代表，在二十世纪八十年代，美国对一些学者的论文及其相关的研究成果进行调查，发现其中凡是有重大成就的学者大多拥有广博的知识，从而倡导实施广博的文理教育。

而专才教育顾名思义，主要是指培养专门人才的教育，强调专业性的课程，其目的是为了培养某一领域的专门人才。这种专才教育偏重于实际的应用，注重学生专业知识与实践能力的培养，迎合了社会对专业人才的需要。"专才"教育模式主要以"前苏联模式"为代表，指出过于注重通才教育，容易失去"专门化的翅膀"，社会实践需要"专才"的服务。

学校作为人才培养的"摇篮"究竟要为社会培养什么样的人才？社会需要"专才"，但不是绝对的"专才"，需要以其通才教育背景为依托。当然，社会也需要"通才"，但不会有绝对的"通才"。只有二者相互交融有机结合，才是其不断前进与发展的精神动力与智力支持。

（三）凡杰出人才都有"独特的自己"

"如果你要引人敬意，就要研究一个非常专业的领域，在那个领域中，你最顶尖。如果你要引人注目，就要使自己成为一棵树，傲立于天地之间。"什么是天才？"所谓天才就是能在常人都认为最不成问题的问题中发现重大问题的人。"天才最突出的特征是敢于独立思考不人云亦云，敢于打破常规走前人所没有走过

的路，敢于逆向思维、"胡思乱想"，不怕丢分数、丢文凭、丢名利，就怕丢科学、丢真理，不怕因不迷信盲从权威定论而被常人、权威斥为：傻瓜、疯子，甘当科学革命的"傻子"。

1. 创新型人才的基本特征

创新型人才，他们不迷信、不盲从、不畏惧权威，敢于提出异议，独立思考；他们不满足现状，总是求新、求优、求贡献，富有远大的理想；他们以天下为己任，自觉地勇挑历史重担，富有强烈的使命感；他们敢为天下先，对事业抱着必胜的信念；他们刻苦求真，善于学习，自觉地站在巨人的肩膀上，不断地推陈出新；他们不怕牺牲，不怕失败，不达目的决不罢休，具有惊人的风险精神和百折不挠的意志。拔尖创新人才的成长由自我探索期、集中训练期、才华展露与领域定向期、创造期、创造后期等5个阶段构成；营造创造性环境、实施创造性教育、培养创造性能力、塑造创造性人格是拔尖创新人才培养的重要途径。

2. 追求卓越，成就非凡

作为杰出人才、一流人物必然也具有这样的精神气质，并且正因为追求卓越，成就非凡，他们才往往把自己的一生与民族、国家、天下紧密结合起来，像马克思为人类而工作，像鲁迅心系天下，忧以苍生，弃医从文，谋求化育人心，改造国民性，达到顶天立地、气吞山河。因为只有以学术或事业为生命的人，最终才可能成就一代之学术、一代之事业。尼采曾讲："一个人知道自己为了什么而活，他就能够忍受任何一种生活。"一个人的生命如何走向灿烂与辉煌？李大钊就看得通透、明白，他讲："高尚的事业，常在壮烈的牺牲中。"

世上有许多的人，由于他们发现了工作中的乐趣，总会表现出与常人不一样的狂热，让人难以理解。做人呆呆，有时不失为一种上佳的做人姿态！1906年7月，东京留学生开会欢迎国学大师章太炎出狱到日本。章太炎在欢迎会上发表演讲说："大凡非常的议论，不是神经病的人断不能想。就是能想，亦不敢说。遇着艰难困苦的时候，不是神经病的人，断不能百折不回，孤行己意，所以古来有大学问、成大事业的，必得有神经病，才能做到……为这缘故，兄弟承认自己有神经病，也愿诸位同志，人人个个，都有一两分的神经病。""章疯子"的绰号由此得名。袁世凯曾说过，他一生最怕两支笔，一支是梁启超，一支是章太炎。章太炎文笔可扫千军，是最可怕的东西。

三、职业教育：经济腾飞的"翅膀"

2012年1月24日，美国总统奥巴马在第三次国情咨文中将教育作为构建美国蓝图的 4 个核心要素之一，其他 3 个要素分别是新兴制造业、本国能源和美国价值观。奥巴马在阐述教育问题时指出：教育在构建美国蓝图中的主要作用在于培养世界上最有竞争力的劳动力大军。他从重塑美国制造业谈起，认为美国公司从外包到本国就业，特别新技术产业的发展，取决于有足够数量的高素质劳动力。他说："现在新技术公司对这类劳动力的需求量是供给量的两倍，而现阶段美国却有百万人失业，我们要改变这一不对称的情况。"他强调，加强职业技术教育迫在眉睫。

（一）思辨能力的训练在美国自幼儿园开始

美国的教育不是为了考试，而是让人学会思辨，培养头脑，避免被愚弄。思辨能力的培养，让学生听到任何话都自然去怀疑、审视，然后去寻找证据证明这个话逻辑上、事实上或数据上是否站得住脚。这种习惯看起来简单，但却是培养自主思考非常重要的开端。同时，还能够把思想表达得很清楚，给人以足够的说服力。

1. 美国从小培养孩子"全球化"的视野与思维

在美国，思辨能力的训练自幼儿园开始就是教育的重点。具体表现在两方面：其一是课堂表述和辩论，老师给孩子们很多表述的机会，让他们针对某个问题各抒己见或辩论。其二是科学方法的训练，多数校区要求所有学生在小学四、五年级掌握科学方法的实质，这不仅为学生今后的学习、研究打好基础，而且为他们今后作为公民、选民做好思辨方法论的准备。

美国在小学、甚至是幼儿园时期，每年都会安排涉及科学、一般人文社会、语言方面的课程，每门课程完全由授课老师决定教材和内容。以人文社会课程为例，可能先是重点了解亚洲不同国家的历史和现状，然后是非洲、拉美等。从幼儿园到小学，讲的深度会慢慢上升，但差不多每年或者每两年就会绕着五大洲讲一圈。但就是这种非常广泛的了解，从小培养了美国孩子"全球化"的视野与思维。

2. 2013 年美国高中课堂的"三大期待"

（1）"混合式学习"将扎根课堂

"混合式学习"的核心目标是将传统的课堂学习和电子学习的优势相结合。未来要做的事情不是给教室添置更多的教育信息技术最新装备，教育工作者将有可能从"新鲜的设备综合症中"倒退一步，重新审视与评估如何更好地利用过去那些年所开发出的教育信息技术。

当下美国教育技术界与培训机构给教师和学生提供了大量免费的教育信息技

术,从大量的网上在线课程到教学录像课程,这些都将有力推进"混合式学习"根植于2013年的美国高中课堂。

(2)"颠倒的课堂"教学模式将占据课堂一隅

传统的课堂是教师讲学生听,学生回家后完成教师布置的作业。"颠倒的课堂"情形却相反,"学生家长将看到越来越多的学生把老师布置的视频课程作为家庭作业在家观看"。"颠倒的课堂"是一种新型的教学模式,即课程的讲授和家庭作业两个部分互相调换。在上课之前,学生在家里观看一些简短的视频课程,而课上的时间则进行一些练习或者讨论。

"颠倒的课堂"的理念是借鉴积极学习、学习者参与、混合的课程设计和课程播客等概念。它的价值在于将上课时间转变为研讨会,学生可以查询课程内容、测试自己应用知识的能力,并且还可以在实践活动中与他人进行互动,在这期间,教师充当教练或顾问,鼓励学生个人查询和协同努力。课堂上,学生运用视频课程中的内容,以小组形式在合作互动中解决相关问题。

(3)"州共同核心课程标准"将引领课堂改革

该标准的实施将有助于改进英语和数学两门学科培养学生的批判性思维和分析技能,为高中毕业生适应日后的生活奠定基础。

(二)日本靠什么取得令世人惊叹的成就

日本高度发达,国际社会普遍认为得益于教育。日本从明治维新建立新的学校制度起,就强调"面向全体国民的教育",这突出表现在教育投资上。

1. 日本"面向21世纪教育计划"的主要目标

第一,"增强情商教育",把学生培育成为心理健康、人格完善、全面发展的人;第二,建立一个让学生充分发展个性并能给他们多样选择的学校教育体系;第三,建立一个尊重学校自主权的教育管理体系,进一步分散教育行政权利,提高地方自治,在学校层面上,实施独立的校本管理。

日本各地的中小学校虽然在校风和传统特色上有所不同,但在硬件和软件上的差别不是很大,政府对所有的学校无论是城市或农村的都一视同仁,从校舍到设备都规定有必须达到的标准,否则不准开办。小学采取学区制,就近入学,校长和教师采用定期轮换制,他们绝对不许在校外兼职或搞什么商业活动。在日本,没有哪个教授兼公司经理。

2. 日本教育的特点是强调平等性和效率性

日本一直把赶超欧美作为目标,强调教育必须为实现目标服务,必须加快速度培养国家所需要的人才。因此,十分重视教育的效率性。追求效率,就是要学生学得多，学得快，学得好。在日本，考试竞争非常激烈，学校教育中的一切活动几乎都是以考试为中心，都要围绕考试、迁就考试。对学生的评定标准是分数说了算，只要分数好，就是好学生，最终目的是为了通过进入名牌高中、名牌大学的入学考试，为了让学生能顺利通过这一考试关，就不能不让他们"储存"尽量多的知识，于是教师采用填鸭式的教学方法，学生采取死记硬背的学习方法，缺乏独立思考和探索精神，就好像工厂用流水线生产统一规格的产品，从学校出来的毕业生也是单一规格的人才，很难培养出有创新思想和创新能力的人才。

（三）教育就是要开发每个人"内存"的力量

教育是什么？教育就是要开发每个人内存的力量，协助人们更好地去进行选择，放手地去进行选择。民主社会的教育理念有两个最基本的前提，第一承认每个生命体的内在力量；第二承认这个内在力量具有发展的可能性。教育的任务就是要教会儿童尊重别人的人格，理解别人，在人与人之间建立良好的人际关系、社会关系。

1. 教师的责任是"唤醒"

苏格拉底的父亲是一位石雕师。苏格拉底很小时，见到父亲在雕一只石狮，他问父亲："怎样才能成为一个好的雕刻师呢？"父亲说："以这只石狮子来说吧，我并不是在雕刻这只石狮，我是在唤醒它！""唤醒？""狮子本来就沉睡在石块中，我只是将他从石头里解救出来而已。"

教师就是学生心灵的雕刻师。学生，特别是学习成绩差的学生是石块里面沉睡的狮子。我们应该唤醒学生心灵深处的天赋理性和内在力量，让学生从蒙昧中醒来。教育的目的不在于传授和接纳某种具体的知识、技能，而是要从生命深处唤起学生沉睡的自我意识、生命意识，教育不仅要从外部解放学生，更要唤醒学生内在的人格和心灵，解放学生的创造力。教育是一个灵魂唤醒另一个灵魂，用一颗心感染另一颗心。

2. 没有教育科学，就没有科学的教育。

教育部长袁贵仁在2013年《全国教育科研工作会议》上指出，希望教育科研系统抓住机遇，勇于担当，努力成为探索教育规律、创新教育理论的"思想库"，成为提出政策建议、服务教育决策的"智囊团"，成为开发教育策略、服务教育实践的"设计师"，成为引导教育舆论、更新教育观念的"宣传队"，努力开创教育科学研究新局面。

第三节　建设学习型社会的新机制

社会转型期教育问题。社会教育与学校教育、家庭教育并列为教育的三大组成部分。社会教育是"不拘于现行学制系统的限制，于广大的社会中，适应一切人民需要与便利而设施的各种各样的教育"。

一、和谐社会的"和谐教育"

教育与社会的和谐、和谐校园、和谐课堂。和谐教育应"以人为本"，其人性观体现在三个方面：第一，把"人"作为管理活动的核心和组织的最重要的资源；第二，把"人"放在主动的、积极的位置上，承认"人"的主观能动性，倡导人性化管理；第三，充分利用和开发组织的人力资源，通过机制激发全员的潜能，以服务于组织内外的利益相关者，从而实现组织目标和个人目标。

（一）"和谐教育"即是"全面发展的教育"

蔡元培明确提出教育要"以世界观为终极目的，以美育为桥梁，要进行德、智、体、美和谐发展的教育"。

1. 和谐教育的本质特征

"和谐教育"是一种公平的教育，也是一种"正义的教育"。"和谐教育"既是一种思想，一种理论，也是一种理想，一种追求。"和谐教育"不能仅仅理解为一种教育结果或教育方法，而应理解为一个过程，一个多向互动、反馈和影响的过程。

和谐教育的本质特征要求教育者要立足于学生的现实发展水平，找准学生的"最近发展区"，结合学生发展的不同层次需求，整体设计和安排学校各教育要素的结构、教育环境和各种教育活动，避免各教育要素间、各种教育活动间的内耗与干扰，使之处于和谐状态；以和谐的教育环境和教育活动去适应、改善和提高学生发展水平与发展需要的层次，并不断通过反馈、调节，促进和谐发展，使教育活动与学生身心发展需要达到新的更高层次的和谐状态，实现教育的培养目标。

2. 把握"学习型社会"的四个构件

学习型社会是以社会学习者为中心，以终身教育体系、终身学习服务体系、学习型组织为基础，以形成终身学习文化为基本特征，能保障和满足社会成员学习基本权利和终身学习需求，从而有效地促进社会成员全面发展和社会价值得以充分实现，以及社会可持续发展的一种开放、创新、富有活力的新型社会。明确三个基本问题：

（1）明确了"一个中心"：以社会学习者为中心。

（2）明确了"两个目的"：促进社会成员全面发展和社会价值得以充分实现；促进社会可持续发展。

（3）明确了"四个关键构件"：

学习型组织——学习型社会之"基石"；

终身教育体系和终身学习服务体系——学习型社会之"架构"；

终身学习文化——学习型社会之"灵魂"。

把握"学习型社会"的内涵，最重要的是把握住"学习型社会"的四个构件，把它们建设好了，学习型社会也就基本形成了。

（二）学校在社区发展中的贡献

开放的社会学习中心。改变中国教育的形态，推进学习型社区教育功能的两件事：一是大力培养学生强烈的信息意识与能力，让每个孩子知道信息时代的特征。二是学会在信息时代的生存与发展。和谐的教育是一种民主的教育、法治的教育。教育民主，平等待生，是教育规律的内在要求。

1. "虚拟学校"的制度设计：建网就是建学校

面对互联网，教师应该是"引导者"。互联网是一个巨大的资料库，如何引导学生辨别、选择最有价值的信息，是教师义不容辞的责任。

图书馆和计算机房是学校设施的灵魂。把学校的图书馆办到教室里、走廊上，学生随时可以找到自己想读的书、想查的资料；把学校的计算机房办到教室里、走廊上，学生可以随时上网浏览，随时乐意与专家联络。

2. 深入研究信息技术应用于教育领域所产生的变化和问题

（1）在课件开发方面，体现教学策略的运用和教学风格的课件、支持合作学习的"群体"、体现"及时学习"和"即求即应"学习功能的电子作业支持系统、基于多媒体教学素材库的"积件"。

（2）在多媒体教育应用方面，出现了虚拟学习环境和虚拟学校这类"虚拟现实"。在网络教育运用方面，出现了网络远距离教学、网上学校、校园网、计算机支持的合作学习等新事物，出现了信息技术与学科课程整合的趋势。

（三）教育在解决人口问题中的作用

世界先进国家有一个重要的经验或事实就是，对劳动力和后备劳动力的岗位分流一般分为三块：一是就业，即获取酬薪的岗位；二是军队，是义务性岗位；三是就学，这一储备性岗位，其直接的经济学意义就是，既调整了就业人口与社会职位之间的矛盾，又保证了社会稳定，为未来经济发展储备了巨大的生产力能量。

1. 终身教育体系的建立需要充分利用现有学校的教育资源

构建终身教育体系和学习型社会是教育发展史上一场深刻的变革，是继奴隶社会的古代学校、工业革命的近代学校之后人类教育的第三次飞跃。

学习型社会是以社会学习者为中心，以终身教育体系、终身学习服务体系、学习型组织为基础，以形成终身学习文化为基本特征，能保障和满足社会成员学习基本权利和终身学习需求，从而有效地促进社会成员全面发展和社会价值得以充分实现，以及社会可持续发展的一种开放、创新、富有活力的新型社会。

学习型社会评价指标体系框架的设计要遵循科学性、先进性、一致性、现实性、简明性等原则。

2. 学习型社会之魂：自己成就自己，自己培养自己，自己发展自己，自己提升自己

例："基本形成学习型社会"指标体系

维度	一级指标	二级指标	观测点
目标任务	教育程度	劳动人口受教育状况	主要劳动年龄人口平均受教育年限
			主要劳动年龄人口受高等教育比例
	文化素养	成人识字率	成人识字率
		全民阅读率	18－70周岁成年国民综合阅读率
	继续教育	从业人员继续教育参与率	专业技术人员培训率
			职工全员培训率
			农村实用技术培训率
			农村劳动力转移培训率
		城乡居民社区教育参与率	社区居民参与率
		老年教育参与率	老年教育参与率

维度	一级指标	二级指标	观 测 点
条件保障	公共学习场所	公共文化场所拥有率	每万人口拥有公共文化场所数
	培训机构	培训机构覆盖率	各类社会培训机构拥有量、参与度
	社区教育	社区教育三级联网覆盖率	区、街、居（村）建有社区教育机构，广泛开展活动
	信息化	互联网普及率	互联网普及率
		农村电视节目覆盖率	农村电视节目综合覆盖率
		终身学习公共服务平台覆盖率	远程教育参与率
			远程开放学习公共服务平台拥有量、共享率
	经费	教育与培训经费比例	继续教育和培训经费占员工工资总额的比例
			财政用于社区教育的经费
组织制度	制度	组织制度与队伍建设	是否建立相关的领导、组织机构
			是否出台相关的法规、政策
			是否有相关的发展规划
			是否有专兼职及志愿者结合的工作队伍
	组织	学习型组织创建率	学习型组织创建率

二、教育需要信仰和传统文化的培植

公民素养是现代社会进步必备的条件。国家的教育如不能最大限度地凸显在公民精神的培育上，人就会像是散落的珠子，随地乱滚。因此，应重视公民的精神生活与精神成长。

蒋子龙在《心穷》中说：时下有两句话颇为流行，一句是"穷得光剩下钱了"，另一句是"端起碗来吃肉，放下筷子骂娘"。这并不完全是有钱人的显摆，两句话的意思几近相悖，却印证了同一种社会心理现象——心穷！也因此有相当多的人抱怨，中国有钱的人逐年增加，社会慈善意识却极其淡薄。某些官员们的收入在增加，贪污腐败却难以禁止……贪婪者不是因为没有钱，而是缘于心穷。

足寒伤心，心穷损志。经济上的短期行为，文化上的媚俗倾向，社会对道德的呼唤，都可以从"心穷现象"上去寻找深层次答案。愿在经济上已经脱贫的人们，赶快进行心灵"脱贫"。

（一）精神管理理论的宗旨

精神管理，就是根据人的行为受精神决定这一规律，从人的精神开始，通过破解精神的错误逻辑,建立健康的、积极的精神体系,使人们在快乐和主动中完成现实中的各种行为,实现自我的进步、提高和发展,并从中得到快乐与幸福的管理工程。精神管理理论的宗旨,就是用科学理论服务于社会精神文明建设,促进社会健康发展!

1. 校长是聚集教师精神的一种力量

校长是学校的总设计师,校长是学校环境的设计者和管理者。校长的境界也可以于细微之处见精神,因为学校的每一个细节都能反映校长的精神。成功的校长无不是高明的人力资源开发者,无不是得心应手的人力资源配置组合大师。

激发资深教师内驱力,为资深教师创造进一步发展的平台,充分发挥资深教师的帮带作用。鼓励并支持教师成名成家,把校长队伍和教师队伍引进到"名优化""高端化"的通道中来。保护积极性比调动积极性更重要,一所学校总有一部分人有干好工作的欲望。现在管理的误区是,有时对有积极性的人视而不见,不提供机会让他们为学校作贡献,等到他们倦怠了,再去想办法调动积极性,这种做法是值得反思的。正确的做法是:让有积极性的人激情燃烧。只要有积极性的人能不断创造正面效益,学校的发展就不会有太大的问题。保护积极性并不一定要给予物质奖励、大会表扬,这些做法短时间内有效,但不能解决长期保持积极性的问题。正确的做法是,给有积极性的人提供机会和平台,让他们不间断地为学校创造效益,善待这部分人,让更多的人加入到这个队伍当中来。积极性和贡献没有直接的因果关系。要提升教学质量、提升管理水平,光有积极性是不够的。

2. 拿破仑把人分为四类

聪明的"懒人",可以当领导;

聪明的勤快人,可以做好下属;

不聪明不勤快的人,可以安排他干活;

笨而勤快的人,这类人是比较危险的。

对于能力强且有积极性的人,可以让他们创造更大的效益。对于能力不强的人,当务之急是提升能力,按规矩、按规律做事。如果不按规矩、不按规律办事,就可能沦为"积极的折腾",不会产生效益。很多错事是由勤快人干的,他们缺乏判断力,如果勤快的人陷入折腾,他们对学校的贡献就是负值。

(二)"教育人"需要"坚守"

坚守:一种教育智慧和品格。教育智慧有三个特征:一是以教育实践为基础做出的有效教育判断。二是基于教育实践所形成的多样化的教育思想。三是超越教育实践形成教育信念。

1. 信心+养成+努力=成功

学生从入学的第一天起，学校就以"养成教育"作为突破口，先从怎样做人开始，对学生进行全面的公民素质教育。由校级领导、中层主任、班主任组成的校纪律检查组，从周一至周日，从"三操"到"两睡"，从正课到自习全方位检查，督促和教育学生养成良好的生活和学习习惯。习惯形成性格，性格决定命运。抓养成教育，不仅培养学生遵规守纪的良好习惯，而且也培养学生你追我赶，奋勇争先的竞争意识和勤奋刻苦的学习态度。

2. 一以贯之，持之以恒

所谓"一贯性"是指学校坚定地贯彻文化价值理念，每天如此，每月如此，每年如此，要坚守住，一以贯之。优秀的校长，往往不在于他个人的教育思想多么先进，而在于他善于唤醒身边每个人的教育情怀、追求。

"一以贯之，持之以恒"抓好学校德育工作。培养学生的自信心，引导学生树立正确的理想和人生目标，帮助学生养成良好的学习和行为习惯，培养学生顽强的意志和良好的品质。

教育是慢的艺术，所以教育者的坚守是一种品格，是一种毅力，更是一种智慧。教育不是一蹴而就的，成功靠的就是对教育的坚守，对教育的那份责任。教育需要的是和风细雨、润物无声，它需要的是锲而不舍，只要我们顽强的坚守，就一定能够创造精彩。

（三）做自己喜欢做的事："真知识"的传播者

传播是什么？传播最重要的是完成一个双向的沟通和交流，这样的一种沟通和交流就是我们自己能够在新媒体的平台上去实现的一种权利。

1. 教师要锤炼自己的专业

（1）教育就是教师的专业生活，是教师生命价值的实现过程。教师的成就感来源于教育，教师的幸福体验产生于教育。因此应关注——

信心。对教育改革、对教育培养人的价值功能的回归、对学校课程教学改革、对自己的学生要充满信心。没有信心，就没有未来！

梦想。对教育要有自己的认识、自己的追求。要有自己的梦想，有梦想，教育变革才有动力、才有希望！

突破。对于日常教育教学中日思夜想的问题，要在学习中寻求破解的方法，以便引发自己的高峰学习体验。

诊断。要善于总结自己的专业发展现状，包括成功的经验、失败的教训、面临的问题，以便在学习与交流中，寻求今后专业发展路径的指导。

拓展。就自己正在进行实践和尝试的教育教学案例开展交流，在交流中获得教育实践智慧拓展的路线图。

方法。在学习与交流中，要善于积累优秀教师、专家提供的各种教育教学问题解决方案、教育教学实践案例。

系统化。对自己初步形成的教育教学风格，在学习与交流中可以进行系统总结，以寻求专家、同仁的指导和帮助，全面提升自己的教育实践智慧。

（2）教师专业发展体系

教师专业素养就是教师的科学、教育、文化素养的综合。其中科学素养指教师自身所拥有完整的学科知识、结构、体系、研究方法及思想等。教育素养指教师把所教学科知识、结构、体系、研究方法及思想等有效地传递给学生，变成学生在认知结构过程中所使用的各种教育方法、策略、手段、模式等素质。文化素养指教师文化内涵和品质。

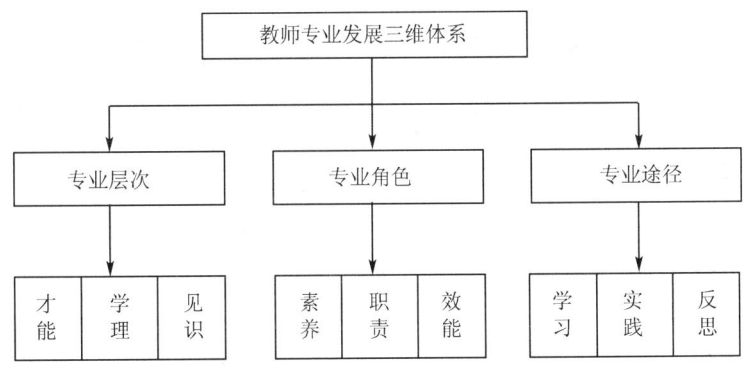

2. 做自己喜欢和善于做的事

世界首富比尔·盖茨说过："做自己喜欢和善于做的事，上帝也会助你走向成功。"一位教育工作者需要持有一颗虔诚的事业心去对待所处的职业，改变"忙、盲、茫"的工作状态，克服"泛、烦、繁"心理状态，主动发展，自觉成长，在"忙"中受益，做最好的自己。

有人说：在人生的所有幸福中，有一种幸福被人们所津津乐道并被人所羡慕，这种幸福并不是大多数人能拥有，只有少部分人才能很幸运，大多数人为了生计而奔波，不得不干他们不喜欢的职业，这其实是很不幸的。真正的幸福是所从事的工作和自己的爱好相一致，"一个人要成功的话，一定要找到自己最想做的事，当然这也是他最能干的事，这样他就能够每天都很有劲地去工作，也容易成功……"

三、教育哲学要在理论上建构一种教育

任何一种价值观都必须植根于本民族的土壤，但又必然受到外来文化的影响。社会价值观与社会的发展模式是紧密相关的，二者在一定意义上是同构的。

（一）信仰也是一种哲学理念

为什么教育哲学要在理论上建立一种教育呢？因为在现实之上超越现实，教育哲学才能纯粹地想象好教育的种种形式与要素，想象教育的本质，并按照这种对本质的思考而反观我们的现实，这是理论的任务，即哲学的任务。

1. 把经验当做一株树苗

心态是一种巨大的力量。缺什么，不能缺希望。美国教育的主要目的，在于发展每个孩子的才能，不管它高或低到什么程度，同时给每个孩子灌输公民意识。智慧的管理，需要透析规律，知道教育的症结在哪里，知道学校未来发展的增长点在哪里。于是，那些在学校学科教学中作为亮点的东西，就被校长注意，并发现和挖掘成为一种优势，或成为共享经验。把经验当做一株树苗，连带根系和土壤一起迁移，再去呵护，这样才能成活。

2. 让规则"看守"的世界

"让规则看守的世界，是生命的圣洁花园，是人之向往的天堂。而生活在那里的人，也将规则时刻放于心中，心甘情愿接受约束，以获得更圆满的自由。在好规则面前，懂得捍卫和赞美，才是人类崇高精神的体现。"强调规则看守，是强筋壮骨；而倡导文化引领，则是丰盈血肉，饱满精神。因为"人是文化的存在，它告诉我们，人创造了文化，文化也创造了人，没有与人无关的文化，也没有与文化无关的人。"学校每个细节都是文化，在每个工作细节中，实现文化的引领。

哈佛为什么能培养出那么多杰出的人才，它的魅力到底从何而来？答案就在于哈佛"永远改革、永远创新、永远追求"的校园精神！哈佛培养学生的创新精神，追求让所有进入哈佛的"金子"都在毕业之后发出耀眼的光芒。在哈佛的课堂上，是没有唯一正确答案的，它没有正式的教科书，而是以全世界真实的经济和企业背景为基础，要求学生理论与现实融在一起思考，提倡学生主动参与课堂讨论，要求学生从真正的"政治家""企业家"的角度去思考，它重视的是得出结论的思考过程。正是这种学校文化精神的熏陶，从哈佛走出了6位美国总

统,36位诺贝尔奖获得者。

(二)精神是生产力的"母亲"

肖川在《建基于信仰的教育》中说"文化、信仰、教育三位一体,才能构成一个完整人的健全的精神生态。"教育信仰所反映的理想境界与其他信仰有着明显的不同,政治信仰是以调节和平衡利益关系、掌控权力为目标的;宗教信仰是以安慰心灵、避世和超脱为旨意的;唯有教育信仰是以育人为本、促进人的发展为根本目的。

1. 学校文化应有独立精神

学校文化是学校个性的体现,缺乏独立精神,唯上唯书不可能建设有传统价值的学校文化。今天的学校特别是那些屈从于功利要求或受利益支配在应试教育轨道上行走的,都不可能建设具有传承意义和现代品质的学校文化。事实上,归根结底,学校文化是由学校的教育立场确定的。应试教育作为一种教育立场有其思想原则和行为方式。其基本价值观是以升学率为目标,追求结果而不重视过程。但教育讲究的是过程并体现其文化。

激发教师的专业精神。教育哲学应当成为教师成长和实施教育行为的一个重要精神资源!教育哲学主要是针对教育问题的,对教育问题的关注很完整、很系统、很集中,教师可以直接从教育哲学里边获得从事教育工作的思想养料、观点的启迪、思维的力量。

2. 教育哲学对什么是好教育的探究不是终结性的,而是永恒的使命。

教育哲学实际上不是寻求解决现实问题的方案,因为,对基本问题的研究无法获得技术性的方案。如果基本问题可以有最终的解决方案,那其实意味着教育实践的僵化和封闭。永恒的基本问题没有答案,才意味着永恒的问题必须永远去问、去思考、去理解。没有答案,也意味着永恒问题的重要性,同时也意味着哲学的思想开放性,保证了教育实践的开放性。这意味着教育哲学对什么是好教育的探究不是终结性的,而是永恒的使命,也意味着教育实践对于好的教育形式的创造也是开放性的。

(三)让信仰成为你生活中的最高目标和理想的根基

以价值引领教师的教育信仰,积极传播区域的教育价值观。教育的真谛是培养人的智慧和来自"学校兴衰,责任在我"的担当意识。

1. 教育者应真正进入"教育场域"

教育哲学要在理论上建构一种教育,教育哲学实际上不是寻求解决现实问题的方案，理念中的"教育"与我们现实中的教育往往是不一样的，关于教育本质的知识是改变教育现实所必需的。教育教学最好的经验是解放生产力。校长要解放教师的生产力，教师要解放学生的生产力。校长要打破脸谱化的刻板形象，增强亲民意识。在"与民同乐"中，激活难能可贵的平民情怀。这就是教育教学管理的智慧。

2. 道家的管理哲学是"治大国若烹小鲜"

治国必须坚持政策的一贯性，政策多变则扰民。这就是老子说的，治理大国好比煎小鱼一样，不能常常去搅动它。而是依据客观规律，在适当的时间、适当的地点、以适当的方式顺其规律促使其变化而已。在管理中如何做到"治大国若烹小鲜"这样的境界呢？

管得少才是管得好。管理实际上是对人的一种控制活动。控制的最高境界是少控制、不控制。如果管理部下时"天天搅动小鱼"，就不是一种好的管理方法。

管得少不是不管，而是管理者要抓住管理的关键。这个关键是管理者的角色定位，做自己职责范围内的事，不越权管理、不越级管理。要求管理者透过复杂的表面现象，洞察问题的本质，化繁为简，管理简单化。

管得少又管得好，关键在于建章立制，将复杂问题简单化，将简单问题标准化、程序化。减少例外事件，从而做到"闲"而有效。

3. 教育必须适合人的身心发展规律

学校应重视仪式的深层内涵。仪式承载着一套社会价值观及生活方式（如开学典礼、休结业式、升旗仪式等），仪式也可以认为是信仰系统的反映，有重要的育人功能。

教育是综合的事业，只要我们用心，校园的每个角落都是课堂；只要我们用心，学校的每个成员都是师长；只要我们用心，生活中发生的点滴小事都是教材；只要我们用心，教育的每个视角都会变成独特的风景；只要我们用心……

第五章 "质量-效益"型教育发展策略

教育发展是追求教育质量的社会行动,树立以提高质量为核心的教育发展观是当前教育科学发展的当务之急。"树立科学的质量观,把促进人的全面发展、适应社会需要作为衡量教育质量的根本标准";"建立以提高教育质量为导向的管理制度和工作机制,把教育资源配置和学校工作重点集中到强化教学环节、提高教育质量上来";"制定教育质量国家标准,建立健全教育质量保障体系"。

学校管理的元价值应该是教育效率和社会效益的统一,而不是单纯的所谓管理效能或者管理效率。在学校管理中应当人尽其才、物尽其用,时间、空间以及信息在符合教育规律的前提下都应该被充分利用。管理效率提高了,社会效益也应该相应提高。

第一节 树立以"质量为本"的发展观

教育质量归根结底是人的发展程度,远比物质产品的质量复杂,它的影响和形成因素、它的衡量和评价标准都不像物质产品那样清晰。考量一个学校的质量,就要考量它的效能。也就是说,在学生进校的时候,它的生源是什么水平,在整个培养过程中间,成本是多少;最后出校门时,学生在此校提高的程度。在效率与质量统一的问题上,需处理好规模与质量的统一、质量与成本的统一、硬件与软件的统一。

一、变管理型学校为研究型学校

学校是个复杂的系统，这个系统的管理特点是：复杂度高，综合性强；方法实，难度高；范围小，内容全。叶澜教授指出："中国学校变革的走向定为'实现转型'，即学校教育的整体形态、内在基质和日常的教育实践要完成由'近代型'向'现代型'的转换。"学校变革不再是细枝末节的修修补补，而是具有转型性质的变革，是学校课堂教学、班级建设、领导与管理等方面整体性和系统性的更新。

（一）学校要有"三个"规划

学校发展规划的制定：首先必须意识到这是学校管理的基础；其次必须认识到这是学校行为，需要发挥全体教职工的协同作战。它不仅仅是个文本，而是一个过程。需要经过全面回顾学校原有工作，并进行系统地诊断，从而明确学校的办学方向和发展目标，制定相应发展规划，它体现着学校领导先进的办学思想和理念，它表达着师生家长共同的愿望和憧憬，它描绘着学校自主发展的美好蓝图。

1. 学校发展规划是学校办学取得成功的重要保证

学校发展规划研究者要深入地了解学校的内、外部环境，根据学校现实情况和信息，判断事物发展的趋势，围绕学校某一特定的问题进行构思、设计，提出策划方案。校园建设规划、学科建设规划和师资建设规划。这三个规划可以说是学校的基本建设，任何学校都要有这三项建设。

制定和实施学校发展规划是实现学校可持续发展的重要途径和手段，学校发展规划为转变办学思想、汇集校内外各方的共识、分析诊断学校存在的问题、帮助学校未来发展提供有效的平台。

2. 寻找和解决学校发展中的问题

作为一种管理思想与技术方法的学校发展规划，在制定时必须坚持以下原则：以科学发展观为指导；紧扣"发展"主题，明确发展的目标与方向；凝聚各方共识，调动积极性；寻找和解决学校发展中的问题。

学校发展规划就象运动员赛跑中的起跑那样重要，它是学校发展的纲领性文件，它是学校自评的测量依据。学校管理的效率并非那么容易测定。因为学校最小的消耗是可以测算的，尽可能地节约其教育投入就可以了，但是最大的回报如何测量呢？我们很难回答。能以学生的成绩作为测量依据吗？回答当然是否定的。教育投入的回报往往是间接的、长期性的、难以量化的，这是由教育的滞后性特征决定的。

（二）管理，就是运用他人的努力实现目标

真正的管理是必须能够"唤醒潜藏于人心灵深处的潜能"的。管理者说的话直抵人心最柔软的部位，让人感动；管理者制定的措施能最大限度地调动人们的积极性，能激发人们的创造性。于是，校园是活跃而有生机的，生活在这里的人们是幸福和快乐的。

1. 只有用心"经营"学校，才能更好地发展学校。

学校经营的最终目的是造就有效能的学校。一所有效能的学校能逐步实现全面发展的教育、和谐校园、终身学习的教育愿景。学校各方面工作的开展都应该有良好的效能，包括学生学业成就、校长的领导、行政运作、学校的氛围、学校文化和价值、社区资源以及教师的发展等。校长制定经营的理念、目标与策略，领导全体师生正确地发展，以达成教育目标，才是学校经营的目的所在。可以说，学校经营是以积极的理念来塑造学校的形象和促进学校的发展，同时，促使每个师生发挥最高的效率，获得最大的成功。

2. 办学质量是学校的"生命线"

经营办学质量。办学质量是学校的生命线。学校经营者要关注办学质量。办学质量形成于学校经营活动的全过程。它涉及到学校管理、教学全过程、教学条件、教学环境、教学经费乃至教育政策等各方面。可以说学校内部不同职能部门、不同岗位的教职工都承担着不同质量形成和质量保证作用。经营办学质量首先要抓好课堂教学的质量。校长经营学校，必须把课堂当做提升办学质量的有效阵地，因为学校办学质量最终体现在学生的质量上。经营办学质量还要考虑办学成本问题。为了提高办学质量和减少因质量所造成的损失，学校应树立质量成本观念，进行学校质量成本分析，这是学校经营的重要内容。

（三）好的管理者就是好"教练"

什么叫领导，就是欣赏别人的优点，调动别人的长处，发挥别人的积极性，在你的团队中要营造一个相互欣赏的氛围。外国人交往时，见面总是夸你几句，今天你穿的衣服好漂亮啊等，中国人也要学会赞扬，学会赞美。教育学有个原理叫激励教育，"好孩子是夸出来的"。人会因表扬而发奋，人会因激励而改变，所以一定要赏识要激励要学会表扬。

1. "通天塔"缘何半途而废？

《圣经旧约》上说，人类的祖先最初讲的是同一种语言。他们在底格里斯河和幼发拉底河之间，发现了一块异常肥沃的土地，于是就在那里定居下来，修起城池，建造起了繁华的巴比伦城。后来，他们的日子越过越好，人们为自己的业绩感到骄傲，他们决定在巴比伦修一座通天的高塔，来传颂自己的赫赫威名，并作为集合全天下弟兄的标记。因为大家语言相通，同心协力，阶梯式的通天塔修建得非常顺利，很快就高耸入云。上帝得知此事，立即从天国下凡视察。上帝一看，又惊又怒。于是，决定让人世间的语言发生混乱，使人们互相言语不通。修造工程因语言纷争而停止，人类的力量消失了，通天塔终于半途而废。

启示1：人们因不同的语言，感情无法交流，思想很难统一，就难免出现互相猜疑，各执己见。团队没有了默契，就不能发挥团队绩效，而团队没有交流沟通，也不可能达成共识。身为领导者，要善用沟通的机会，创造沟通途径，与成员充分交流。惟有领导者从自身做起，秉持对话的精神，有方法、有层次地激发员工发表意见与讨论，汇集经验与知识，才能凝聚团队共识。团队有共识，才能激发成员的力量，让成员心甘情愿地倾力打造"事业的通天塔"。

启示2：在一个充满不确定性的世界中，在一个寻找拯救出路的世界中，人只有依靠自己的力量、依靠人与人之间的有效互动所产生的合力去摸索前行的道路，去克服不可回避的困难，去解决所面对的各种问题。

2. 学校经营效益最大化是实现人的"知识增值"和学校"资本增值"

学校经营有别于传统的学校管理的最大特点是动态中寻找资源并注重资源的有效配置以达到教育目标最大化、促进人的发展。在注重资源有效配置过程中，学校经营作为"理性人"以追求效用最大化为目标，实现学校"资本增值"，因此，学校经营也必须将经营的效益，追求学校效益最大化并不是追求"利润"最大化，这有别于企业"利润"最大化的经营。学校经营效益最大化是实现人的"知识增值"和学校"资本增值"双重目标，学校追求效益是为了通过创造的效益来更好的发展学校，把面包做好做大。

二、让学生在校发展"最大化"

专注是效率的灵魂。爱迪生认为，高效工作的第一要素就是专注。他说："能够将你的身体和心智的能量锲而不舍地运用在同一个问题上而不感到厌倦的能力就是专注。"

（一）求知是每个人灵魂里固有的能力

教育是什么？教育就是要开发每个人内存的力量，协助人们更好地去进行选择,放手去进行选择。

1. 学案知识"问题化设计"的意义

教育科学的研究已经表明,影响教学效果的最大因素是教学内容。教师对教学资源的开发,应时刻以学生学习的实际情形为依据,有不断调整、更新、完善的意识,使课程建设本身成为一项可以持续经营的事业。教师将学生所学知识进行问题化设计,是学案导学的核心和关键,是学生学习的控制器和推动器。它不仅在学生整个的学习过程中起着控制学生学习过程的作用,更起着积极推动自主学习的作用。导学案中,知识问题化设计的质量,直接决定着学生学习的质量,也决定着学案导学的成败。

(1) 使学生学习的方向、目的明确。导学案通过呈现给学生一系列的有价值的问题让学生去探索、去解决,学生的学习活动不再盲目,而是成了一种有目标、有方向的活动。

(2) 使自主探究学习得以落实。导学案呈现给学生的是一系列需要探究的问题,学生必然要想办法去解决,或看书、或实验、或调查等,学生在想办法解决一系列问题的过程中,自然就经历了自主探究活动。不仅问题能得到一定程度的解决,而且在很大程度上培养了学生的自主探究学习能力。

(3) 能培养学生良好的注意力品质。学生学习有了目标和方向,学生的注意力就会很快地进入到实现目标的活动中,并能够及时排除干扰,提高学生学习的效率。

(4) 有利于培养学生的思维。学生在解决的一系列问题中,不再是被动地去执行任务,而是要去主动地思考。

(5) 小组合作交流成为需要。学生在自学中,一定会遇到一些难以解决的问题,必然想与其他同学进行探索与交流。

(6) 能培养学生良好的看书习惯。导学案中的问题都是围绕课本上的新知识设计的,学生在解决问题中会首先意识到,要解决导学案中的问题不看书不行,看书不思考不行。

学案知识问题化设计的意义,在于把课堂改造成学生学习与思考基础上讨论与解决"自己的问题"的场所,学生在主动学习的情境下完成自己的学习目标。这样的课堂一定是高效的。

2. 课堂改革的内涵

"国家课程校本化"。具体来说,就是对每个学科的课程目标、课程内容、课程结构、课程实施和课程评价等课程要素与本校学生的现实基础和接受水平做一次接轨，从目标系统、操作系统和评价系统等方面将该学科内容化解在学生的学习计划中。

（1）核心追求：关注质量和效益。

课堂教学改革关注学生的学习成效，目的在于提高教育教学质量。没有高质量，没有高效率，就不能说课堂改革的成功。高效课堂的核心追求就是质量和效益。那么，如何提高课堂质量和效益呢，要优化课堂教学活动或环节，认真研究教育目标和教学过程的设计，提升教学活动的有效性，促进学生自主学习，提高学习成效。

（2）价值取向：全面落实课程标准要求。

课堂改革的价值取向不是着眼一个个知识点的教学，而是着眼整个课程标准的全面落实。整合课程标准的三维目标，充分认识到知识技能目标是起点目标，要扎实落实，但绝不能忽视过程与方法、情感态度价值观二个维度目标的落实，要想落实好第一维度的目标，第二维度恰恰是帮助落实第一维度的重要的方法保障，第三维度又是对第一、二维度目标落实的情感保证，三者有效结合，才能真正将知识与技能的教学与人的能力的培养结合好。

（3）过程实施：关注教学活动设计。

学生不仅要掌握知识，更重要的是要会用所学的知识去获得知识并创新知识。要强化教学中活动的设计，要关注学生活动的有效性，关注学生的积极性。

（4）评价基点：面向全体学生。

课堂教学改革成功与否，一个重要的评价指标就看是不是面向全体学生，是不是关注每个学生的发展，促进每个学生学习的自主性、主动性，让学生通过获得解决问题的方法、途径实现学习的成就感，从而享受快乐成长的幸福。

（二）教育创新的"着力点"

教育创新的着力点是实现新的跨越发展。教育创新的目的是：通过人才培养模式创新和教学创新来提高教育质量。教育创新的重点是改革学校内部管理体制。教育创新＝教育重点的调整和转移＋教育要素的重新组合。

1. 何谓创新

在英文中，创新一词起源于拉丁语。原意有三层含义：第一，更新。第二，创造新的东西。第三，改变。课堂教学的创新性是课程改革的基本理念，就是要建立多维互动的课堂模式，构建有利于创新能力的活动体系，让创新成为课堂教学的灵魂。重视和研究课堂就是关注学生的创新意识、创新思维和创新能力的培养。

例：创新带来的价值。一块香蕉皮的变化——创新即改造。

2. 提高教育质量与办学效益的途径

转变教育发展方式，走集约化发展的道路，确立教育质量与办学效益并重，质量与效益优先，兼顾数量和速度，扎扎实实地追求质量，讲究效益。

（1）大力推行"质量-效益"型教育。通过教育思想的转变、招生制度的改革、课程教材的改革、教育评价制度的改革和教育教学改革，建立起"质量-效益"型教育的运行机制，全面提高各级各类教育的质量。

（2）形成适度的办学规模，提高教育资源的使用效益。在确定各级各类学校办学规模，调整学校布局、适度的师生比，提高教育教学设施利用率，降低生均教育成本；要从实际出发，积极而慎重地推动校际之间的联合，以达到优势互补，资源共享。

（3）优化教育结构，提高教育质量和效益。在教育纵向结构中，要特别注重基础教育、中等教育和高等教育间结构比例关系，做好结构性控制，提高职业技术教育的办学质量与效益；根据社会发展需要和学校的优势，调整好专业结构。

（4）提高学校领导的管理水平。健全学校内部管理体制，实行校长负责制、全员聘任制、结构工资制，加强对办学效益的全面管理。减少因学校领导管理水平不高所带来的内隐性教育资源浪费和低效益。

（5）提高教师素质，实行高水平教学，改变"时间加汗水"的粗放式教学做法，提高课堂教学的质量和高附加值，减少学生留级、复读、辍学的比例，避免教育资源的重复性浪费。

创新教育的"四个开放"：学生心理的开放、教学内容的开放、思维空间的开放、教学结果的开放。

(三) 教育创新是艰苦的探索

营造浓厚的创新氛围。要保护创新热情，鼓励创新实践，完善创新机制；坚持培育创新意识，鼓励创新精神，激发创新活力，尊重创新劳动，保护创新成果。要制定和完善鼓励教育创新的措施，建立健全有利于创新成果不断涌现、创新人才脱颖而出的体制与机制，建立有效的教育创新体系，大力弘扬创新文化，努力形成激励创新的浓厚氛围。

1. 教育创新需要务实精神和理想情怀

"学校生命周期论"指出，每所学校一般都要经历起始期、发展期、成就初期、调整巩固提高期、高成就期、停滞期、下滑期、衰败期等；如果学校在达到高成就期前后，注意学校所处环境的变化，及时调整与巩固、变革与创新，就可能避免质量下滑和走向衰败，从而获得重生，实现学校的再发展。

激发专业技术员工的职业动机。因为专业技术员工更注重个体的成长而非组织目标的需要。具有高度职业洞察力的专业技术员工会设计职业目标，并参与相应的开发活动，以达到目标。他们会采取行动防止技能老化，并时常更新其技能。专业技术员工对知识、个体和事业成长不懈的追求往往超过了他对组织目标实现的追求，当专业技术员工认为他仅仅是企业的"高级打工仔"时，就很难形成对企业的忠诚。因此，企业不仅仅是为专业技术员工提供一份与其贡献相称的报酬，使其分享到自己所创造的财富，而且要充分了解专业技术员工的个人需要和职业发展意愿，为其提供适合其要求的上升道路。也只有当专业技术员工能清楚地看到自己在组织中的发展前途时，他才有动力为企业尽心尽力的贡献自己的力量，与组织结成长期合作、荣辱与共的伙伴关系。

2. 教育改革，需要新的思维方式和工作机制

加拿大著名教育家迈克·富兰撰著的《变革的力量——透视教育改革》揭示了一个基本事实：世界各国自上而下强力推行的教育变革大多是失败的，往往轰轰烈烈地开展，最后无疾而终。教育变革是一个非线性的、不稳定的动态过程，是各种合力的结果，其本身具有不确定性。因此，对于教育改革，需要新的思维方式和工作机制。他认为，应当更多地寄希望于自下而上的改革，而不是靠政府和专家的外在强迫和控制。他指出，学习型个人、学习型组织和学习型社会才是推动复杂变革的真正动力，正是它们"使变革成为一种生活方式"，进而认为新思想往往产生于多样性的文化和在团体边缘的人。

三、办适合学生发展的"质量-效益"型名校

校长抓工作,着眼点和着力点应放在两头。一头是事前出思路、定目标,另一头就是事后检查抓落实。抓落实,是当好校长的重要条件。世界名校是干出来的,不是说出来的。

(一)世界名校是干出来的,不是说出来的

提升学校教育力。学校教育力是学校教育的总体实力,是学校教育水平与教育质量的综合体现,是一种系统整合能力。有三层结构:其最深层内涵:学校精神。是学校核心能力的本质所在。中层核心:是实施学校全面质量管理、可持续发展的动力机制等。外层表现:学校的各种优势。

1. 铸建精神支柱、建立可持续发展的动力机制、实施全面质量管理。

(1)铸建"校魂"工程

"人是要有点精神的"。人的行为无一不受一定的哲学思想所支配。所谓"校魂"就是具有鲜明特色的,被广大师生认同的,在学校发展的全过程中,指引学校前进方向的教育理想和教育追求。它是学校发展力量的源泉。"校魂",也是学校的精神文化。精神是什么?它是风,来无踪,去无影。可谁又离得开它。

何谓"校魂"?用列夫托尔斯泰的话来诠释校魂:"人类被赋予了一种工作,那就是精神的成长。"顾明远教授曾经说过:"校长之于学校,犹如灵魂之于躯体。"校长是一校之魂,魂就是思想。有思想是校长办好学校的前提,校长的教育思想、办学理念和办学追求,对学校的办学方向、教职工的共同价值追求起着至关重要的作用。校长应该有战略家的眼光,教育家的精神,艺术家的头脑,要不跟"风",不追"热",不搞花架子,不做文字游戏,因地制宜,使现有的教育资源得到充分的利用,把有限的资金用在提高教育质量上。

(2)建立可持续发展的动力机制:拧紧发条,使师生的生物钟不得松懈

一个好学校靠的是力求完美、持续改进的管理标准。阿基米德说:"给我一个支点,我就能撬动地球"。撬动学校发展的支点就是教师。现在各级政府都比较重视学校的管理,给了我们杠杆,那么支点在何处,力的方向如何,只有在实践中总结,在过程中反思,方能悟出其真谛。

实施民主管理,用好权。要充分发挥领导班子成员及各职能部门的作用,慎重选择班主任。用好四种力量:法统的力量、感情的力量、奖惩的力量、社会的

力量。千方百计提高学校的综合实力。

把握"用兵之道"。开端管理：求实；过程管理：求活，做到活而不乱、活而有控、活而有序、活而有理；终端管理：求"正"。校长应从烦琐的具体事务中解脱出来，做到管理定位。应人在"帅位"，抓大事、善"统军"。如果将学校工作比喻为一场足球赛，那么校长应是场外运筹帷幄、调兵遣将的主教练，而不是纵横驰骋的运动员。

（3）实施全面质量管理

"全面质量管理"原是企业界的一种管理思想和管理实践。"最近的各种实验表明，许多工业体系中的新管理程序，都可以实际应用于教育。"

实施"精细化、规范化、科学化"管理；全员、全程、全方位管理，每个人都是自己质量的管理者。

把握目标，整体运筹。学校要以目标管理为核心，兼用量化、模糊方法。战略上定向控制，战术上层层落实，总体设计线条流畅，起伏有致，张弛结合。

2. 治校有"精神"、教学有"模式"、办学有"规范"

（1）治校有"精神"：校魂

学校精神。每当我们置身于一座有特色的优秀学校，总是感到该校园有种奔涌着的、富有生命的东西不断撞击着自己的心灵，它使你感动、兴奋、激越、升腾，而对一所平庸的、毫无特色的学校来说，其缺少的也恰恰是这种能唤起、激发学校成员崇高情感和进取心的"学校精神"。"学校精神"并非物质文化、制度文化那种直观可视有形的特点。然而，由于其精神已浸透在校园内各种文化载体及其行为主体身上，从而使人又无时不切实感受到它的存在以及由它透射出来的那种独特的校园感染力、凝聚力、震撼力。

培植校园精神。学校每学期安排1-2项有重大影响的活动，营造良好的教育氛围；重视升旗等仪式，发挥铸魂功能；每天抓好"三操"，规范学生行为；办好校园广播站、电视台、校园小报、校园网，健全陶冶功能。培植校园精神的目的，在于铸造学校的灵魂。

撬动创新的支点：为"五校""五名"教育鼓与呼。学校教育：强化"五校"。即"校训""校歌""校风""校魂""校园精神"。抓好"五名"。即"名学生""名教师""名校长""名学校""名著作"。

（2）教学有模式："导演-教练"型教学

实施"导演-教练"型教学：就是让学生走上讲台当"演员"、做"小先生"，老师走下讲台当"导演"、做"教练"；其核心是"一多一少"。即课堂上学生多活动，老师少讲；变"听我讲"为"让你讲"，使学生变"被动"为"主动"；以活动为中心进行教学设计，想方设法激发学生的兴趣，根据学生认知水平，可适当降低教学难度、多设台阶，让学生积极主动地学习。

精心设计阅读提纲。将"学习点"拆成学生思考的问题，灵活运用凯洛夫教学五环节：组织教学、复习旧课、讲授新课、巩固新知识、布置作业；结合杜威的教学五步骤：课堂操作程序分为情境、问题、假设、解决、验证。

而"导演－教练"型教学，要求教师精心设计学生"导学案"，以及讨论解决的主要问题。引导学生围绕主题、目标，展开积极的思维、想象，增设分组讨论，4－6人一组，指定学习组长，实行"兵教兵"。根据阅读提纲及解决主要问题的需要，讨论时间一般每次可用5－8分钟。要敢于突破常规，完善"教、学、导"系列。使师生在共同活动中轻松愉快地完成教学任务。

把学习作为重要"增长极"：在"激发兴趣、树立信心、培养良好生活和学习习惯"三个维度上做足文章。把教学的"着力点"从如何"教"转变为学生如何"学"，注重教师教育境界和专业能力的提升，强化课堂教学的有效性。

(3) 办学有"规范"：规范＋特色

"办学模式"是指学校为适应当地经济发展水平和人才需要而建立的一种人才培养的格式规范。确定办学模式的过程，实际上就是立足于学校教育整体，从学校现实发展水平出发，根据学校教育资源配置的状况和教育环境条件，在国家教育方针指导下，为实现办学目标，创造性地构建合理的、稳定的学校结构、教育过程、教育方法的基本框架。

(二) 国际上有一种共识：谁赢得高中，谁就赢得人才

21世纪是课程改革的世纪。其中高中阶段的课程体系改革既是重中之重，也是难中之难。高中，既引领九年义务教育，又决定高校与社会的人才质量，处于承上启下的独特地位，以致国际上有一种共识：谁赢得高中，谁就赢得人才。目前普通高中"千校一面"、高度同质化的局面，无法适应经济社会对人才培养的需要。

1. 中美顶尖高中生对话

偶然间看到中央电视台的一期《对话》节目，节目是邀请中美两国即将进入大学的高中生。其中，美国的12名高中生都是当年美国总统奖的获得者，国内的高中生也是当年被北大、清华等著名大学录取的优秀学生。节目中有一环节因为中美学生表现的强烈对比，令人震撼。

在价值取向的考察中，主持人分别给出了智慧、权力、真理、金钱和美的选

项，美国学生几乎惊人一致地选择了真理和智慧。他们这样解释，如果我拥有智慧，我掌握了真理，相应我就会拥有财富和其他东西。而中国高中生除了有一人选择了"美"外，没有一个选择真理和智慧，有的选择了财富，有的选择了权力。中国学生直奔权力和财富这样的结果，忽视了如何实现的过程，不去思索实现这些目标的途径。

思考1：我国文化中的官本位在学生的观念里已根深蒂固，社会上对于金钱的过分热衷追逐深深地影响着他们。学生的选择清楚地映照出我国的文化传统和社会环境的劣根性。

思考2：教育是形成民族的核心价值、整合社会能量的媒介。

如何使我国从教育模式、标准和理念的输入国变成输出国？如何将中国的教育通过海外留学生的"走进来"、海外兴办学历性学校"走出去"，变成国家软实力的一部分。中国高中教育的国际化要立足于中国高中课程改革和教育革新的探索，一个能吸引国际留学生或交换生前来中国学校留学的具有中国文化元素的国际课程体系；这样不仅能推动地方经济的发展并提供保障，又是提高中国软实力的重要手段。

2. 名校"治校方略"

（1）以"满意理念"为先导，以素质推进为表征；以课程改革为动力，以特色开发为攻略；以精细管理为机制，以制度建设为保证；以校本教研为依托，以提高绩效为目的，达到高质量的办学水平。

（2）讲效率、抓养成、重常规、塑名师、挖内涵。

讲效率，精细管理，完善"全面质量管理"模式；

抓养成，分层落实，构建"全员育人"的德育模式；

重常规，课程改革，突出"导演-教练"型教学模式；

塑名师，立足课堂，精心打造研究型教师队伍；

挖内涵，提升品位，建设具有生命气息的校园文化。"宣传也是生产力。"用好"校园网"，办"质量-效益"型名校。

（3）以"致力打造区域性标准化品牌学校"为抓手，紧扣"发展"主题，明确发展目标与方向；凝聚各方共识，调动其积极性；及时寻找和解决学校发展中的问题。努力使学校成为"一流管理、一流师资、一流质量"的名校。

（4）校长是一所学校的总"导演"。校长是拉着学校奔跑的人，要用"整个的心"办整个的学校。

建立高效有序的工作落实机制，努力使学校健康向上有序发展。在心理上为教师建构"安居工程"。一套好制度就是一所好学校。建立有利于领导和教师稳定发展的制度保障,教师需要"心灵的鸡汤"。

(三) 发展就是将学校的每个要素做到更好

学校的规模是外在的,是硬件范畴,而学校内涵发展是学校内在的东西,体现的是"软实力",是与学校质量、效益挂钩的。学校内涵发展的核心内容就是质量发展,也就是提升学校的"软实力",把注意力集中在办学水平的不断提高上,使得规模与质量、效益达到有机地协调统一。

1. 新古典主义经济理论中规模经济原理表明,随着各种生产要素的增加,生产规模的扩大,收益的变动大致要经过三个阶段:

第一阶段,收益增加的幅度大于规模扩大的幅度,这是规模报酬递增阶段,这一阶段称为规模经济;

第二阶段,收益增加的幅度与规模扩大的幅度相等,这是由规模报酬递增到规模报酬递减的短暂的过渡阶段,即规模报酬不变阶段;

第三阶段,规模报酬增加的幅度小于规模扩大的幅度,甚至收益绝对减少,这就是规模报酬递减阶段,也称为规模不经济。

2. 效率是影响一个系统或一个单位实际成效的关键

为什么我们要强调质量发展,因为规模发展到一定程度,质量和规模就会发生抗衡。由此看来,学校的发展不是规模越大越好,不要盲目求大求全,规模要有,但要软硬兼顾,要以质量的提升做保证。效率是影响一个系统或一个单位实际成效的关键,也是其内部组织状态与运行状态,即管理水平的表征。管理的重要功能是提高系统或单位的运行效能。对学校而言,就是要最大限度地提高学校人、财、物的使用效率,即人力资源与物质资源的使用效率。学校管理的元价值应该是教育效率和社会效益的统一,而不是单纯的所谓管理效能或者管理效率。当然,我们批判学校管理效率化并非完全排斥效率,比如在学校管理中应当人尽其才、物尽其用,时间、空间以及信息在符合教育规律的前提下都应该被充分利用。管理效率提高了,社会效益也应该相应提高。

第二节 准确把握社会发展的"内在要求"

学校有两种发展模式,一种是外延式发展,另一种是内涵式发展。所谓外延式发展是指学校外延的不断扩张，其在一定程度上象征学校办学实力的增强，是学校发展的一种外在表现，其实质是一种"量"的扩张。外延式发展主要表现在扩大招生规模，其次在于增加教育资金投入、扩大教师队伍、拓展校园面积、改善教学设施等活动。外延式发展追求的最高目标是"大而全"。内涵式发展是指学校在硬件改进基础上，通过有效管理和教学改革，提高办学水平和教育质量，办出特色，形成品牌，提升学校"软实力"，使学校质量、水平、效率、效益以及办学传统、管理文化等内核的改进，其实质是学校"质"的飞跃。

一、促进学校内涵式发展

内涵发展与外延发展相比，内涵发展具有以下特点：更加强调对已有资源的优化配置和潜能激发；更加强调学校管理运作的综合性及学生发展的全面性；更加强调学校教育内涵的丰富性和不同学校特色的差异性。内涵式发展是以追求学校整体效益最大化为目标的发展；内涵式发展是外在压力和内在要求共同作用的结果；内涵式发展是个长期积累、不断创新的过程。

（一）制定合作导向的教育政策

教育政策是指政府在一定时期为实现一定的教育目的而制定的关于教育事务的行动准则，它对学校组织发展和行动方案具有直接的指导意义。以竞争为导向制定的教育政策对于提高效率有重要意义，但在当前形势下，适度弱化竞争、强化合作将有利于从根本上实现教育目的。

1. 反思以往的教育政策

制定基于合作的教育政策：

（1）面向全体学校，而不是个别学校。教育政策具有引导性，适时制定促进校际合作的教育政策，是推进基础教育均衡发展的根本所在，相应的"择校"现象也会逐步解决。

（2）面向团队，而不是个体。在教师队伍建设上，基于合作的教育政策，将会促进学校组织整体发展，而通过竞争强调教师的差别，频繁运用个体奖励的办法只能在一定条件下有限地调动一部分教师的积极性，但背离了实现教师队伍整体发展的目标。

（3）面向全体学生，而不是少数学生。教育应该以促进全体学生全面发展为宗旨，一切按比例和名额划分的、基于竞争的、只能使少数学生受益的教育政策应该重新梳理，使教育政策导向回到面向全体学生上来。

2. 基于合作的学校组织建设

基于合作的学校组织是一种通过学习不断促进师生个体和学校共同发展的组织，学校领导行为应聚焦在此方向上，扮演柔性的学校领导角色。

首先，学校领导要以激发组织成员的内在动力为工作重心。努力营造一种和谐的人际关系，在此基础上搭建共同发展的平台，凝炼核心价值，激发每个成员的积极性。

其次，学校领导要从关注目标实现转变为关注学校使命和发展过程。要从过去更多关注管理目标的具体实施与控制，转变到更多地关注学校共同愿景的形成和学校的发展与未来。要把每个成员视为组织的动力源泉，开发和引导组织成员的潜力，注重沟通与激励职能的实现。

最后，学校领导的行为方式民主化、人性化。基于等级关系的领导者的权力行使，必然以刚性手段为核心，外化为严格的控制指挥与完备的奖惩措施。基于合作的领导则会尊重人、关心人、发展人，更多地运用人格力量对组织成员产生潜在影响。

教育领域中，从宏观要素到微观要素均存在突出的不均衡现象，造成教育发展的偏差，也引发了一定的社会矛盾。这不能不引起我们的深度思考：造成这些教育问题的深层原因是什么？过度的竞争是引发问题的根源。什么原因造成过度竞争？除了社会经济环境的间接影响外，竞争导向的教育政策起了直接作用。在建设和谐社会的宏观背景下，必须重新认识竞争的边界，探索教育合作的内涵，凝聚教育政策的核心价值，以合作为导向，为实现全面发展的教育目的营造相互促进的教育政策环境。

（二）形成共享的学校组织文化

树立基于合作的学校组织发展观，并在其引领下进行制度和方法创新，实施学校组织再造，是进一步推动学校组织发展的关键。学校组织再造就是要构建学校组织运行和发展的合作创新机制，实现人与人、人与学校、学校与学校、学校与社会的协同发展。

1. 课程改革的主要内容就是效率和民主

中小学课程改革的主要内容是什么？就是效率和民主。联合国教科文组织作过一个评价，亚洲的学校缺乏的就是效率和民主。因此，课程改革要解决两个问题：其一，解决学校效率不高的问题。教育有许多浪费现象，如课程安排不合理，教材偏、难、繁、杂，学生做了不少无用功学了许多没有用的东西。其二，促进教学的过程更民主。

2. 形成共享的学校组织文化

学校组织文化所体现的不仅是学校过去的成功经验，而且是与学校发展战略调整相适应的价值观念与思维方式，不仅是组织记忆的产物，而且是不断学习的产物。合作的前提是共享，通过学习形成共享的学校组织文化机制是进行合作的可行途径。

（1）形成学习机制。要使学校中的教师都具有学习的意愿，学校必须成为具备"自我学习"机制的组织。这种组织机制本身就是一种极好的教育因素，整个学校的教学、管理和其他一切工作都以这种机制为依托，使教师在用中体会所学，在用中发挥所学，满足教师自我提高、自我实现的高层需求。

（2）通过团队学习和组织学习，实现学校组织文化的变革。从学校组织文化作用的方式来看，一方面，学校组织文化作为一种现实的力量存在，它对置身于其中的学生、教师、行政管理人员的发展具有巨大的影响；另一方面，由于学校组织文化的实质在于一些无形的假定，它反映在行为中并得到加强，潜移默化地形成强有力的经验。因此，学校变革的一个重要方面就是组织文化。没有这种学校内部人的思考方式、价值信仰、行为方式的"类"结构的改变，就不会出现有效的学校组织文化变革。

（3）重视在经验中学习。学习的基础是团队的实际经验，团队成员对学校组织工作提出问题，进行反思，增长个人和组织的知识和学习能力。坚持以这种方式来审视经验的目的是在组织成员经过一段时间后，形成一种能够反复从自己的经验中学习并增加收益的终身有用的技能和洞察力。如果这一点能够成为学校组织的一个重要组成部分的话，那么，学校组织就有可能具备一种持续的自我更新与变革的意识和能力。

（三）学校的产品是课程及课程的附加值

课程是指学校为实现培养目标而选择的教育内容及其进程的总和，它包括学校所开设的各门学科和有目的、有计划的教育活动。

1. 研究课程就要提高课程的附加值

学校主要的课程有学科课程、综合课程和活动课程三大类型。课改已逐渐改变那种以学科课程为主的课程组织形式，综合课程和活动课程越来越受到学生的青睐和学校的重视。研究课程就要提高课程的附加值。课程作为一种服务产品，是学校一种社会文化的再生产的产物，对其用户——学生来说，其附加值的高低就显得尤为重要。

课程附加值的实质，可以概括为围绕课程为学生提供的教育技术含量和学习服务。学校的产品是课程及课程的附加值。这包括课程内容的教材、光盘、课件，课程讲授过程的教师辅导、答疑、实验、实习，以及作业、讨论、论文等所有与课程有关的其他内容，甚至还包括讲座、论坛、社团等校园活动。

2. 质量和宣传使学校发展的机遇加速成功

宣传也是生产力。教育和其他产业一样，一个产品要成为名牌既要有质量亦需要广告。成功的学校要办出特色，要提高育人的质量，要得到社会的认可，还需要设计和树立学校的形象，校长对学校教育质量的形象设计和公关意识能使学校发展的机遇加速走向成功。但学校的成功还需要通过媒介，不仅宣传学校的办学质量和特色，并能有效地促进学校师生维护发扬办学的质量和特色。机遇为校长成功创设机会，踏实努力工作为学校成功奠定基础，宣传学校形象使机遇发挥更大的效能，去有效地促进并获得持续成功。

二、内涵式发展是以追求学校整体效益最大化为目标的发展

学校内涵发展是在自身创造条件的基础上，将学校发展思路与学校资源的开发、整合、利用相统一，形成学校发展模式。学校内涵发展的核心资源是人力资源，其中教师资源是最关键的部分，因此必须以有效的方法和途径来提高教师队伍整体的素质、水平和能力。

（一）以教师发展为"基点"去设计学校发展

激发教师寻求工作内在的价值。要创建重学习、重知识、重人才的氛围，为教师搭建价值追求和实现的平台，提供创造辉煌的机会和智慧外化的舞台，营造全新的激励机制，激发教师的积极性和创造性，并使其创造能量的释放达到最大化和最优化，从而把教师的智慧和力量最大限度地凝聚到教育事业上来。

1. 发展教师是学校的功能之一

教师的发展水平是衡量学校办学水平的重要标志，也是决定学校发展水平的重要因素。要完整地把握发展的全部内涵，既要重视教育对象的发展，更要重视教育者和学校自身的发展，使学生发展、教师发展和学校发展最优化结合。要以教师发展为基点，去设计学校发展，把教师的专业发展贯穿于整个学校发展的管理过程之中。要激发教师自我发展的动机与活力，从而使得"学校工作需要我去创新，我需要通过学校工作显现价值"成为每个教师自觉的意识和行动。

2. 改革管理机制，为教师专业发展提供时空条件。

教师的专业发展有两个前提：一是外部，有资源和时空等条件；二是个体内

部，有自我效能感。教育行政和学校管理要推进教师专业化进程，需要在第一个前提中做好"加减法"，即：多出一些改革思路，少出一些考核办法；多搞一些校本研修，少来一些评先争优；多一份理解宽容，少一点奖惩排名；多一点实用主义，少一些形式主义；多进教室上讲台，少坐大会主席台。另外，改革评价学校、评价教师的制度，不再搞"一刀切"，不再以学生考试分数为衡量学校及教师的唯一标准，这些最基本的要求应通过行政管理杠杆得到落实。

（二）从"用人干工作"转向"通过工作培养人"

要确立学校的最大发展是每位教师都发展的观念，从"用人干工作"转向"通过工作培养人"。

1. 在工作中"成就教师，发展自我"。

教育教学研究"不仅要引领教师观念的转变，还要引领微观操作层面的领域"。经验与教训告诉我们，"研而不训，空；训而不研，浮"。"削枝强干""推陈出新"智慧地开展各项研训工作，在工作中"成就教师，发展自我"。

以追求"有效研训"为目标，其"关注点"是催化教师群体的专业成长；其"落脚点"在教师课堂教学行为改进；其"生长点"在指导学校课程校本化实施；其"切入点"在教学环节的细化落实；其"归宿点"是促进学生生命成长；其"价值点"在区域教育质量的全面提升。

2. 学习型教师应具备以下特点

通过终身学习，不断超越自我；善于容纳别人，改善心智模式；建立共同愿景，努力追求卓越；善于沟通合作，发挥团队智慧；学会系统思考，敏锐洞察渐变。

富兰克林·博比特提出，要提高学校行政的效率，首先要确定学校产品的理想标准（即学生标准）；其次规定学校的生产方式；生产者（教师）必备的资格和工作准则。这样"管理人员就一定能够牢固地掌握控制生产成本的规律并懂得如何引进更有效的工作方法"，而"效率意味着权力的集中化和监督者对全部执行过程实施明确的指挥"，这样注重效率、成本、管理全过程的观念对传统的经验型管理思想产生了很大的冲击。

例：知识分子易心理枯竭

据《人民日报》2004年8月13日报道：人们总是用"春蚕到死丝方尽，蜡炬成灰泪始干"来赞颂一个人的奉献精神。诗句是优美的，但以此倡导奉献却是不科学的。

工作压力大、社会支持低、缺少提升机会，会导致一种广为流传的职业病，心理枯竭。心理枯竭就是一种在工作的重压之下身心俱疲的状态。许燕教授在国际心理学大会公众论坛上呼吁：心理枯竭应当引起重视，要更加关注职业人群的身心健康，而不是一味提倡奉献精神。

心理过劳比体力过劳更具杀伤力。据国家有关部门的专项调查数据：我国知识分子平均寿命为58岁，低于全国人均寿命10岁左右。上海社科院的《社会科学报》去年公布的一份跟踪了近10年的"知识分子健康调查"显示：北京知识分子平均寿命从10年前的58—59岁降至调查时期的53—54岁，比1964年全国人口普查时北京市人均寿命75.85岁低近20岁。其中，北京中关村知识分子平均寿命只有53.34岁，比10年前缩短了5.18岁。

（三）在反思中改进自己的教育实践，重建自己的教育生活

在工作中实现"民主"和"自主"原则，恢复"人的尊严"或"人性"，使组织目标与个人目标相结合等新的管理方式，开辟了一条管理新路，特别是倡导教师参与管理的各个方面，"目标管理"和"丰富工作内容"等方式方法，在教育管理实践中的影响很大。

1. 科学管理的四条原则

泰勒认为：科学管理的原则有四条，一对工人操作的每个动作进行科学研究，用以替代老的单凭经验的办法；二科学地选择工人和管理人员；三培训工人，使其掌握自己工种的学问；四资方与工人之间亲密协作，职责均分，资方要干自己应该干的事情，不要把它们都推给工人。这种理论提供了解决企业管理中怎样提高工人的劳动生产率和管理人员的工作效率这两个环节的方法，因而成了现代管理科学的基础，它也被称为"科学管理主义"。其思想不仅在企业界得到广泛运用，而且也运用到教育和社会生活的其他方面。例如在美国，由于公共学校教育在19世纪末得到迅速发展，教育管理面临许多新的棘手问题，同时政府和社会对教育的巨额投资引起了人们的关注，他们向学校要效率，学校管理人员只好求助于泰勒的方法，成为在教育管理上与当时西方掀起的"教育科学化"运动遥相呼应的一种思潮。

2. 让教师有机会更充分地参与管理

杜威系统地提出基于人文主义精神的现代教育思想和教育主张的同时，提出要让教师有机会更充分地参与管理，这不仅不会改变学校组织的本质，而且还将改变教师和管理人员之间关系的类型和性质；"领导应当是通过和别人交换意见从而激发和指导智慧的领导，而不是那种孤立地依靠行政方法专横独断地将教育目的和方法强加给别人的领导"。人道主义的领导方式能够提高组织的士气和

效率。

3. 决策的科学化和民主化不可分离

科学和民主不可分，决策的科学化和民主化也不可分。在决策中怎样正确处理民主化与科学化的关系，可视为怎样处理"多谋"和"善断"的关系。其中"多谋"体现民主化，"善断"体现科学化。决策的科学化和民主化是相辅相成的辩证关系。决策的科学化是根本，它要求决策应遵循科学的原则，运用科学的方法，通过科学的程序，反映客观发展的规律，从而指导实践，而决策科学化要以民主化为前提，只有充分发扬民主，走群众路线，集思广益、才能作出科学的决策。

三、内涵式发展是一个长期积累、不断创新的过程

现代学校发展的三个阶段：

在第一阶段，学校的管理依靠校长的观念、人格与能力。

在第二阶段，学校的管理依靠一套完善的管理制度和机制。

在第三阶段，学校的管理依靠校园文化，其中最重要的是学校教职工的价值追求。

（一）寻找校园文化新的"生长点"

文化在社会发展的过程中起着独特的作用，各种文明成果均以文化来传递、延续。而校园文化作为一种特殊的社会文化现象，代表一种风气，体现一种和谐，孕育着一种教育力量。因为人一定要创造一种环境，而人又一定会被环境所创造。干净、整洁、优雅的校园孕育的是团结、民主、和谐，学生展现的是积极、自信、勇敢。通过具体的校园文化建设，展示的是一种积极健康、团结进取、和谐高尚的校园风貌。

1. 建设"四高"文化

建设"四高"文化：高境界的精神文化，高标准的行为文化，高立意的制度文化，高品位的环境文化。高品位的校园文化，能为社会提供新的文化规范，有利于培养造就大批有较高文化素质和人文精神的人才。

寻找校园文化新的"生长点"，挖掘各项教育教学活动的文化内涵，形成学校"节日文化""社团文化""课间文化""班级文化"等不同类型、不同层次的文化系列。我们如何立足于本校实际，把握时代发展脉搏，将其融入学校发展的每一个细微之处，从而增强全体师生对学校文化的认同感，这种心灵的渗透更

利于形成巨大的凝聚力和向心力，真正成为不断推动学校教育教学发展的精神动力。

2. 学校精神环境作为内隐的教育力量

学校精神环境作为内隐的教育力量，有着极大的德育价值。它能对学校全体成员产生巨大的心理影响，一方面可潜移默化地影响师生的情操、意识和行为，同时又有一种强大的心理制约力量，使师生都能自觉地约束自己，让自己的行为符合群体规范。所以，校园精神环境对学生的成长起着价值导向、智能发展、身心健康、审美陶冶等方面的作用。因此，我们着力将校园物质环境建设向精神环境建设深入推进。

（二）创造让员工幸福的条件

马云曾说："我认为，员工第一，客户第二。因为只有员工开心了，我们的客户才会开心，而客户们那些鼓励的言语，又会让他们像发疯一样去工作，这也使得我们的网站不断地发展"。

1. 智慧是人能力素质中最有价值的部分

教育要重视培养生命智慧的理念。所谓智慧，是指利用知识、技能、能力等解决实际问题和疑难的本领或才智，是"对宇宙人生的某种洞见，它和人性自由发展有着内在的联系"。智慧是人能力素质中最有价值的部分。凭借智慧的力量，人类战胜了困难和邪恶，创造了人类文明，推动了社会进步。一个充满智慧的人才能拥有幸福的人生。教育应当"赋予人类以智慧与美德"。

2. 将人的认识与理解置于生命之中

生命是教育的元基点。人是以生命的方式存在的，没有生命的存在也就没有人的存在。生命存在是实现人生价值和理想的前提条件，离开生命一切将无从谈起。教育关注人的成长与发展，而人的成长与发展实质上是生命的成长与发展。可见，生命是教育的始点和归宿。从这个意义上讲，教育的"以人为本"首先应当是以人的生命为本。其次，教育要以"整体的、现实的、鲜活的人"的生命为本。人的生命是生物——心理——社会的整体，是自然生命、精神生命（情感的、意志的、价值的）和智慧生命的统一体。生命能够自组织，即生命具有"自生长性"。生命"是不断喷涌的源泉，是始终产生新形态的力量所在"。生命是具体的、独特的，每个生命都有其区别于其他生命个体的天赋、兴趣和爱好，有其不可替代性。据此，"将人的认识与理解置于生命之中，将对人的教育落实在促进每个鲜活的人的生命健康的成长之中，这才能真正实现以人为本的教育"。

（三）"学习十激励"，它不但能使人勤奋工作，更使人聪明地去工作

1988年1月，全球诺贝尔奖获得者在巴黎发表宣言，开篇就是："如果人类要在21世纪生存下去，必须回首2500年去吸取孔子的智慧。"

1. "理想的人"的特征

德国社会学家R·贝伦特提出，在未来社会中"理想的人"，主要有以下六方面特征：

（1）自觉的人，能采用科学的方法认识物理现象和社会现象；

（2）成熟的人，能摆脱传统的束缚，在生活中独立追求；

（3）有创造精神的人；

（4）能掌握技术的人；

（5）主动性强的人；

（6）积极向上的人。

2. 好员工的核心特质

什么样的人是好员工，也就是员工的素质问题，心理学在这方面进行了大量的研究，并且得到了一些广泛认可的结论。著名心理学家、已故哈佛心理学系教授麦克里兰博士于1973年提出了一个著名的"素质冰山模型"，对素质的概念作了非常形象和深刻的解释。麦克里兰认为一个员工的胜任素质就好比一座冰山，技能和知识只是露在水面上冰山的一小部分，他的自我认知、动机、个人品质以及价值观这些东西看不到，但是这些看不到的方面对他能否在工作中取得成功有着举足轻重的影响。

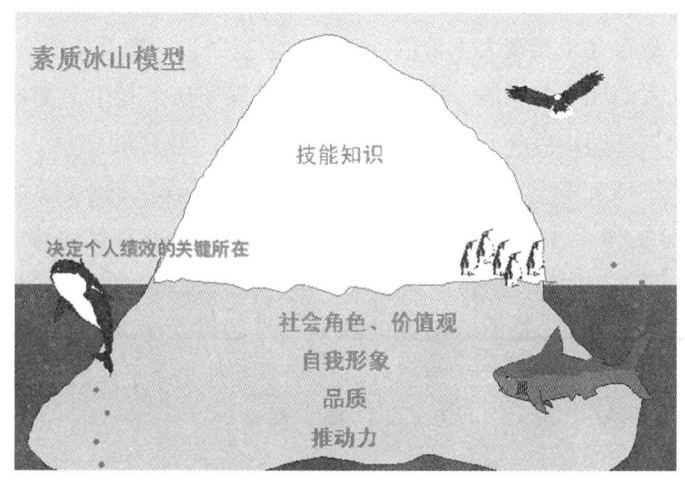

3. 一个人成长，外因是条件，但自我建构、自主发展才是关键。

学术成长有三重境界：

"技"的境界：在于广泛掌握学术知识；

"艺"的境界：在于有效表达专业思想；

"道"的境界：在于执著追求学术精神。

例：强者，在限制条件下求出最优解。

在《孙悟空是个好员工》中，作者试图使用一种新的解读方式来研究《西游记》这部历久弥新的文学名著。读后你会发现，同样是一个孙悟空，从前大闹天宫，那么强烈地试图改变这个世界，其结果却是惨遭失败，被压在五指山下不能翻身——经过一段漫长的取经之路，他不得不屈服于"紧箍咒"的魔力，在不知不觉中改变了自己，结果却赢得了个人与团队的共同成功。《西游记》所讲述的，其实就是孙悟空从"改变世界"到"改变自我"的一段成长历程。

帕雷托定律与人才的黄金搭配。帕雷托定律认为，在任何一组东西中，最重要的只占其中一小部分，约20%，其余80%尽管是多数，却是次要的，事物80%的价值集中于20%的组成部分之中。它揭示的是人力资源管理的能级结构，反映了在任何特定群体中一小部分关键力量与大部分员工之间的关系，其核心是如何在组织中实现人才资源的黄金搭配，努力挖掘组织和个人的潜能，提高组织和个人的工作效率。因此，学校要形成良好的用人机制，围绕学校目标和总体发展战略，对现有各层次、各类型人才进行合理调配和有效使用，让不同能级的人互相搭配，周期性地调整，形成一个最佳的能力场，达到人才的新陈代谢、优化组合和黄金搭配。

第三节　加强对办学效益的全面质量管理

学校管理工作是学校工作的永恒主题，其任务是优化学校教育要素，合理配置学校教育资源，保障学校工作高速、有效运转的秩序，同时调动各方面的积极因素，形成育人合力，追求最佳的教育效益。

一、用"整个心"办"整个学校"

教育家陶行知说过："国家把整个学校交给你，要你用整个心去做整个校长。"做整个的校长,就要不唯书、不唯上、不唯师,扎根中国教育土壤,扎根学校实践,勇于改革,敢于创新,探索中国化、本土化、校本化的教育改革之路。要与传统旧教育决裂,在办学实践中逐步形成自己校本化、个性化、特色化的办学理念和教育思想,并把它转化为学校全体师生员工的教育思想和教育理念,使之统帅学校方方面面的工作,成为学校特色的"灵魂"。

(一)学校战略管理与操作管理的区别

战略管理与操作管理有区别,也有密切联系,战略管理不能脱离操作管理,操作管理为战略管理服务。

1. 谋求学校的生存和发展,是战略管理的重要机制

这意味着,学校要居安思危,让所有师生员工都知道学校的机遇与挑战,并与学校同甘共苦。而操作管理大多要求人们遵循特定规范,按部就班行动,容易使人们形成安逸心态,忧患意识相对淡薄,因而也就较少为学校的生存与发展着想。

(1)战略管理更加注重管理的全局性,而操作管理较多关心管理的某个方面和环节。

战略管理始于战略分析,止于战略目标的达成。它立足现实,展望未来,是一种全程性管理;它涉及人、财、物、时空、信息等,又是一种全面性管理。相对而言,操作管理是比较具体、任务单一的管理,如目标管理、质量管理等。

(2)战略管理更加重视学校与社会环境的关系,而操作管理主要着眼于学校本身。

在战略管理中,管理者往往密切注意社会环境的变化,并从环境需要出发管理学校。因为学校也是为了满足社会环境的需要,而操作管理大多立足于学校本身的工作量、目标等的实现,不像战略管理那样密切注意学校与社会环境的协调。

(3)战略管理比较讲究谋略,而操作管理更加注重规范。

战略管理要求学校管理者有较强的战略意识,经常从学校实际出发,思前想后,谋求方略。而操作管理,主要是为敦促学校成员遵守规范,照章办事,把具体工作做好。

(4)战略管理重视用忧患意识激励学校成员,而操作管理注意正常秩序下的常规奖惩。

2. 新加坡"好学校"的五个标准

新加坡承诺将每所学校都打造为"好学校",给出"好学校"的五个标准:

好学校会关怀它的学生，会尽量了解学生的需求、兴趣和长处，以鼓励他们学习和成长；

好学校会以落实"全人"教育为目标，除了帮助学生奠定良好的数理和文科基础，学校会拓展他们的学识及批判能力，同时为他们塑造良好的品德；

好学校会为学生创造正面、积极的学校体验，将他培养成为有自信的终身学习者；

好学校有富有爱心和专业知识的教师，这样的教师会坚守"人类灵魂工程师"的精神理念；

好学校会不分学生家境贫富，关怀所有学生，为他们提供各种发展机会。

(二) 今天的教育，明天的科技，后天的经济

教育发展已经进入新阶段，有两大特点：一要举办有质量保障的教育，不仅仅是有学上就可以了；二要满足每个人对教育质量的不同诉求。针对这样的新趋势，需要教育发展方式的转变。如果说，过去的教育发展是外延式扩张，现在要转向内涵式发展。

1. 教育是经济发展的"助推器"

抓教育就是抓发展。教育是经济发展的"助推器"。不能片面地认为发展就是经济发展，当今世界，各国的竞争是科技的竞争，科技竞争的核心是人才的竞争，人才竞争的关键就是教育。要想发展地区经济，首先要抓教育，每个人都要树立这样的理念。世界银行研究表明：在教育上每投入1元，就可以对经济发展产生至少3元的回报；世界上60%的财富依赖于人力资本，一个国家、一个地区的劳动者人均接受教育的时间每增加1年，其国民生产总值就会增加9%。由此可见，今天的经济就是昨天的教育，今天的教育就是明天的经济，教育发展对经济增长具有明显的乘数效应，抓教育就是抓发展。

2. 教育是人才培养的"孵化器"

抓教育就是抓未来。教育是人才培养的孵化器。蔡元培先生说："欲知明日之社会，须看今日之校园。"一个没有文化的民族，是没有希望和未来的民族；一个没有文化支撑的地区，是难以可持续发展的地区。

美国《外交》季刊主编威廉·海兰指出："世界上新的力量不是武器和思想意识，而是经济实力。""经济－科技－人才"这一方式指导着世界教育改革，面对新的挑战，在教育方面如何寻求对策？"今天的教育、明天的科技、后天的经济"，把教育作为肥料，把科学作为种子种下，它将结出知识的果实，孕育出强盛而繁荣的祖国！

（三）知识离开了实践，就不可能转化为力量

校长领导力的知识基础应为"实践理论"，也就是一种面向行动并在行动当中掌握的理论。这种理论知识体系的实践特征就要求它首先应与校长的当前工作有密切关系，同时又在校长的工作实践中得到效度检验并明确其应用的特定条件和背景；这种理论知识体系的特征又要求，在掌握并理解这些知识时不能限在单一的实践行为上，而是要在大量的实践基础上去感悟和体会，并能把这种理解迁移到自己的工作中去。

1. 理论和实践到底哪个重要

例：有个培训班，我询问参加培训的校长需要给他们讲些什么。有个校长说，理论这个东西太抽象，讲点实用的，我们回去就可以操作。这个建议非常好。但大家想想，校长实际缺什么呢？大家整天在实践中摸爬滚打，缺的恰恰是理论。

有两个人都当过 10 年的校长，其中一个校长总能非常敏锐地发现学校发展过程中的问题，找到解决问题的办法，而另一个校长对这些问题的存在熟视无睹。他俩的区别恰恰就在理论。第一个校长理论的触角比较长，理论的思维比较宽广、又有深度，所以他能想到别人想不到的问题，能够找到别人找不到的办法。校长能在实践中发现问题解决问题并不仅仅是个实践的过程，更是一个理论的过程。理论思维水平越高，分析问题解决问题的能力就越强，个人和学校发展速度就越快。现在由于整个社会都很浮躁，提升理论思维很困难。现在很多培训，尽管每个单元设计都很好，但还是不能对参训人员的思维产生碰撞，要想真正提升我们的思维水平，需要读几本大部头的书。古人讲，半部论语治天下。为什么呢，因为里面蕴涵着很多知识，把它吃透了，终身受用。理论水平提高了，工作水平、管理水平必然会提高。才能真正感悟到管理是让别人忙得有效的学问！

2. 校长应"扎下去"

校长作为教育者应"扎下去"，深入课堂开展教学研究，常听课、会评课。"跳出来"意味着校长工作和思考的空间更加宏观了，更加大气了，扎下去意味着校长工作和思考的空间更加微观了，工作作风更加扎实了。最可怕的是不上不下，既不大气又不扎实。

最微观的事往往是大事，宏观的事往往需要微观做基础，这是一个辩正关系。学校最大的事在教室，在课堂上。

二、效益=目标×效率

当目标正确时,效益与效率成正比,反之则成反比。讲求办学效益,就要求学校要合理使用各种资源,提高办学的质量和办学的社会适应性,以求用最经济的方式,培养一定数量的高质量的适应社会需要的人才,从而体现多出人才、出好人才的要求。

(一)教育发展是个动态均衡过程

教育发展的本质目标是追求一种理想、公平、高效、优质的教育状态,更是一种教育发展过程;教育均衡发展是一个长期的、动态的、辩证的历史发展过程。教育均衡作为社会进步的重要标志,是相对的、具体的、发展的,绝对的教育均衡是不可能的,也是不现实的。

1. 学说"普通话",唱好"地方戏"

(1)教育发展是个动态均衡过程。必然存在一些问题,甚至是矛盾,破解这些问题就成为教育创新的内部动力。学说"普通话",唱好"地方戏"。"普通话"指上面的政策、文件、会议精神、规章等。"地方戏"指在工作中要因地制宜,紧密结合本地实际,创造性地开展工作,形成自己的特色。学说"普通话"是唱好"地方戏"的基础,只有认真把握好"普通话"的意蕴、声调,和"地方戏"的情景、情节和唱腔,让"普通话"入戏、入情、入境,真正彰显"地方戏"的特色和内涵,唱到百姓心窝里。这样上情和下情才能无缝地焊接在一起,才能推进并做好工作。

(2)教学是个"悟"的过程。教学的现实性和理想性是有冲突的,以新课程为例,我们不能不按新课程要求去做,但又不能全按它的理念去做,中庸之道告诉我们任何东西都是折中的。教育最需要的不是技术而是智慧,有智慧可应对各种可能性。教师必须有自己的思维、逻辑、智慧和底蕴。名师的精彩不在于课堂有多么的完美,而在于平常之外彰显智慧,在于鲜明的个性化追求,在于全身心的投入,在于渗透在片断、细节中的理念。

2. 我们都想找个"宝儿"的思维要改变了

(1)破解理论研究和社会改革的困境。现在是理论过剩、常识稀缺的年代。改革要在反思中前进,在理想与现实之间找到平衡点。即对以往的改革需要进行彻底反思和全面评估:总结经验,分析问题,汲取教训。首先,深入分析当前改革阻力越来越大的原因,勇于对以往自认为成功的改革方式进行深刻反思。其次，深入研究和探讨改革的理论问题，脚踏实地的寻找支撑本国本地区的改革理论。

（2）我们都想找个"宝儿"的思维要改变了！世界上没有所谓最好的。即使你当做宝贵的经验，也是产生于特定的土壤和条件，是解决那个特定"场"的问题的。如果你这里不具备如此条件和工作"着重点"不在于解决那个问题时，也就意味着，"他的宝"在你这里不是个宝。"这些原理的实际运用，随时随地都要以当时当地的现实条件为转移"。

（二）规则是保障组织有序运行的核心机制

"板结化"的社会没有赢家。任何国家，底层、中产、富裕阶层始终在博弈。中国社科院发布的《当代中国社会结构》指出，中国社会结构滞后经济结构大约15年左右。这里说的虽然是社会结构，实际上隐喻着社会阶层的固化，而这种固化必然导致发展的不均衡、不对称、不健康。

1. 使用"生态肥"克服"板结化"

"生态肥"实际并不是一种肥料登记种类。若使用无机肥过多，造成土地板结化严重，引致肥效急剧下降。人们渴望通过施用有机肥来改善土壤，提高肥效。"板结"指土壤因缺乏有机物质，在降雨或灌水后变硬结块。那么如何有效疏松土壤，改善土壤的物理性状及生态平衡呢？

（1）"体制板结化"现象严重

"公平正义比太阳还要有光辉。"温家宝说："国家的发展不仅是要搞好经济建设，而且要推进社会的公平正义，促进人的全面和自由的发展，这三者不可偏废。社会公平正义，是社会稳定的基础"。"板结"传导，已形成发展中的"堰塞湖"。媒体曾披露，河南某县2008年选拔干部过程中，最后任命的12名乡长，基本都是当地官员和房地产老板的子弟。

"萝卜招聘"屡见不鲜，对社会公平的伤害，尤其大。"知识贬值"必然带来"读书无用论"的盛行，"社会文化日渐沙化和盐碱化，重归流氓文化的覆辙。"健康的社会流动和财富循环陷于困境，推动社会进步的活力和源泉将被窒息。现代社会研究表明，阶层良性流通是社会稳定和持续的保证；而阶层板结或固化，将助长社会的绝望和无力感，最终导致社会不稳。

（2）"板结化"困住"沉默的羔羊"

从"蚁族"到《蜗居》，普通人的艰难处境正在引发越来越强烈的社会反响和共鸣。平民子女的"向上生活"机会太少，改变现状又有心无力，只有忍气吞声的做一只"沉默的羔羊"，就不足为怪了！

"板结化"困住"沉默的羔羊"

民主民生成为这个时代的主旋律。激发社会活力、最大限度增加和谐因素。让利益表达渠道在各种"社会润滑剂"中得以通畅，使矛盾纠纷在各项公共服务中得到化解。

（3）管理"板结化"产生的原因。班子结构本身发生错位，形成针插不进、水泼不进的"板块"结构，是班子"板结化"的主要原因。班子内封建同盟意识浓厚。目前少数管理班子负责人利用经济转轨中人事制度改革滞后的时间差，滥用"自主权"，在要害岗位安插自己亲友，由"内手人"包揽，往往是亲朋好友交织在一起，铁板一块。这样的班子，缺乏内部监督机制；欺上瞒下，报喜不报忧，"板结化"势在必然。

2. 教育是社会稳定的"阀门"

板结化带来了一系列恶果。如果一个社会（单位）板结，必定缺乏活力。各阶层缺乏了解和互动，加剧了不同阶层之间的对立和冲突。由于追求上进困难，易消沉沦陷，人们变得保守封闭，不敢冒险，缺乏创造性和进取精神。

改革是打破阶层"板结化"的唯一出路。社会阶层不断板结化，必然使得社会土壤日渐沙化和盐碱化，使得健康的社会流动和财富循环陷于中断。这无疑潜伏着一种巨大的危机，必然导致上下隔阂甚至对立，阶层之间互相防范，同时在攸关公共利益的社会命题上也很难达成共识，社会只会越来越断裂。

3. 用规则"看守"教育

规则在一定程度上限制了人们的自由，但是在更大程度上保证了人们更多的自由，从而造就了和谐的秩序。大家都按规则办事了，社会就和谐了。一些法治国家，制度很健全，恰恰是最自由的。健全决策规则、考评规则、预警规则等。

思维板结化：需唱"化学歌"。中国教育和中国文化都排斥个体思想独立，一个和谐的社会应该有序。这个上下排序的人际关系，自然的规定了服从和接纳，是一种基本生活态度。有创造力的人才是来自一个保持自由选择性的学习环境，即教育要给师生提供发展的可能性。关注师生发展，提供多样化课程和多种学习设计。

（三）普遍而有质量的教育是教育均衡发展的最高境界

做好制度创新设计。坚持"办学条件标准化、资源配置均等化"的原则，设计促进均衡发展的一系列制度，创新工作模式和方法。从关键环节入手，采取非均衡的手段推进均衡，在经费安排、资源配置、政策支持等方面加大对薄弱地区的扶持力度，促进这些地区加快发展，迎头赶超先进地区。

1. 高考促进社会阶层流动功能减弱

教育是社会中低层级向上层流动的最常用渠道。现今弱势群体通过接受教育提高自身阶层地位的希望日渐渺茫。教育不公现象严重，城乡间、地区间教育质量及经费差距持续扩大。"超级中学"是教育资源的"掠食者"！这些垄断一个地市最优秀的教师和学生、以追求升学率为目标、隐藏着利益垄断的"超级中学"，将加剧教育资源分配失衡，造成事实上的教育不公。超级中学的基本特征是人数以万计，垄断尖子生，比拼升学率。

2. 建立和完善教育改革机制

建立并加强实地调研的机制，推行从实际出发、实事求是的工作方式；建立并加强教育理论研究的机制，没有理论支撑的改革容易走弯路，甚至还有可能走回头路；建立协商机制，尤其是弱势群体的利益表达机制；完善决策机制，使决策更加科学化、民主化；建立纠错机制，在推进教育改革的实践中，要根据情况的进展及时纠正教育改革方案中的缺陷和不足。

3. 激励就是解决动力问题

游戏也得先说玩法，有时员工没有错，错在管理者没有讲规则。人是一种讲究实际的"植物"，往往只忙着给自己浇水、施肥、结果实，但常常忘记了开花。中国有很多的特殊利益集团，而且利益出现了板结化。怎么办？完善竞争和监督及问责机制，坚持改革开放，在阳光下执政；加快城市化进程，解决好"三农"问题，这是中国未来的发展方向。解决社会板结问题是个系统工程。

在规范中小学办学行为上下力气。以规范招生、办班、补课等常规性的办学行为为重点，积极采取措施，加强学校管理。建立规范办学行为的长效机制，实行各级教育行政部门和学校规范办学行为情况年度公告制度，建立规范办学行为的局长、校长责任制，开展行为规范示范校、示范区（县）评估并实施奖励。

三、管理效能＝发展目标×工作效率

什么叫做效能？就是在一定的财力物力人力的情况下，你的产出有多大，这就是效能。什么情况下效能才能最高，当员工的目标和管理者的目标相一致的时候，这时候效能最高。而其目标不一致时，则效能较低。

（一）建立高效有序的工作落实机制

执行力就是管理者为实现目标而具有的计划、指挥、跟进、协调能力，追求的最高境界是一切都在管理者的掌控之中，就是"管到每个人每天的每一件事"。

1. 制度如何才能真正有效

制度是人们在调节各种关系时形成的一种规定。在学校制度形成的初期，学校领导者与教师群体、学生群体在不断地沟通、磨合、碰撞中，形成合理的行为方式和制度，正是学校文化更新最快和最有活力的时候。

例：某公司老总为企业制定了很多制度，这一度成为他自以为很成功的资本。可是，渐渐地他发现不太对劲：怎么这么多制度没有人员真心地、自觉自愿地执行呢？于是，他又制定了关于强化制度落实和检查的专门制度。他的得意没有多长时间，就又让自己陷入了苦闷：大家只是热闹一阵子，似乎都是为了应付他。他伤心至极，可又苦无良策！

一日，他遇到了一位管理大师，大师问他："你的制度是不是都是制约人的？"老总回答："制度就是制约人的。"大师又问："你喜欢被制约吗？要说实话。"老总沉思了一会儿说："说句心里话，我也不喜欢被制约。可是，人有什么办法呢？"老总请教大师："可有良策？"大师说："制度本来就是众人的契约，也就是大家说了要这么做的一种共识。可你却把契约变成了一种个人意志，人们就厌烦了。如果你让众人成为制定制度的人，情况就不同了。"老总醒悟，点头致谢。

作为领导，个人意志都是比较强烈的。这种个人意志，既是初期成功的基本条件，也是继续成功的最大障碍。

2. 用"聪明"的方法工作

在以知识主导的社会里，如何让知识工作者变成卓有成效的管理者，让每个人都能管理好自己，成为自我创新的主体，让创新成为整个组织的基因，这对于整个社会文明进步显得尤为重要。

泰勒创立的科学管理理论不仅让广大体力劳动者能够精力充沛地工作，而且随着生产效率呈数十倍的提高，人类财富在很短的时间内得到快速增长。正是由于美国采用了泰勒的科学管理理论，用"聪明"的方法工作，才使得美国一国产出的战争物资相当于整个二战期间其它所有参战国物资的总和。因此，可以说是泰勒打败了希特勒。二战以后，欧洲和日本分别实施马歇尔计划和通过戴明引进科学管理原理，才有了经济的迅速复苏。后来亚洲四小龙的崛起也是得益于泰勒的科学管理原理。

（二）教育不可以"跨越式"发展，应该扎扎实实，"又好又快"地发展

所谓跨越式发展，是指在一定历史条件下，落后者对先行者走过的某个发展阶段的超常规跨越行为。快速发展不等于跨越式发展。跨越式发展，实际上是与渐进式发展相比较而存在的一种特殊发展方式。

1. 学校优质化进程的阶段

优质学校要体现可持续发展的内在要求，只有不断完善，精益求精，才能不断超越，走向优质。

"规范化"办学阶段——学校优质化进程的起点。规范化办学阶段的目标与任务：注重基础，讲究规范。

"精细化"办学阶段——学校优质化进程的中间环节。精细化办学阶段的目标与任务：注重细节，不断完善。

"个性化"办学阶段——学校优质化进程的至高境界。个性化办学阶段的目标与任务：注重创新，突破常规。

学校在优质化进程中，每个阶段都有各自的目标和任务；每个阶段所需年限不等，一般也无法跨越。规范化阶段应该是所有学校优质化进程的起点，只有在规范化办学的基础上，不断完善提升，进行精细化办学，开展全面质量管理，注重每个办学细节，才能在学校优质化方面稳步提升。而优质化办学的至高境界则是个性化办学，自成一格，独树一帜。

2. 蔡林森校长的"九字真经"

包："包"字明确了全校每个人的工作目标、责任、考核和奖惩，使复杂的管理简洁明了，极大地调动了全校教职工教书育人的工作积极性。

率：即表率、示范作用。"要让全体师生每天一开门就能看到校长，这所学校就好办了。"他每天早上5点40分准时到操场看着全体师生出早操，然后检查早读。每天在教学楼的上上下下地检查，不断发现问题、研究问题、解决问题。校长给教师作表率，教师给学生作表率。

赛：即竞赛。学校所有的教育教学活动都搞竞赛，以赛促管，以赛促教，以赛促学。"赛"字激活了全局，给学校的各项工作注入无限生机和活力。

改：即大胆改革。一切从学校实际出发，一切为了提高效率；只要不利于学生的健康成长，不利于学校的快速和可持续发展，就毫不犹豫地大胆改，使学校处处充满蓬勃生机。

清：即管理工作落实"四清"，教学工作落实"四清"。"四清"：即"堂堂清""日日清""周周清""月月清"。杜绝教学中的盲区和盲点，落实教学的过程管理，有效控制学生学习知识的负积累，确保教学质量的全面提升。

严：即工作上严格要求、严格考核。"严而有据、严而有度、严得让人心服口服"。

细：即注重细节，实施精细化管理。"做什么事都要认真。认真了有味道，认真了就高兴、就有感情。"

恒：即持之以恒。"当校长最可怕的事情是情况不清、分析不准、措施不力、行动不快。"很多学校缺的不是好理念、好制度，缺的是不能持之以恒地将制度贯彻到底。做任何工作，都要摆开决战的架势，要"头头抓、抓头头""反复抓、抓反复"。

情：即用真情关注人、帮助人、成就人、发展人。

（三）整个学校团队就像一列高速运转的"动车组"，每节车厢、每个成员都充满了生机与活力

组织本来就是众人发展的平台，而不是多数人为少数人发展的、遭受奴役的牢笼。组织只要尊重人的主体性，帮助每个人找到发展的目标，并在众人的参与之下为这个目标的实现设定好集体的规则，这个规则才可能成为真正意义上的制度——集体的契约。此时，个人也是签约者，履行契约也是践行自己的承诺，更是自我利益实现的基本保障。

1. 良好的人际关系和组织氛围

在学校这种非社会化和非经济化的组织里，提高劳动效率特别要强调人际关系和管理心理，找到学校工作人员竞争和合作的平衡点。学校劳动效率的提高，在很大程度上得益于教师与学生、学生与学生、教职工间人际关系协调程度的提高。优秀的团队才能创造出优秀的成绩。学校团队主要有三个层次：一个行政团队，强调的是学校决策的执行力和团队成员之间的合作和在群众间的威信和地位；二是年级组团队，突出的是良好教育教学氛围的营造以及成员之间的和谐合作文化的形成；三是教研组团队，充分发挥团队中优秀教师的专业引领作用，凝

聚成员之间互相学习、互相帮助，分享智慧、交流经验的教研文化。

陈玉琨教授认为，现代人才培养强调四句话。第一，"把课堂还给学生，使课堂充满生命的活力"。重点是主动参与、师生互动、逐步生成；第二，强调把创造还给教师，使教育成为充满智慧的事业，使教师的价值得到充分的体现；第三，要把生活引入教室，使课堂成为生活的组成部分，重点是把理论学习与社会实践相结合；第四，促进学生的自主发展。什么是好的教育？好的教育就是让学生各得其所、各展其长的教育。

2. 以"科学"的思想约束人

"研究力"是校长治校理政能力的重要体现。唤醒自我的研究意识，把研究作为个人的工作和生活方式及专业成长之道。校长要重视研究、推进研究，更要示范研究、引领研究，追求成为"研究型"校长。校长要做到研究职业化、常态化、终身化，既要深入研究如何改进个人所承担的学科教学，也要整体研究如何不断优化学校的办学实践。校长研究要更加深刻、更加广博、更加独到。

所谓"科学"的思想指对学校人才管理要科学，只有无能的管理，没有无用的人才。要实现"人尽其才，才尽其用"，必须以科学的思想为指导，建立一套有利于教师身心发展的、潜能开发的、价值实现的管理制度。这种科学管理制度的核心是对教师的"激励"功能，要通过物质与精神鼓励，激发教师追求成功的动机，使教师产生一种内在动力，朝着所期望的目标前进。

第六章 走"质量－效益"型发展之路

质量是教育的永恒主题,是教育的生命线。在《教育规划纲要》中点击"教育质量"关键词多达48处,凸显了质量强基、质量兴教、质量立校的新主题。

第一节 践行教育规律是提高教育"质量－效益"的重要前提和内在要求

管理者在着手谋划工作之前,首先要有这样四个基本的追问:我是谁?我在哪里?我要到哪里去?我怎么去?"我是谁",是在复杂体系中进行身份认定;"我在哪里",是在时空和结构系统中进行坐标定位;"我到哪里去",是在时空网络中把握未来方向;"我怎么去",是在现实与未来之间寻求到达的路径。用心谋划,计有限的资源发挥最佳效益。

着眼于需要。就是要明确工作对象究竟是谁,工作任务究竟为了谁。来自上上下下、方方面面的需要,往往并非高度一致,我们应该做的,就是立足于教育的根本职责,适当兼顾各方利益诉求,善于找到"切入点"或"对接点"。

着眼于问题。问题有真伪主次之分,有轻重缓急之别。问题也是有层次的,有的主要应由校长解决,有的需要局长去面对,还有的要靠厅长甚至部长去把握。面对各种教育问题,我们要善于辨识梳理,把握关键和本质,学会正确应对处理。

着眼于先进。就是要瞄准国内外先进同行,在更广阔的视野中进行同质比照,在更大的空间里确立发展标杆,在学习先进中抵达甚至超越先进。

着眼于条件。就是要学会区分"应当""可能"和"可以",既要量力而行,又要尽力而为。对于发展所需、力所能至的事情,必须全力以赴,有条件而能抓住机遇,讲条件而能不唯条件,缺条件而不能缺理想,这是应有的精神状态。

一、向教育细节要质量要效益

关注细节,也是追求教学的合理化、智慧化、精确化,是教学达到一定境界后的品位与追求。研究教学细节,应该成为教学实践研究的重要内容。教学细节是外显的教学行为的最小单位,表现为多样的形式和复杂的结构,形成于特定的教学情境中,具有独立的教学价值和意义。关注教学细节的分析、研究、改造和创新,是能否形成新的教学行为的重要标志。

(一)运用科学方法,建立全面专业的信息管理系统

注重内涵发展,建立完善的监测评估指标体系。选择反映教育发展环境、体现教育与社会经济协调发展、以及人民群众满意程度等方面的指标,关注反映教育质量、公共财政投入与产出效果、教师队伍建设等发展中的重大问题。监测评估的内容设置应遵循教育教学的基本规律和学生身心发展规律,促进教师转变教育观念,优化教育教学行为,改进教育教学工作,提高办学质量和办学效率。

1. 研究和运用科学的监测方法

积极开展面向"质量-效益"型教育的综合性、全面性的监测评估工作,引导和教会学生既会动脑,又会动手,德智体美全面发展,对教师的评价更多地移向教师教育、教师专业反思和专业发展等人文素养方面。采取动态与静态监测相结合、点面监测相结合、软硬件监测相结合、定量与定性监测相结合、教育内外部监测相结合的方法,多视角、多层面科学监测,充分反映各类教育发展的社会经济环境、教育内部的现状和发展变化情况以及教育相关政策的执行落实等状况。

2. 实时发布与定期发布相结合的教育质量公报制度

建立科学的信息收集与数据统计分析系统。形成广覆盖的数据信息平台,并与各种年报、年审、年检等制度进行有效地贯通和整合,以达到全面有效监控教育质量的目的。

建立信息的快速反应机制。完善监测网络,加强对教育事业发展与教育质量

的定期监测，使教育决策更加科学有效。建立即时监测调查制度，对存在的热点、难点及时研究解决。根据公众需求和政府管理需要编制教育质量报告，实施信息实时发布与定期发布相结合的教育质量公报制度。

（二）践行教育规律是提高教育"质量-效益"的重要前提和内在要求

教育发展的核心在于教育"质量-效益"的提高。只有按照教育规律发展教育，以提高学生的学业水平、质量作为各项工作的出发点和落脚点，才是不断为实现学生和教师的发展、为实现学校的发展创造条件。

1. 践行教育规律是提高教育"质量-效益"的前提

树立科学的教育绩效观是促进教育与社会协调发展的重要前提。教育的发展能否适应现实社会的需要，能否得到社会的支持，关键取决于人民的满意度。人民满意的教育，应该是全面发展的教育，是协调发展的教育，是优质高效的教育。

树立科学的教育质量观是提高教育教学质量的重要前提。在重视学校质量提升幅度的同时，更重视学校质量增长的方式。全面评价教师教学成绩，在注重教学结果的同时，更注重课堂教学效率。全面评价学生的发展，在关注学习成绩的同时，更加关注学习兴趣、学习习惯和学习方法。

2. 践行教育规律是提高教育"质量-效益"的内在要求

教育规律，其要义是在科学前提下发展。科学的管理加上有效的教学必然换来丰硕的成果。践行教育规律，优化毕业年级的复习策略是提高教育"质量-效益"的应然之举。

确立"以研促教、以研促学、以研促考"的思想，加强对中、高考的研究，制定适合本校实际的校本备考策略，提高备考工作的针对性。凡是能取得好成绩的考生，主要在于其基础扎实能力强，学习得法智慧多。

例：提高教育教学质量倡议书

如何提高教育质量、做人民满意的教师？谨此向广大的教职工发出倡议：

（1）做献身教育的践行者

严格履行教师职业规范，树立热爱教师职业、献身教育的崇高理想；热爱学生、诲人不倦；兢兢业业、严谨治学；团结协作、平等互助；严于律己，为人师表。

（2）做提升教育质量的力行者

发扬"求真、求实、求活、求趣"的优良教风，更新教育理念，学习新知识，不断提高自身素质；教会学生发现、获取和运用知识；关注课堂效率，坚决摒弃靠拼时间、拼体力、拼消耗提高质量的做法，遵循教育规律，向课堂要质量，向时间要效益；坚持课程改革，认真研究教材，充分熟悉学生，努力探索轻负担、高质量的教学方法，创设适合学生发展的空间，促进教育质量上水平、上台阶；提高课堂教学效率，向教育教学研究要质量，向创新要效益。

（3）做学生成长的引领者

树立"育人为本、德育为先"的思想，提高专业水平，提升自我修养，引导学生树立正确的世界观、人生观和价值观，引领学生健康成长，培养既有知识又有修养，既有理想又有信仰的新人才。

（4）做家长满意的教育者

"爱自己的孩子是人，爱别人的孩子是神"。视学生为亲子、视家长如朋友、视质量为生命。把学生和家长的利益作为第一考虑，把学生和家长的需要作为第一选择，把学生和家长的满意当作第一标准。

教育是事业，需要献身；教育是科学，需要探究；教育是艺术，需要创新；教育是系统工程，需要共同构筑。要用智慧和思想奠定教育事业的基础、成就教育事业的辉煌！

（三）如何"有效地"提高学校的教育"质量-效益"

如何有效地提高学校的教育教学质量效益？一要提高课堂教学的有效性。通过课堂教学使学生获得发展。最核心的一点是看学生是否愿意学、主动学以及怎样学、会不会学；教学的效率高不高，产出的学习效果好不好。二要提高学校管理的有效性。

1. 成功的 TQM（全面质量管理）组织存在着 5 个重要特征

（1）组织内成员团结一致，决心于一种共同的愿景。

（2）从消费者需求入手以及过程导向的质量为基础，从教育过程着眼，全面深入了解教育质量的内涵和外延，然后以此为基础强调学校发展战略。

（3）以团队的组建和发展为管理核心，将团队作为学校活动的基础，改进和提高管理系统的绩效。

（4）设立富有挑战性的目标，激发组织成员的成就动机、工作热情和工作积极性，在绩效成果方面取得较大的提高。

（5）通过运用有效的测量工具和反馈手段，让组织成员及时了解整个学校的运转情况和个人所发挥的作用，适当地调整自己的工作状态和方法，实现组织内各系统日常管理工作的有序性和有效性。

学校组织环境：

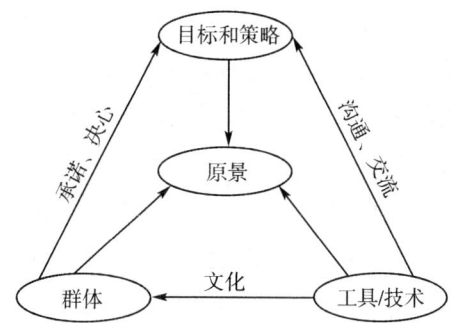

2. 学校"质量-效益"目标任务

以质量为宗旨,以效率为前提,以效益为根本,以学生成绩的提升为重要检测标准,深化德育,主攻智育,突破艺体,树立"三观",即全面"质量-效益"观、全程"质量-效益"观、全员"质量-效益"观;深化"三点",即小学减负以作业为重点,初中减压以课程为重点,高中增效以高考有效性为重点;着力"三研",即着力在科研、教研、考研上下功夫;狠抓"三转",即管理由粗放型向精细型转变,教学由外延型向内涵型转变,研究由重理性向重应用转变。抓好毕业班工作,要突出重视学科均衡、基础强化、师生精神状态的激发。

纵深推进校长理念提升、教师队伍建设和学校精致管理工作,进一步聚焦质量、聚焦教学、聚焦课堂、聚焦毕业年级。着力于抓服务,转作风,提升工作效能;抓队伍,强师资,增强教师队伍整体实力;抓规划,优布局,提高资源配置水平;抓规范,促稳定,增强教育保障能力;抓突破,提内涵,不断提升人民群众满意度。

二、让校校拥有"造血"功能

寻求工作内在的价值。形成鼓励个人学习并发展自身潜力的氛围,用注重学习、欣赏学习的积极向上的氛围影响全体教师,提倡通过学习而大胆开拓、创造性地工作,激发教师寻求工作内在的价值。创建重学习、重知识、重人才的氛围,为教师搭建价值追求和实现的平台,提供创造辉煌的机会和智慧外化的舞台,营造全新的激励机制,激发教师的积极性和创造性,把教师的智慧和力量最大限度地凝聚到教育事业上来。

(一)优秀的教师都是从课堂教学中"拼搏出来的"

课堂是教师专业成长的主阵地,是教学的核心场景,教师的教学能力、经验、智慧是从课堂教学中磨练出来的。

1. 学生的真实发展状况才是衡量"质量－效益"的根本尺度

教学的根本目的是促进学生的整体发展,其核心是学生各种能力特别是创新精神和实践能力的发展。知识是学生实现一切发展的基础,但学习什么知识和以什么方式掌握知识对学生的真实发展状况有重要影响。要衡量教学水平的高低,不能简单地看在一节课里给学生教了多少生词,背了多少定理、做了多少习题,要看在知识掌握的基础上学生各方面真实的发展状况,特别是要看学生的创新精神和实践能力到底获得了什么样的发展。

2. 优秀教师在职业生涯中进行专业学习的方式和特点

(1) 在"知行合一"中提高专业水平。"知"与"行"是儒家哲学中的一对重要范畴,强调"知"与"行"的同步交互与"悟性自足"——在"行"中"知"、"行""知"并进,注重主体悟性的发挥和行为的同步跟进,正是优秀教师"在课堂拼搏中学会教学"的践行方式。

(2) 在问题驱动下学习并提高专业水平。教学是个充满不确定性的复杂的师生互动过程,优秀教师的专业成长不是通过书本阅读和培训课程实现的,而是在真实教育环境中由一系列问题所驱动并在解决它们的过程中提升的。

(3) 在基于案例的情境嵌入中,学习并提高专业水平。教师对教学艺术的学习主要依赖于三种不同的知识:原理规则的知识、特殊案例的知识和运用的策略。而优秀教师不同于一般教师之处在于:积累了大量的案例和运用案例的策略知识——实际上是一种个人的经历和体验,与其个人原有的背景密不可分,常常难以告诉别人或被别人所接纳。

(二) 名校长应该是一个能够在动静之间"灵活切换"的人:行走于理论与实践之间

教育就像马拉松,它前行在陌生的时空,追赶风一样的速度,冲击空前未有的极限。凡成功的人,其成功往往都带有非常鲜明的个人特征,甚至具有一定的传奇色彩,许多著名校长的成功与成长过程也大体如此。名校长应该是一个能够在动静之间"灵活切换"的人,行走于理论与实践之间。

1. 管理是什么

管理实际上是授权与控制之间的平衡。管理既要授权,到授权过度的时候又要进行控制。如果说美国基础教育授权过度的话,中国肯定是属于控制过度。所以说中国需要向西方教育学习。20世纪70年代提出教育革命,也是因为我们在解放后对教育的控制过度,所以提出放开。一放开连高考都取消了。文化大革命中间，学生什么都未学到，于是后来又开始往回调。

（1）有人说，教育好像"扭秧歌"，左一步，右一步……

例：让学生讲述自己成功的故事——"吊龙尾"游戏

游戏目的：追逐目标和集体协调地躲闪。也可以说培养孩子们的反应能力和团队精神。

"吊龙尾"：就是有一队小孩子一个接一个，后者牵着前者的衣服摇摆，宛若长龙戏水。其中最前面的一个是龙头，而龙头前面还有一个人想抓住长龙中的一个掉队的孩子。游戏时，一大孩扮"擒龙者"，擒龙者直扑龙尾，龙头者则张开两臂挡拦，龙尾要迅速躲藏，以免被擒龙者捉住，玩耍直到抓住龙尾为胜。

在游戏中我们也看到了龙头的主导作用，体验到合作的重要。游戏中龙头移动，龙身尾部摆动太大，往往龙尾都是因左右躲藏自身摆动太大，而脱离队伍，导致全局结束。

那么，教育有无"吊龙尾"现象呢？我想不会有吧！也不该有吧！

（2）拔河的启示

"拔河"的过程。拔河双方，若一强一弱，相差悬殊，那肯定是强者胜。若相差无几，一方稍强，那还真不一定强者准胜。若势均力敌，且在那里僵持着呢？一会儿中线纹丝不动，一会拉过来一点儿又被拉回去……最后，看谁坚持到底，谁就胜利；谁先把力气用尽，谁就被拉过去，输掉比赛。

其实很多事情如同拔河赛，你的思想与行动就是赛场上的竞争对手，生活则是那条决定命运的绳。竞争场上，两边的队员使尽浑身的解术，希望自己的那一队能够脱颖而出，成为胜利者。而思想与行动也应如此：方向一致、全神贯注用力拔。

2. 走动式管理

"走动式管理"是管理者不能脱离经营实际，要有"和群众打成一片"的精神。走动式管理最直接的好处在于使管理者掌握学校经营的第一手资料，及时了解学校运作状况，便于管理者根据具体情况有的放矢地制订政策和管理制度，并可以随时解决一线操作中出现的问题，从而解决教育管理中效率低的难题。一著名企业的董事长在退休时把职位委托给一年轻人，继任者向他请教管理的秘诀，他指着老板椅说："去走动吧，告诉你，这张椅子我很少去坐"。校长是校园里的一棵树，只有把根扎在校园，接学校之地气，与师生共呼吸，才能枝繁叶茂苗壮成长。

领导要懂得"无为"。围绕着"无为"，易中天以项羽为例，"为什么项羽打仗老是输呢？就是因为每次打仗他总是冲在第一个，后面的士兵肯定会想，'好啊！你老大，你冲向前，那你自己去打吧！'"在这一点上，易中天认为刘邦的做法就聪明很多，"刘邦这个人啥也做不了，所以就当领导。遇到小事，刘邦就吩咐下属去做，碰到大事，他就召集起大家来一句'为之奈何？'，我该怎么办呢？下属打了胜仗就论功行赏，从来不和下属抢功。这就是典型的无为而治啊！"

（三）做教学与研究的践行者

教育研究的真谛，应该是架设理论与实践的桥梁，服务教学、提升教学；为了学生、发展学生；成就教师、成就自我。教育研究应该成为一种生活方式，学而时习之，思想到了极致则开悟。

1. "实践的研究者"和"研究着的实践者"

将教师带入研究状态。做"实践的思考者"和"思考的实践者"。"管理不是学出来的，而是做出来的"，"实践与思考才是人生真正的智慧之源"。"用脑袋走路"和"用脚板思考"。做实践的思考者和思考的实践者。

例：泡脚的治疗原理。

中医认为人体是一个统一的整体，人体的脏腑、器官、四肢、百骸、相互依存、相互制约和相互关联，而脚是人体总的精气之原。民间广为流传的一句谚语"人之有脚，犹如树有根"，"人老脚先衰，树老根先竭。"所以全身的疾病可以影响到脚，同样脚的病变也会影响到全身，并引发相应的疾病。足底反射区关联着人体的每一根神经，连通着五脏六腑。

人的脚底汇集了无数的穴位，坚持泡脚，能加速血液微循环、促进气血运行。舒筋通络，和气活血，从而达到祛病驱邪、益气化瘀、滋补元气的目的。

2. 高质量教学研究的三条标准

一是否提出有价值的观点、结论或建议（教学策略、方法、模式等）；二是结论是否基于证据；三是结论与证据之间的逻辑关系是否合理。中小学教师通过做研究，培育"实事求是，追求真理，不盲从，不迷信"的科学精神，树立科学的育人观、价值观和方法论；经历"问题与假设——证据与分析——结论与讨论"的研究过程，学会运用科学的方法研究问题、解决问题，提高教育教学质量；采取"证据说话，开展讨论和质疑"的科学思维，提高自身及学生的思维品质。这些才是中小学教师研究真正的价值所在。

例：重视"好课"的特征研究。

陶行知说，什么是教育？"教育就是教人变，教人变好就是好教育，教人变坏就是坏教育，活教育教人变活，死教育教人变死。"关于"好课"特征的基本认识：

有明确适切的目标：教学目标要符合新课程标准三维目标的要求和学生知识能力实际，使全体学生通过教学活动在原有基础上都有提高。

有精当的学习内容：围绕教学目标，精选教学内容，突出教学重点，有效突破教学难点。

有完整的教学结构：包括课型、目标任务、教学流程、策略方法、时间安排、课堂反馈、归纳总结。

有多种有效的方法：切合教学内容要求，采用丰富有效的教学方式方法和教学技巧。

有恰当的教学环境和条件：教师要创设恰当的课堂教学环境和条件，恰当运用教学技术和媒体，能有效地促进课堂教学。

有促进学习的氛围：学生有明确的学习任务和责任意识，使用激发强化学习动机的策略和方法，营造尊重、合作、互动的课堂学习氛围。

有意义的交往活动：师生在对话、交流中，获得有价值的反馈，及时调节教学过程。

有效果的能力训练：对不同思维方式进行有目的训练，包括单位时间内的训练题量、分析归纳错误、及时反馈，并给予学习方法指导。

有保障的有效学习时间：一般应占教学时间的一半以上。

有明确的个体促进：给学生以有层次的目标任务、有差异的教学策略、有个性化的促进计划，使大家都处于有效学习状态中，耐心帮助有不良倾向的学生。

三、让教育管理成为办学的硬件

学校管理中的硬件，指学校投入大量资金所形成的物化环境，它包括：校舍、教学设施、设备等一系列看得见、摸得着的有形物质。软件是指与它相对的管理工作的人和相应的管理措施、相关的资料。包括：师资的素质、管理的手段、管理的措施、管理过程中的资料建设等一系列管理中的内在要素。学校的硬件建设是学校赖以生存和发展的物质基础，是学校办学条件的外在体现。学校的软件管理是提高教育质量、提升办学品位的核心。这两者是相辅相成的。软件建设是学校发展的核心。

（一）寻找教育投入的"边界"

教育是不是花钱越多效果越好？教育投入是否存在边界？有没有可能找到一

种既省钱又能办好教育的模式？据测算，经合组织成员国的教育投入占GDP的百分比达到6.2%，并且这一比例仍有增加态势。但教育投入如何能够转变成学生的学习成绩，如何提高教育投资的效率和效益才是大家最关心的问题。相关统计显示，教育投入与产出并不成正比。

1. 找到一种既省钱又能提高教育质量的"临界点"

"以县为主"的教育财政体制不能切实保证农村义务教育的实施。农村义务教育的财政责任不能由基层政府承担，而应从"以县为主"转为"以省为主"，省级政府应该成为农村义务教育的主要财政责任承担者。

教育适度超前发展的关键，一要"超前"，二要"适度"，要把握好两者间的辩证关系。教育既不能脱离经济发展水平的制约（"度"的问题），又不能局限于现有的经济发展水平，而失去发展的机遇（"超前"的问题）。既要保证在一定财力承受范围内的教育投入不断提高，又要努力优化现有教育结构，提高教育投入的效益，办好教育。

2. "适度规模"办学

适度规模是指在一定教学条件下，可以保证教育质量的注册学生的最大规模。在这个点上，质量和效益双赢；规模偏小，质量是有保证，但效益会受损失；规模过大，质量无从保证，效益就是负效益。适度规模是一个随教学条件变化的动态概念。

例1：武汉2012年高等院校已发展到85所，在校大学生和研究生总数已达到118.33万人，占全国在校大学生和研究生总数2473.1万人的4.78%，不仅在全国15个副省级大城市中名列第一，而且还超过了北京、上海、天津、重庆四个直辖市暨国家中心城市，超过了美国纽约、英国伦敦、俄罗斯莫斯科、法国巴黎、德国柏林、日本东京等知名国际大城市，位居全国全球大城市中第一名。

例2：广东规划创建不同级别示范性高中的数量和标准

级别	数量	规模
国家级	100所以上	每校60个班，共3000人
省级	100所	每校48个班，共2400人
市级	200所	每校36个班，共1800人

（二）教育的生产性是财富之源

教育以育人为本，马克思说"个人的充分发展就是最大的生产力"。教育的效益要由毕业生在社会实践中的表现来检验。

1. "质量-效益"型教育以促进财富的增长为目标

财富包括物质财富与精神财富。从内部看，教育所创造的财富主要是教师和学生才能的提高。从外部看，教育所生产的财富是物质和精神财富。在宏观上表现为教育对国民收入增长的贡献率，在微观上表现为教育对个人处境的改善，对个人的劳动致富和自我完善所起的作用。只有实现财富增长的教育才是有效益的教育，"质量-效益"型教育坚决反对空虚无用的教育。

马克思指出，共产主义"从一开始就是现实的和直接追求实效的"。国际教育竞争的中心已由教育数量转向教育质量和效益。波特教授指出，今后世界教育的发展将转向侧重于注重质量和效益的提高，数量发展将不成为主要特征。

2. 教育的生产性是财富之源

1980年于光远在《经济研究》、《教育研究》杂志上连续刊登文章分析了教育劳动与生产劳动、教育与生产力问题，提出了"三个基本"观点：即"教育劳动基本上是生产劳动，教育基本上是生产力，教育部门基本上是一个生产部门"。之后，厉以宁等分别从"教育在经济增长中的作用"、"教育的经济性能"和"教育生产性历史变迁"等方面分析了教育与社会生产的密切关系，得出教育的生产性是财富之源的认识。

教育经济学是运用经济学理论解释教育中的经济关系的学问。我国教育投资的个人经济收益估算：如李实、李文彬通过对1988年城镇17981名职工的收入与其教育年限、工作经验的回归分析，估算个人教育的经济收益为3.8%，也就是说，就业时间不变，每增加1年教育可以提高个人收入3.8%；魏新等人研究了我国贫困地区的中小学教育收益率，结果为基础教育对农民个人的收入有着显著性影响，农民多受1年教育月收入可以提高4.8元；诸建芳等对我国人力资本投资的个人收益率进行估算，结果是基础教育的投资收益率为1.8%，专业教育的投资收益率为3%。因学校教育不仅关心书本知识，同时还要考虑学生终身的职业生涯。学校教育的最终目标就是"帮助每一个学生发挥自己的潜能，完成对社会的贡献。"

（三）校长——拉着学校奔跑的人

校长的办学思想是学校发展的核心和灵魂。无视"精神统领"，学校就没有向心力；没有"文化引领"，学校就没有凝聚力；缺乏"物质保障"，学校就没有执行力，因而学校的主要任务就是要弘扬精神，继承文化，创造物质。

1. 领导就是团结、组织和协调大家干事的人

"如果你周围的人都希望你成功，你肯定会成功；如果你周围的人都希望你

失败，你迟早会失败"。领导不是单干，领导就是带领和推动大家干事的人，就是团结、组织和协调大家干事的人，就是团结和依靠大家干事的人，就是把下级的意图和个人的主张通过别人来实现的人。记住：你不可能单独成事。一心只想自己成就事业的人，往往难以成就大事业，这就是做事和事业的关系。

例：观音拜菩萨

一个虔诚的信徒，每日去拜菩萨。一日，菩萨显圣，信徒激动不已，问："菩萨，你每天都做什么呀？"菩萨答道："两件事，一是普渡众生，二是拜菩萨。"信徒不解，摇摇头："你是菩萨，还拜菩萨？"菩萨，只是一个神话人物。菩萨，之所以是菩萨，就是她不仅帮人，还"拜"自己——修炼自己，永远从我做起。当一个人以助人为乐、凡事从自己做起时，自己就是"菩萨"。

2. 建立健康的积极的精神体系

管理就必须理解人的精神规律，把物质视为精神意义的象征，满足人们的社会性本能的需求。精神管理的概念界定：根据人的行为受精神决定这一规律，从人的精神开始，通过破解精神的错误逻辑，建立健康的、积极的精神体系，使人们在快乐和主动中完成现实中的各种行为，实现自我的进步、提高和发展，并从中得到快乐与幸福的管理工程。

管理者的首要任务，就是完成和不断优化对自身的精神健康建设，并帮助部下建立健康的精神体系，同时指导其行为技能，最终形成对健康精神的自我强化，让每个人成为自己行为的主人。人世间，什么力量可以在人一无所有时能够让人起死回生？唯有精神！

第二节　培养"重思考的学生，好学习的国民"

2004年李显龙在新加坡国庆群众大会上强调教育有必要进行适当的变化："我们要少教一点，让孩子要学多一点。""成绩不是生命的唯一大事。学生可以在学校学习到很多别的生活上的事物。"教育以能力为导向，以"重思考的学校，好思考的国民"为愿景，着力把课堂从以教师为主体的"多教"转变为以学生为主体的"多学"，鼓励教师与学生产生更多互动，激发学生学习兴趣，培养学生独立思考的能力。

一、把孩子培养成现实生活的成功者

公民素质的培育，是在参与、体验等实践过程中不断内化、获得进步的。为人父母者无不希望自己的孩子能够成功美满地度过一生，那么必须努力培养孩子的七个能力：

（1）良好的个人能力认识。"我是有能力的人。"

（2）在基本的社会关系中，对自己有良好的价值知觉。"我做出了有益的贡献，这个世界需要我。"

（3）对个人权力或影响的良好知觉。"我能影响、控制发生在我身上的事。"

（4）良好的处理自我问题的能力。能够明晰地理解自己的情绪、情感，通过这种理解来发展自律、自控能力，并能从原来的经验中学习。

（5）较强的处理人际关系的能力。这种能力表现在能够通过交流、互助、协商、分享、同情和倾听来与他人合作并建立友谊。

（6）较强的统筹能力。在每天的生活中，能够通过自己的努力取得满意的结果，表现出责任感、适应性、灵活性及系统性。

（7）良好的判断力。能够对各种情景作出明智的恰当的评价。

（一）美国的"全部成功"的教育观念

"全部成功"的观念，是美国中小学教学的总体教育思路。就是使受教育者都获得成功，走上社会，找到自己适应的位置。

1. 奥巴马政府已开展四方面的重大教育改革

（1）提高教师和校长的教学与管理成效，确保每间教室都有优秀的教师，每所学校都有出色的校长；

（2）向家长提供信息，帮助他们参与评估和改进孩子所在的学校；

（3）向教师提供信息，帮助他们提高学生的学业成绩；

（4）实施力求让所有学生顺利升入大学或开始职业生涯的教学标准，并应用与之匹配的评估标准。对教学成效低下的学校提供充分支持和有效干预，努力提高其学生的学业成绩。

2. 在美国"升入大学是成功，走上社会也是成功"。

在美国，许多中学都是"戴帽中学"。除正常的初级、高级中学的班级设置外，还开办有不同专业性的课程，提供给学生选修，为就业创造条件。常见的有汽车维修、机械加工、房屋建筑、缝纫烹调、财会文秘和商业活动等。平时按个人兴趣选修，临近毕业再根据个人需要接受一定时间的专业训练，就可以直接就业，走上社会。许多学生先行就业，经济上自立之后再找机会深造。这种"戴帽"的措施，为中学毕业生从多方面、多层次进入社会准备了必要条件，使人才结构趋于合理。在美国"升入大学是成功，走上社会也是成功"。这就是说，美国把培养学生个人生存能力放在了首要位置，"学而优则业"成为他们的最终培养目标。

我国教育的本源问题有三：教育理念；教育体制；培养人才的模式。中国和西方在人才培养上有一个根本的区别，西方是讲成长，是以罗素的质量主义为基础，是受教育者按照效仿自然的法则，按照受教育者的兴趣、志愿、选择，自然地生长，不受外界的干预。而中国教育理念的源头是塑造。塑造就是把受教育者当做一个原材料，把它放在一个标准的模具当中，放到生产流水线上，而生产出来规格毫厘不差的统一产品，这就是中国教育特色。

(二) 亚洲"四小龙"办教兴邦的基本经验

"四小龙"正是转变了教育模式，坚持教育为经济发展服务，以经济发展作为办教准则，建立起两者的良性互动机制，使教育发展成为经济发展的强大动力。

国际质量管理体系的原则："以顾客为关注焦点、全员参与管理、注重过程管理、持续改进。"这些都是学校可以借鉴的地方。学校追求开放、民主、科学和可持续发展，当这种办学追求与国际质量管理体系原则整合起来后，无疑能够推进学校管理的现代化进程，为实现跨越发展提供科学的、理性的制度框架。

1. 坚持教育为经济发展服务，按经济发展需求办学。

"四小龙"办教兴邦的共同经验：在社会经济转型的同时也推动教育转型，把注重升学的办学模式转换为以社会发展需求为导向的教育模式，坚定不移地为经济发展服务，按经济发展需求办学，把能否促进和如何更好地促进经济发展作为改革和发展教育的最根本准则，作为办教育的第一"真经"。

2. 制定规划，强化教育与经济同步发展。

"四小龙"实行市场经济体制，但他们在发展经济中积极推动教育转型，着力通过发展教育来保证和推动经济的高速发展。这种认识强烈地集中反映在政府制定发展目标时也同时制定教育发展规划，通过教育规划，作为强化政府宏观调控的重要手段。

3. 注重科技作用，大力发展教育。

"四小龙"特别重视科技作用，把发展科技作为推动产业科技化、革新传统社会体制的带头因素,把科技教育放在教育的首要位置上。

目前"四小龙"科技教育发达、体系完整,其特色有:

(1) 建立从幼儿园到博士后的系统科技教育体系。

(2) 建立科技城,形成科技中心、技术开发中心和科技人才培训中心。

(3) 有计划地重点培养高层次科技人才。

(4) 大力开展科普工作,鼓励民间兴办科技研究企业。

4. 兴办职业技术教育,大量培养实用型人才。

"四小龙"非常重视技术教育,大力设置应用性学科,培养经济发展急需的不同水平的应用人才。目前,"四小龙"已形成五大层级构成的职教体系:即高级职业中学、专科职业技术学校或初级学院、技术学院或技能大学、各种技术培训中心、职业补习学校以及中小学开设的职教班和实用科目等。

5. 改革普通教育体系

由于产业转型,1970年以后"四小龙"对普通教育进行重大改革,主要针对片面追求分数、追求文凭的死读书现象,提出注重学生全面发展和"完人"思想培养社会需要的人才。其改革表现在:

(1) 广设职教课,开设各种类型技术班,把职教列为中小学必修课。

(2) 把学习技术技能作为学生发展的一部分,不掌握一种生活技能学生就不能毕业。

(3) 淡化考试倾向,引导学生根据自己特点发展。如韩国1960年取消重点初中,取消初中统考,分片抽签入学;1974年取消全国重点高中,规定先考职中后考普高,禁止补习,违者重罚。

(4) 健全教育体系,使学技术者同样能得到深造。

(5) 改革德育,弘扬新风。改革政治教育为注重人本、培养民族精神的教育;强化学生的竞争进取意识等;注重养成教育等,把吸收西方德育理论和弘扬民族传统美德结合起来。

"四小龙"还重视普及基础教育,重视师范教育,不断增加对教育的投资。

(三) 教育改革与发展的核心问题

"育人"的途径在于学习文化知识,是基础;思考,是关键,它可以激活知识、活跃思维,掌握方法和原则;实践是根本,文化源于人类实践,又必须回到实践。

1. 贯彻落实科学发展观,既要总揽全局,兼顾各方;又要突出重点,抓主要矛盾。

当前，教育的关键要抓住"普及""提高""加强"，即普及义务教育、提高高等教育质量、加强职业教育发展，推动教育事业全面协调发展。发展基础教育，要以农村义务教育为重点，促进城乡教育均衡发展。要坚持为"三农"服务的方向，大力推进农村学校的教育教学改革；进一步促进"三教统筹"和"农科教结合"。

高等教育以建设高水平大学和重点学科为重点，与提高人才培养质量、科技创新和社会服务能力紧密结合。高等教育还要保持一定的规模发展速度，但要把工作重心转移到狠抓质量提高上来。高水平大学和重点学科建设，要突出"一个重点"，即加强科技创新；实现"三个突破"，即在人才体制改革、组织结构创新和研究生教育方面有所突破。一要形成人才的激励、流动、保障和约束机制，进一步调动教师的积极性；二要改革原有的学术组织模式，促进高校自主创新能力提高；三要全面提升研究生教育质量和国际竞争力。

发展职业教育，要以中等职业教育为重点，与培养高素质劳动者及劳动力转移培训相结合。职业教育的发展要坚持以就业为导向，面向劳动力市场需求，转变办学思想、改革培养模式和加强技能训练；要进一步密切与企业和与人才、劳务市场的合作，促进东西部合作和城乡合作办学。

2. 落实科学发展观实现又快又好的发展

规模、质量、结构、效益协调发展。要将提高质量摆在更加突出的战略位置，切实把握好高等教育的发展节奏。要采取坚决的措施改造薄弱学校，全面提高基础教育质量。要坚决做到以就业为导向，改革职业学校的培养模式、学制、课程、教材和教学方法。要全面推进"质量－效益"型教育，改革人才培养模式，建立人尽其才、才尽其用的教育用人制度和一支高素质的教师队伍。

各类教育的协调发展。要切实把握好各级各类教育的发展重点、节奏，正确处理普通教育和职业教育的关系，把加快发展中等职业教育作为教育规模发展的重点。要形成较为完善的国民教育体系，探索建立终身教育体系，建立公办教育和民办教育共同发展的新格局。

统筹城乡教育和区域教育的协调发展。要大力发展农村职业教育和成人教育，为农村发展、农业增效和农民增收服务。统筹教育的改革、发展和稳定。

二、把教育办到社会中去，把教育办到企业中去

陶行知说："家不重师，则家必破产；工不重师，则工必简陋；国民不重师，则国必不富强；人类不重师，则世界不得太平。"职业教育是经济社会发展

快慢、好坏的晴雨表。没有一流的职业教育，就不会有一流的技能劳动者，更不会有一流的产业。在未来几十年内，中国社会要实现持续、协调地发展，保持"世界工厂"的制造业活力，大力倡导、扶持职业教育是一条最有效、彻底、可行的路径！"干技术这一块，应该是越干经验越多，越老越值钱"。

（一）把工作当做带薪学习

终身教育体系，指一个国家或地区根据社会发展规律和教育规律，为满足社会成员终身接受教育的需要，达到一定教育目标所构建的各级各类教育、各种教育形态的有机综合教育系统。终身教育体系的构架，应是纵向衔接、横向沟通、纵横整合、内外协调、整体优化的教育系统结构。构建终身教育体系重点应放在搭建终身教育的"立交桥"以及解决与其他社会系统沟通协调等基本问题。

1. 推进终身学习服务体系建设

终身学习服务体系，即为社会成员自主学习服务的体系，主要包括社会学习平台和社会学习资源的建设。前者主要是指以信息技术为载体的公共学习平台，即网上学习平台的建设，还包括：图书馆、文化馆、博物馆、科技馆等公共文化设施和媒体的建设；后者主要是指非正规学习的文字、图形、影像等形式的学习资源建设。着力点是：

（1）加强规划。制定《社会学习平台和社会学习资源建设规划纲要》，编制"中国特色的社会学习资源体系框架"，促进社会学习平台和社会学习资源建设。

（2）加大投入。建立以政府为主的投入机制，改进和优化学习平台的硬件配套；建立"社会学习资源建设基金"，支持社会学习资源整合开发。

（3）建立合力式推进模式。社会学习资源建设，是一项社会性很强的系统工程，宜采取政府主导下的社会化的合作模式。建立"社会学习资源建设共同体"，是建设社会学习资源的有效模式。

（4）建立长效激励机制。一方面，政府需制定有关的政策法规，建立和完善对优秀社会学习资源的征集、评选、推展、出版、奖励等制度；另一方面，运用市场机制，建立和完善社会学习资源建设项目的招投标制度，或建立以质论价，政府或使用单位购买社会学习资源产品制度。

2. "学无止境"成为社会的基本生存状态和运行准则

在学习型社会里，学习和教育不仅成为一种社会时尚，而且会发展成一种新兴产业，并成为公民的法定权利和义务。学习从那种狭隘、功利行为转变为主动的贯穿生命全过程的自觉意识和生活需求。知识增长和扩展的无限性，决定了"学无止境"成为社会的基本生存状态和运行准则。

终身学习文化认为，学习场域不仅是正规的教育机构，而是处处皆可成为学习场域。每个组织单位均应重视履行学习和教育职能，发展组织学习，创建学习型组织，从而使组织学习充分发展。

（二）不仅要重视"接班人"的教育，更要重视"当班人"的教育

基础教育是"将来时"，它的作用要等很长时间才能显现，而成人教育是"现在时"，效果即刻就能体现。

1. 中央电视台《今日说法》栏目曾经报道这样一个案例："我不想上学了。"

事情原本很平常：一个小学四年级的女生叫明子，在中秋节那天，被班主任拉住红领巾猛拽了几下（因为她父亲在当天早上到学校投诉班主任乱收费），造成颈椎脱位，住院治疗十多天后才痊愈。

家长告到学校，学校敷衍搪塞；告到区教育局，倒是受到了重视，局方派出调查组，调查后得出结论：查无实据。家长悲愤之下，求助于媒体，引起几家新闻单位的关注，调查的调查，曝光的曝光。

形成舆论压力后，班主任以攻为守，以侵害名誉权将家长告上法庭。明子家长觉得简直岂有此理，提出反诉，要求班主任赔礼道歉并赔偿医疗费及精神损失。法院审理判决班主任侵害事实成立，赔偿明子医药费1800元，精神损失费4000元。

事情到这里，眼看要风平浪静之时。明子伤愈返校后，被全体同学孤立。更有甚者，班上同学还自发地组织了一个"跟踪团"来监视她的行动。一个小男生还用刀子当面威胁明子，收到满意的效果后，旋即给班主任写了一份"喜报"。明子哭着告诉记者："我不想上学了。"

在节目中，我们看到与明子同班的二十几个孩子面对镜头，记者问他们，有没有看到老师拽明子的红领巾？这些孩子像统一训练过一样，齐声喊道："没——有——！"

看着那些天真无邪的小脸，相信每一个观众心里都会难以抑制地涌出厌恶和悲哀。

2. "我不想上学了"的启示

（1）学校究竟是在培养接班人，还是在给自己造就掘墓人？看看我们的身边，有多少所学校为了应付上级抽检公开训练学生说假？看看我们的课堂，有多少教师因为狭隘的价值取向造成学生从小就学会投机取巧、见风使舵？

（2）不仅要重视"接班人"的教育，更要重视"当班人"的教育。教育应

自"摇篮"至"坟墓"。

（三）教育公平的起点，从关注农村教育开始

芬兰的辉煌缘于教育公平。芬兰的教育原则是，每所学校都应该是优质学校。教育公平的起点，从关注农村教育开始。

现今的农民群众高兴地说："种田不纳税，上学不缴费，农民得实惠，和谐好社会。"凭借信息化走出大山的孩子们高兴地说："大山再也挡不住知识了，我们同在蓝天下，共同成长进步。"

1. 农村教育迈向教育公平的四大步

教育公平是社会公平的基础，而其中最基本的前提就是办学条件的公平。在此基础上，使城乡之间、不同区域之间的教育发展趋向均衡，实现教育机会均等。我国教育最薄弱环节是农村教育，它几乎涵盖了教育公平中所要解决的所有问题，这个"短板"升高了，我国的教育就走向了相对的公平。所以，回顾改革开放30年来教育公平的发展路径，先要从农村教育迈出的几大步说起。

第一步，起点从改善办学条件做起；

第二步，推进从普及义务教育开始；

第三步，差异从投入机制上突破；

第四步，保障在免费教育上体现。

在体制上创新，在投入上保障，在发展中求均衡，在均衡中求公平。这就是我国义务教育逐步迈向公平的路径。

2. 城市人口的迅猛增加，要求农民市民化

城市化并不简单地等于城市的摊子扩张，也不简单地等于城市常住人口的增长；城市化，归根到底是社会结构变迁的组成部分。它意味着一种新的经济形态，新的公共生活，新的人际关系及新的精神生态。同样，由农民转变为市民也并不是简单的身份和户籍的改变，素质、能力、观念、思维方式、生活方式等都会跟着转换和提升。这就必须通过教育来实现。

一方面，在社区教育方面，要求通过多种形式，对进城农民进行现代观念和城市公共生活意识、城市文化意识教育；进行市民守则、城市文明规则和法制教育。另一方面，在就业培训方面，要求扩大培训规模，动员各种教育资源，解决已经进城的农民工的培训问题。因为农村劳动力只有经过教育和培训才能有效转化，投入第二、第三产业的生产。所有这一切都使得城市成人教育规模空前扩大，而目前城市在教育条件、设备、师资、课程等方面，尚没有做好充分准备。

三、期盼"成人创新"社会，迈向终身学习大国

构建终身教育体系和学习型社会是教育发展史上一场深刻的变革，是继奴隶社会的古代学校、工业革命的近代学校之后人类教育的第三次飞跃。在步入知识经济时代，构建终身教育体系和建设学习型社会既是世界各国的发展大势，也是我国社会经济发展和教育的必然选择，是实现我国从人力资源大国向人力资源强国转变的根本途径。

（一）人力资本的提升离不开教育

人力资本，其内涵是人的身体、教育、文明素质。"终身教育不仅仅是一种教育理念，一个教育原则，更是一种教育实践。

1. 人力资本的特性之一，就是可以不断通过人的知识技能的提高获得增值。

例：受教育程度和家庭阶层分布状况对子女的教育选择具有重要影响

2005年，北京基础教育均衡发展课题组做了关于北京市中小学生家庭背景的调查，其结果表明父亲的受教育程度和家庭阶层分布状况对子女的教育选择具有重要影响。中层以上的家庭子女在优质小学和优质初中就学的比例分别为64%和70%，而下层家庭子女在薄弱小学和薄弱初中就学的比例分别为54%和74%；父亲学历在大专及其以上的，其子女在优质小学和优质初中就学的比例分别为50%和55%，父亲学历在初中及其以下的，其子女在薄弱小学和薄弱初中就学的比例分别为49%和55%，父亲低学历家庭和下层阶层家庭是城市中的弱势群体，主要为低收入家庭、下岗职工家庭、外来打工人员家庭，他们的子女主要集中于城市中的薄弱中小学校，几乎没有机会接受优质教育，教育过程的不公平造成了城市优势群体与弱势群体之间教育公平缺失。

教育培训，是人力资本的特性之一，就是可以不断通过人的知识技能的提高获得增值。因此，对所拥有的人力资本进行投资的主要方式，就是对各类人力资本进行适合的教育培训，提高必要的知识、技能和技巧，赋予更高的价值创造能力，从而获得更多的投资回报。根据不同类人力资本的特性，培训侧重点应有所不同。如对基础人力资本，培训重点在于与实际工作联系紧密的技能型、知识性培训；对于关键人力资本，培训内容则应具备一定的前瞻性。此外，对于不同类别的人力资本，在培训上的投入也有差别，向能带来更大增值的人力资本倾斜。以人均培训投入而言，大致是"核心人力资本"最大，基础人力资本最小。

2. 终身教育体系构建中最大的难题是缺乏可满足社会成员终身学习的公共教育资源。

在街道、乡镇可整合文化科技馆、成人培训学校和相关教育机构创建社区终身教育学校实施具体教育任务；在社区、村建立终身教育学习点，把社区、村的党员远程教育学习场所，中小学远程教育学习场所，文化活动宣传科普教育资源等整合起来，充分利用共享资源；大力倡导创建学习型组织。各系统各行业按隶属关系创建学习型系统、学习型行业、在各单位倡导建立学习型机关、学习型企业，在社区倡导创建学习型社区、学习型家庭。学习型组织创建必须有相关的运作机制来推进，像评估文明单位那样，按照一定标准和评估体系进行评估，并与该单位的考核、评优评先挂钩，这样，才能推进学习型组织的创建，而不致于停留在文件和口头号召上。

（二）学会学习应该成为个人成功与社会进步的基石

在一个充满"不确定性"的世界中，在一个寻找拯救出路的世界中，人只有依靠自己的力量、依靠人与人之间的有效互动所产生的合力去摸索前行的道路，去克服不可回避的困难，去解决所面对的各种问题，因此，学习问题必须成为一个对个人生存、发展与成功，对社会进步与发展至关重要的问题，而学会学习应该成为个人成功与社会进步的基石。

1. "终身教育"是对人的"生存"的本源性回归

人的生存是一种自然的生活方式，是人与环境的共同生成，是人的生命表达进一步丰富化的过程，也是一个永无止境的实现历程。《学会生存》中，学会的是那种积极的取向和刚健有为的行为方式，这一切又都体现在"终身教育"或"学习化社会"的主张中。"终身教育"是对人的"生存"的本源性回归。《学会生存》中突出了"完人"的概念，涉及"人类智慧""人类情感""人类技巧"等，在人的"学习"中，决不仅仅是"知识性的学习，而是知、情、意三者合一的学习。

所谓学习型社会，是指一个以学习者为中心，以完备、灵活、开放的终身教育体系为基础，以各类学习型组织为主要载体，在相应的机制、手段促进和保障下，形成人人皆学、时时能学、处处可学的社会。

2. "国家的需求，就是我的专业"的启示

例：爆炸力学开拓人"两院"院士郑哲敏，不负重托，成功研究出"爆炸成型模型律与成型机制"，并应用此理论基础成功地生产出高精度的导弹零部件，为中国导弹上天作出重要贡献，改变了中国常规武器落后状况。

88岁的他获奖感言是:"我想我就是一个普通的科研人员,这次能够荣幸地获得'国家最高科技奖',非常感谢和高兴,但是也很惶恐,因为你有了这个名誉就有一份责任,以国家需求为己任。"

呼吁:"中国当下的青年科研人员压力特别是政策压力很大,现在各种评奖评审、项目申请等,把人搞得很浮躁,东迎西迎,像无头苍蝇一样乱撞。呼吁尽快给青年科研人员减压,把他们从烦躁、浮躁的'包围圈'中解放出来。"

(三)提升自我,不断突破自己的能力上限

恩格斯在《共产主义原理》一书中说:"教育可以使年轻人很快就能够熟悉整个生产系统,它可以使他们根据社会的需要或他们自己的爱好,轮流从一个生产部门转到另一个生产部门。因此,教育就会使他们摆脱这种分工所造成的片面性。这样一来,根据共产主义原则组织起来的社会将使自己的成员能够多方面地运用他们的全面发展了的才能。"

1. 自己成就自己,自己培养自己,自己发展自己,自己提升自己

彼德原理认为,每个人都有可能从一个有能力的职务提升到一个无能力的职务,很少有人为留在胜任的职位上而感到满足,每个人最后将由能胜任的阶层晋升到他不能胜任的阶层。彼德原理告诉人们,要胜任工作,获得提升,必须不断的学习、更新和提升自我,不断突破自己的能力上限,超越自我,从而适应新的岗位,并在新的岗位上取得成就。因此,教职工要获得提升,取得出色的工作成绩,胜任新的工作岗位,最好的途径就是根据岗位要求不断学习,改变自身知识结构和能力现状。

2. 要学会突破自己成长的上限

例:突破"声障"现象。

某青年在校是个骄骄者,学习成绩优秀,来到职场后上司根据其在学校的基础培养、提拔任用,但经过一段时间之后,便暴露出其在职场上的不成熟,如果不及时纠正和调整,也许从此默默无闻,也许会从此走下坡路。

看到这个题目,不禁让人想起"声障"这个词,它是指飞机在达到接近声速的时候,飞机的振动与声波产生共振,使飞机的部件容易损坏,人们将这种现象叫"声障"。"声障"现象应该对青年朋友有很大启发,青年人在成长到一定程度之后,来自于周围同事的嫉妒,或者来自于与已相近者的恶意攻击,可能会找你出现的一些问题,或者在某些问题上大做文章,如果没有一个好的心态,可能会放弃些什么,停止了前进的脚步。

如何摆脱这种限制?一是要坚定不移地走下去,走自己的路,让别人去说

吧；二是学习，迅速突破这种障碍的能力。组织应通过科学的制度设置，使改革者不成为心寒的独行者。

第三节 追求学校管理效益"最大化"

学校人力资源配置效益的实质是劳动效率问题。组织人力资源配制的最佳效益，就是在其他条件可以控制的情况下，以较少的人力资源成本换取组织收益的最大化实现。而学校的特性使得劳动力的成本收益关系演化为单纯劳动收益关系，学校人力资源配置效益最大化实质上成为提高劳动效率的问题，原因：

首先，学校人力资源不存在直接的市场收益。这是因为学校没有进入市场交换的产品，其招生——教学——毕业的每个周期都需要重新注入资源，而不是从市场收回成本与利润。因此，学校人力资源收益难以量化，无法进行成本收益比较。

其次，学校人力资源效益难以定位。如果不考虑市场收益的问题，假设学校人力资源的劳动成果就是人力资源收益，它既包括学生人数，也包括教学质量，还包括科研成果等，甚至创收得来的经费，也可以归于其中。学校人力资源成本除了工资、津贴、带薪休假外，福利住房、公费医疗、职工食堂等都可以纳入其中，那么学校人力资源成本与收益的范围不同，其中许多内容难以或不宜量化，除了选择替代指标之外，不可能全面地比较学校人力资源成本与收益。

再次，学校劳动力效益最大化，不能用劳动力成本和收益比较，应当用劳动力成本和效率比较。讨论学校人力资源配置的最佳效益，不是讨论学校劳动效率最大化的问题，而是讨论在其他条件不变的情况下，如何通过提高劳动效率达到组织目标最大化实现的问题。

一、学校经营的效率和质量

管理的秘诀是尊重，制度的核心是信任。管理是规范人，更是唤醒人，唤醒内心中沉睡的激情；制度是约束人，更是激励人，激励精神中蕴藏的潜能。

（一）管理的根本价值体现于效率

效率的核心六要素：准方向、高速度、高质量、低成本、解根源和良促动。

1. 学校人力资源的培育与挖掘

唐太宗说过："为政之要，在于得人。"像举办其他事业一样，办好一所学校，在很大程度上取决于学校人力资源的培育与挖掘。

学校的办学要素包括人、财、物、时间、空间和信息，其中人的因素是第一位的。对人力资源可做如下描述：

人的使用价值达到最大 = 人的有效技能的最大发挥

人的有效技能 = 人的劳动技能 × 适用率 × 发挥率 × 有效率

在这里，适用率是适用技能占拥有技能的百分比，即是否用其所长；发挥率是耗用技能占适用技能的百分比，即积极性调动得如何；有效率是有效技能占耗用技能的百分比，即效能效率如何。这里还有一个关键因素，就是人的劳动技能。人的劳动技能不是天生的，而是在后天的学习实践中获取的。教师的劳动技能通过在岗提高、继续学习，是可以不断培育的。学校人力资源的培育与挖掘，就是在教师终身学习的基础上，使人尽其才，才尽其用，用见其效。

2. 培育和挖掘学校的人力资源，应从三方面着手：

一把学校建成学习型组织；

二转变学校的管理方式。要变静态管理为动态管理，学校工作仅有表面的平衡而没有发展潜力是不行的，管理要注重学校的可持续发展，在实现一个目标的同时，为下一个目标的达成奠定基础，使学校工作始终处在动态平衡的良好状态；

三建立科学的评价体系。

好的战略，需要好的管理。学校发展在很大程度上取决于人力资源的培育与挖掘，在学校管理的各种资源中，人力资源是使学校更具竞争力的资源，也是学校开发与管理的核心。如何找好人、用好人、管好人是所有学校管理者要时刻关注的问题。人力资源的开发培养和合理使用包括合理、科学的选拔，培训与安排等方面。只有通过深度地开发和管理，才能提升学校人力资源品位，才能促进学校的可持续发展。

（二）建立科学化、规范化的教学质量管理运行机制

教学质量管理系统是确定学校教学质量管理的目标和标准，制定学校的教学改革与发展规划，统一管理教学工作进程，协调学校内部各种教学质量管理活动的关系，建立规范化、科学化的教学质量管理的运行机制，是保证学校正常教学秩序和教学质量的根本。

1. 科学化的管理方式才能达到理想的管理目的

（1）以人才培养目标和科学的管理制度为依据，按章办事，坚持原则，秉公行事，实现教学管理制度化、规范化。

（2）坚持教学管理日常化，教学活动贯穿教学过程的始终，教学管理工作应常抓不懈。

（3）坚持教学管理目标化，实行教学工作的目标管理。在教学过程开始之前，制定各种教学工作的目标，并予以量化，实行自我管理，最后进行考核评估和有效的激励，充分调动老师和学生的主观能动性。

（4）坚持教学管理人性化，教学管理机构是一个服务机构，教学管理者应本着"一切为教学服务，一切为师生服务"的工作宗旨，在教学管理过程中，尽可能的满足老师及学生的合理需求，有效地运用激励机制，使教学管理制度化与人性化有机结合，从而提高教学质量。

2. 规范办学是前提，"抓环节、促质量，创特色、提效益"

山东省在推进素质教育中提出："规范办学是前提，课程改革是载体，加快发展是保证，体制机制改革是根本。"以实施"七大工程"：即"义务教育均衡发展工程、职业教育攻坚工程、普通高中品牌建设工程、校长素质提升工程、教师专业发展工程、教学质量优化工程、帮困助学惠民工程"为重点；以实现"八化"：即"基础教育优质化、职业教育特色化、教育资源均衡化、学校建设标准化、师资培训多样化、教育管理科学化、依法办学规范化、帮困助学常规化"为抓手，办优质教育，育优秀人才。

例：某县在2008年教育发展展望中指出：……坚决把工作重心放在全面提高教育教学质量上，以"争做学生满意的教师、争创家长满意的学校、办好人民满意的教育"为宗旨，按照"抓环节、促质量，创特色、提效益"的总体思路，遵循"教学管理重常规，队伍管理重激励，质量评价重过程"的工作原则，坚持"义务教育板块推进、均衡发展，提高合格率；高中教育稳定规模、突出质量，提高"二本"以上上线率；职业教育扩大规模、服务"三农"，培养更多技能型人才，提高就业率；学前教育双管（公办民办）齐下、规范发展，提高普及率"的工作策略，牢固树立"办特色、创名牌"的强烈意识，着力把握教育发展规律、创新教育发展理念、转变教育发展方式、破解教育发展难题，在深化教育体制改革、搞好教育规划与布局、大力实施素质教育、加强教师队伍建设等重点工作上狠下功夫，力争以教学质量提高为标志的教育工作再上新台阶……

（三）经营学校可借鉴企业管理的先进理念

经营学校就意味着学校管理将以狠抓教学质量和提高服务意识为核心内容，

质量保障是学校的内在目的,因为好的声誉可以吸引好的学生和教师,从而更好地促进学校的发展。

1. 以经营手段来规划、建设、发展和管理学校

让视野穿越"围墙",融入社会,学习和借鉴企业管理的先进理念来经营学校,要树立竞争、品牌、服务、成本、整合、规范等意识,同时可运用文化张力、经济规律、政策引力等多个平台。具体地说:

一要注重以经营手段来建设、规划、发展和管理学校。

二经营学校既要注重显性资产的盘活,还要注重隐性资产的利用。

三既要注重眼前的效益还要注重学校的可持续发展。

四既要注重修炼内功,还要注重不失时机地抢抓机遇。

五学校既要注重建立市场化运作的新机制,还要注重政府宏观调控等因素。

当然,尽管教育经济学使学校管理从封闭的校园走向开放的市场并遵循某些市场经济的规律,但教育的公益性和非盈利性的本质依然存在,所以如何使学校经营更规范、更成熟、更有效,还有待不断探索。

2. 经营教育要以社会效益的提高拉动经济效益

"经营学校",就是要根据教育市场需求找准学校在市场中的位置,创造特色品牌和质量品牌,提供大众需求的优质教育资源。通过创出品牌,学校建立具有竞争力的生源市场;通过开拓生源市场,学校建立有实力的经济资本;通过扩大经济资本,提升学校品牌的价值。由此,形成学校品牌与生源市场、生源市场与经济资本、经济资本与学校品牌的良性互动,从而将学校的品牌资源转变为学校的品牌资本。经营教育要以社会效益的提高拉动经济效益,并在一定周期内实现社会效益与经济效益的"双赢"。实施"双赢"发展战略,有利于妥善处理遵循教育规律与遵循市场规律的关系,是实现学校可持续发展的有力保障。

二、影响品牌办学的因素及对策

学校办学质量是学校教育教学质量的体现,它是学校向社会或高一级学校提供产品质量优劣的重要指标,它对学校的发展和提高学校的社会影响力至关重要。

(一)管理是集体中"众人"对少数人的委托

制度的真正力量就在于它成为每个人内在的自我约束。组织的责任就是为每个人找到健康的发展道路,将组织作为个人发展的平台,而不是将人作为组织发

展的工具。

1. 调动人的积极性＝激活本能＋定好规则＋授之以技术

国家之间的竞争是制度的竞争。一个国家有了好的制度，它的发展挡都挡不住，没有好的制度，有再多的人才都没有用。北京师范大学有个老主楼，现在拆掉了。据说文革时候从这个楼上跳下去的名教授就有10多个，因为那种制度不让人活，也就是说，一个国家的制度不好，会对优秀的人才造成很大的伤害。对普通老百姓呢？1958－1961年中国饿死很多人。1962年中央召开七千人大会，最后刘少奇做了个总结，说是"三分天灾，七分人祸"，人祸起于制度。

重视员工的"职业生涯设计"。一个真正的好校长对一个学校、对教育、对社会最好的贡献是把自己的光辉业绩、个人魅力转变成可操作的规章制度，只有这样才能对学校的发展具有可持续性，同时，也只有这样，别的学校、校长才可能从他这里发掘好的东西。我们说，在制度不健全的情况下，一个高人的出现，他的使命就是建立一个好的制度。大家知道，美国建国之初，从英国来了一帮人，制订了《美国宪法》，这部宪法200多年来一直在用，从来没被推翻过。

2. 管理＝命令＋检查指导＋纠错帮助＋目标性结果＋奖励与处罚

管理之法在于控制与激励的恰当运用。如果说学校管理活动中的控制可以理解为一种制度要求或者规范，即明确要求下属应该或不应该做什么，努力使得计划执行的偏差最小化，以实现预期的结果；那么领导活动中的激励则是努力打破规范，力求将员工的工作热情激发到最大的程度，以克服实现远景过程所遇到的阻碍，产生适应变化环境所需要的变革。毋庸置疑，当前各级各类学校发展面临着诸多的机遇和挑战，如何把握机遇应对挑战，校长除了应当从管理的角度去进行控制活动，将计划执行过程的偏差最小化外，还必须从领导的角度着手，激发全体员工的内在力量去克服所遇到的困难。

管理的方法论准则："中西医结合"。遇急则用"西医"，平常则用"中医"。西医，遵循的是"机械唯物论"：长多了，切除；坏了，换一个。中医，遵循的是"主体论"：中医讲究阴阳，阴阳失衡生万病。如何处置呢？调节阴阳，长你自己的力，克你自己的病！

3. 教育创造力是提升民众素质的关键，是发展知识经济的前提，是未来教育的推动重点

社会转型意味着发展模式的深层转变，生存方式和生存意识的转变，这就要求我们探求学校变革的更好策略。迈克·富兰在《变革的力量》中倡导学校变革主要是渐进的而不是突进的；变革不是极端的，极端的变革最终或者失败、或

者成为其他观点的一种点缀；变革需要多种策略并存并相互补充。

(二) 管理是让别人忙得有效的学问

管理，第一是自我管理。管理的任务就是帮助人们实现自我管理。管理就必须理解人的精神规律，把物质视为精神意义的象征，满足人们的社会性本能的需求。

1. 管理是筹划、组织和控制一个组织的工作

每个人都渴望自己成为重要人物，管理的成功就在于使每个人都感到自己重要。成功的校长无不是高明的人力资源开发者，无不是得心应手的人力资源配置的组合大师。在"心态、懂得、感动、幸福"上做足文章。

心态：快乐，心就会晴朗。风景因此而这边独好。心情的质量就是生命的质量。

懂得：懂得——感恩——汇报。我们彼此懂得，我们相互理解，我们共同支撑，我们始终在一起。

感动：人不会感动了，真善美就没有了。能感动自己，才能感动别人。深度研究：老师，我没有理由责怪你；我有责任，有信心期待你；当然，我也尊重你的选择，更愿你享受职业的幸福。

幸福：幸福是心灵的感觉。工作是人生最花时间的事。工作不快乐，大半生都会不快乐。寻找自己的职业幸福。喜爱所以投入，投入而乐在其中，幸福也在其中。幸福是自己找的，不幸也是自己找的。

2. 管理是通过别人来完成自己想完成工作的一门学问

管理的思想决定行为：人心如水，制度如篮子，再好的制度，管不住思想，就好比竹篮子打水一场空。管理是通过别人来完成自己想完成工作的一门学问。因此，不论下属是能力强的还是能力弱的，是主动性强的还是主动性差的，你都得用。人无完人，谁都会有缺点，我们能做的就是发现不同的人的特点，并根据不同人的特点运用不同的管理风格，以达到团队的最终目的。

学校领导本着经营学校的理念，努力为教师提供职业发展、专业发展的空间，和教师们一起共同提升，快乐工作、智慧工作、美丽工作。

(三) 实施全面质量管理，办人民满意的教育

加强全面质量管理，无论对社会还是对学校都有极其重要的意义。

1. 全面质量管理是实现学校基本任务和满足社会需要的保证

现代社会是"在质量大堤的保护下生活的"：

（1）当人们的起码生存条件得到保证以后，便开始注重提高生活质量，即要求社会提供质量较高的物质产品和精神产品，粗制滥造的低劣产品不仅是一种浪费，而且是对人们美好愿望的亵渎。

（2）在科学技术的日益复杂、精细和以生产过程为代表的社会生活日益走向一体化的今天，较高的工作和产品质量已经成为保证社会生产和生活正常运转的必要条件。而合格的教育则是全部社会产品"质量大堤"的基础，因为社会产品的质量是要以人的质量为前提的，离开符合社会要求的人就无法生产出合格的物质产品和精神产品，人的质量这个基础一旦动摇，全部社会生活就会发生停滞乃至危机。近几十年来，全球以科技和经济为导火线而引发的一系列教育改革与教育争论，其直接目标大多指向教育质量，原因也正在于此。

2. 只有抓好学校全面质量管理才能保证教育投入的有效性

传统学校管理不注重研究教育的效益问题，即不注重研究教育的投入与产出之比，认为教育既然是一项消费事业，又是社会的责任，那么花钱多少或钱花得合算不合算都无所谓。这种认识已落伍于时代。随着时代经济和社会发展的需要，教育事业发展的规模日益扩大，教育成本也在不断增加，资源投入越来越多，世界上许多国家财政支出的统计资料表明，教育投入仅次于甚至超过军费支出。因此，教育质量低下必然造成巨大的浪费，特别是在一个有2亿儿童和青少年上学的大国里。要保证教育投入有较高的效益，就必须加强对各项工作的质量管理。学校质量管理是一整套的科学程序，它不仅能够监督教育工作的每一步进展和最终结果，还能预警可能出现的问题，防患于未然，从而减少资源和劳动的浪费。

3. 全面质量管理提供了客观评价学校工作的标准与手段

全面质量管理本质上是一个控制过程，其核心是信息反馈，也就是说，在及时、准确地获得信息并正确判断的基础上，采取措施保证工作达到标准要求。现代教育质量管理的控制行为是建立在科学基础之上的，从而为人们客观严谨地认识学校工作的优劣提供了依据和方法。

总之，全面质量管理对优化学校的各项工作具有重要的理论借鉴价值和实践参考意义。

三、校长要经营学校的办学效益

校长的管理就是一种经营，校长要有经营之道。科学而人本化的制度是校长管理学校的根本，是高效"经营"的保证。首先，经营来自于和谐，和谐是学校持续发展的保证,和谐来自于科学、民主、公正的制度,来自于制度的执行力。只有坚持依法办学,规范管理,把制度管理做实、做细、做精,才能有突出的管理效益。据调查,要想成为一名优秀的部门主管,需经过十年时间的磨练。

(一)在理想与现实之间探索

校长是怎样在浮躁之中坚守"平常心"的?只要校长心中有"良知",脚下有"底线",学校就能在浮躁之中守住宁静,在混乱的思绪中认清方向。

学校经营过程中的动态平衡。动态有三个要义:第一,学校一定要快速发展,不快速发展不叫动态;第二,用运动的眼光,或者说要动态地看问题,用辩证的眼光看问题;第三,求异创新,办学不能安于现状,一定要有新的理念、新的突破,才能保持学校发展新的动力和动态。所谓平衡,或者叫动态平衡,也有三种状态:第一,学校要处于稳定有效的管理状况;第二,学校要有健康、强劲的发展态势,要让人感觉到学校的美好前景;第三,要有高效率的运转状况,如果一所学校的运转效率差,它肯定是有问题的,肯定是不平衡的。所以,经营学校就是要解决学校在高速运作之中如何保持自身平衡的问题。

1. 科学的理论是生产力的"孵化器"

教育理论从本质上来说,是人们对教育进行思考的结果,因为教育遇到了问题,人们要对教育进行思考。人的思维总有问题指向性的,教育问题既激发教育研究者的思维,又引导了教育研究者的思维方向。所以,没有教育问题,就没有教育理论。教育理论的价值必须在教育问题的解决过程中才能体现。

教育理论大众化的含义。第一,教育理论是一种实践智慧,不是什么高深莫测的玄学。只要一个人对教育问题有一定的思考,就有可能形成他自己的教育理论。第二,有价值的教育理论的形成,不是个别研究者的智慧和贡献所能完成的。它是建立在众多教育者的教育实践基础上,对丰富的教育经验的总结和升华的结果。第三,有价值的教育理论必须为众多的教育者所理解和接受,并应用到广泛的教育实践中去检验和进一步发展。教育理论大众化的结果是建立大众化教育理论。

2. 科研之根:"人脑中的CPU"

互联网教育是现代科技与教育结合的产物,它是由计算机技术、互联网技术、心理测量技术和课程知识,在互联网上实现了智能融合的、可互动的个人自主学习系统。互联网教育为学习者提供了一个网络学习平台,学习者可以在这个平台上实现大部分课程的学习、训练、答疑和评价等教育过程。

用好你的大脑CPU。如果你有一台计算机,你装了一个系统之后就整天把它搁置在那里,你觉得这台计算机被实际使用了吗?没有。因为 CPU 整天运行的就是空闲进程。善于利用思维时间的人则能够在重要的事情上时时主动提醒自己,将临时的记忆变成硬编码的行为习惯。每个人的手表都走得一样快,但每个人的生命却不是。衡量一个人生活了多少年,应该用思维时间来计算。

互联网教育是一个平台,把教育放到了互联网上,就使得教育有了变革的条件。在信息时代,可以说信息就是竞争力,信息就是财富。利用互联网培养师生观察问题、发现问题、提出问题和解决问题的能力,逐步形成"带着眼睛观察问题,带着脑袋思考问题"的习惯。

(二)经营的实质是资源利用效率的最大化

目前,人们一般是从狭义的角度使用教育效益概念,即强调教育产生的经济效益。这与传统的质量观是有关系的,"质量"高的学校,升学率高,对学生和家长更有吸引力,能招收到更多的学生,也就能创造更多的经济效益,特别是站在学校对升学率等同于质量的认识上,向上级学校输送了更多的人,就是培养了更多的人才,这些人才,就是学校为社会创造的经济效益。

1. 任何知识和素质要产生和发挥社会效益,都必须落实在实践上

一个知识丰富的人要对社会作出贡献,同样要体现在他的实践能力上。而实践能力是创造性思维的前提和基础,在创造性的实践活动中,学生的思维能力能得到进一步巩固和发展,从而提高思考问题、解决问题的能力。教育的质量和效益是紧密相联的。之所以传统的教育质量观重视升学率,传统的效益观重视经济效益,就是因为这两者内在的相辅相承的联系。升学率越高,经济效益越高;经济效益越高,越刺激人们提高升学率。高质量、高效益的教育即"质量-效益"型教育是素质教育的最高追求。

2. 抓教育质量的提高,最终的落脚点在教育效益上

教育的经济效益和社会效益有统一的一面:一所高质量的学校,社会效益越大,其经济效益就越好,从这个意义讲,对经济效益的重视,也就是对社会效益的重视。

经济效益法则:以最低的成本获取最大的效益。教育的"质量-效益"是教育竞争力的集中体现,教育的竞争说到底也就是"质量-效益"的竞争。

(三)管理思想革命的时代已经到来

新理论的诞生,来自于对现实痛苦的思考!

1. 没有正确的心路,就没有正确的思路,就不会有光明的出路!

库姆斯在《世界教育危机》中说："危机与机遇同存，有了危机感，就会去想办法克服危机，机遇也就在这个时候产生。"中国教育界难产教育家？原武汉大学校长刘道玉认为，教育家必须具备5个条件：一是执著地热爱教育；二是潜心研究教育理论；三是勇于进行教育改革与创新的实践；四是能够提出独到的教育理念；五是出版有系统的有代表性的教育论著。

知识驱动下的管理革命。"现代管理"给人类带来的效益并不亚于科学技术。人们已经认识到：管理是一种经济资源，并把科学、技术、管理称为现代文明社会的三鼎足。著名管理大师彼德·德鲁克在《知识社会的兴起》一书中指出，100多年来，人类经历过三次革命，这就是工业革命、生产力革命和管理革命。这三次革命都是由知识意义的根本转变驱动的。第一次革命是知识被应用于工具、过程和产品，形成了工业革命；第二次革命是知识被应用于工作，从而引来了生产力革命；第三次革命则是知识被应用于知识本身，从而引起管理革命。

2. 转变教育发展方式，确立教育质量与办学效益并重，质量与效益优先，兼顾数量和速度，扎扎实实地追求质量，讲究效益。

树立以质量为本的发展观。以提高质量为核心，努力实现社会公平与社会效益的相辅相成、相互促进。强化"教育的素质"，通过教育思想的转变、招生制度的改革、课程教材的改革、教育评价制度的改革和教育教学改革，建立起"质量－效益"型教育的运行机制，全面提高教育质量。

优化教育结构。在教育纵向结构中，要特别注重基础教育、中等教育和高等教育间结构比例关系，做好结构性控制，协调好各级教育的发展关系；巩固普通教育与职业技术教育的结构比，提高职业技术教育的办学质量与效益；根据社会发展需要和学校的优势，调整好专业结构。坚持基础教育抓"均衡"，高等教育抓"质量"，职业教育抓"结合"，终身教育抓"体系"。"要适应我国社会的深刻变化，把和谐社会建设摆在重要位置，注重激发社会活力，促进社会公平和正义。"

加强对办学效益的全面管理。靠科学管理提高质量和效益，提高学校领导的管理水平，减少因学校领导管理水平不高所带来的内隐性教育资源浪费和低效益。提高教师的专业素养。实行高水平教学，改变"时间＋汗水"的粗放式教学做法，提高课堂教学的质量。

3. 泰勒创立的科学管理理论开启了人类发展新时代

教育从边缘到中心的趋势。教育这列庞大的列车已经启动，正开足马力，沿着高速铁路，从社会的边缘直奔社会的中心。这是破天荒的伟大事件和伟大变革。科学管理是一场"心理革命",将泰勒的科学管理应用于学校品牌开发管理,能大大提高学校品牌开发效率,减少学校品牌开发成本。科学的品牌管理要求学校品牌管理者时刻把握品牌开发者和教育消费者的心理动态,做好学校品牌的监督控制工作,将事后管理转为事前控制,以减少不必要的损失。

中国现阶段面临着转变经济发展方式,提高教育质量,应该成为当前和今后一段时期内教育改革和发展的重点。需要"管理学"这门工具来提升整个组织的生产效率。思宾赛·约翰逊说,这个世界时刻在变,永远在变,唯一不变的就是变化。面对这纷繁复杂变幻莫测的世界,我们将如何应对?彼得·德鲁克给了我们铿锵有力的回答,那就是创新!唯有创新才能提升生产力,推动社会发展。让每个人运用创新这个工具在组织这个平台上为社会创造价值,进而为人类进步作出贡献!

结语：打造"质量金牌"托起"质量方舟"

教育改革面临新形势，亟须新设计。教育是一个系统工程，是一个漫长的生长过程。教育正处于转型期，要用文化来引领，回归教育的规律、本真、原点。

1. 教育已站在一个新的"起点"上

学校培养什么人才？教育目标定位在什么地方？教育家陶行知要求培养诸育全面发展的创新人才。他反对单纯的会考应试教育，批判这种"杀人的会考"，提倡"创造的考成"和全面素质教育。借鉴陶行知"教育机会均等"的理念和大办平民教育、普及教育、大众教育的经验，推进"教育公平"。教育已站在一个新的起点上，我国的教育改革和发展进入整体推进重点突破的新阶段。殷切期盼"成人创新社会"的到来，迈向终身学习的大国。

2. 教育就是要开发每个人"内存"的力量

怀着一颗纯净朴素的心，从事纯净朴素的教育！管理研究和管理实践完全是两码事，管理研究要追踪最前沿的，而管理实践要寻找最适用的。著作《教育第二次飞跃："质量－效益"型教育》，寻求的是在前沿与适用间探索，期盼"人的心智得到彻底的解放"。刘力教授曾说过，"理论上提出的原理，在初期往往被认为是谬论的呢！"谭霈生教授提出："个人的著述才能出思想，大量的群体著述反而不容易出思想。"因为集体著述往往是思想的妥协，新思想往往产生于多样性的文化和在团体边缘的人。目前正值教育改革之际，需要有适应自己本土化的管理哲学、管理工具。《"质量－效益"型教育》可能为学校管理的现代化提供一个发展的方向和操作平台。

3. 一千个读者就有一千个哈姆雷特

一个人的思想史往往就是他的读书史。读书的收获的确与人的悟性有很大的关系，悟性好的读者能把书读薄，能把书本中死的知识变成活的，能在读书中达到"腹有诗书气自华"的境界。著作《教育第二次飞跃:"质量－效益"型教育》,未必能激起读者不同角度思考的火花。教育的议题牵涉到社会的各个层面,而唯有社会上普遍建立起来的观念与想法,才是驱动教育改革的动力。让教育尽快走上彻底的"尊重人、解放人、培养人"的自由王国!浓墨疾书"质量金曲",精心打造"质量金牌",全力托起"质量方舟"。坚定不移地走"质量－效益"型发展之路。

思 考 题

1. 构建有变革创新能力的学校教育研究
2. 学校精神力、执行力、形象力创意设计研究
3. 提高教育质量与办学效益的途径研究
4. 实践型"学习共同体"建设途径研究
5. 强化质量监控与升学考试应对的实践研究
6. 建立科学规范的教育支出绩效评价体系研究
7. 实施学校文化建设工程研究
8. 区域教育变革成功推进的实践智慧研究
9. 创新区域教育发展的体制与机制研究
10. 提高教育投资的经济社会效益研究
11. 在质量与质量费用之间找到最佳"平衡点"的实践研究
12. "质量-效益"型教育发展策略研究
13. 以教师发展为"基点"的学校发展路径研究
14. 校园文化"生长点"研究
15. 加强对办学效益的全面质量管理研究
16. 建立科学化规范化的教学质量管理运行机制研究
17. 追求学校管理效益"最大化"的实践研究
18. 普通高中学科教学质量管理与研究
19. 高素质专业化教师队伍建设研究
20. 积极推进学校内涵发展的实践研究
21. 职业学校规模化专门化特色化发展研究
22. 聚焦课堂:对提高教育质量关键"增长极"的实践研究

参考文献

1. 陶华坤著《区域教育发展战略与运行机制》人民日报出版社 2005 年 3 月
2. 陶华坤著《走进名校：建构以学为基点的组织新模式》团结出版社 2013 年 3 月
3. 陶华坤著《学校教育力》内蒙古人民出版社 2010 年 6 月
4. 陶华坤著《校长谈治校》团结出版社 1997 年 8 月
5. 陶华坤著《校长发展学》国际炎黄出版社 2002 年 12 月
6. 陶华坤著《"规范＋特色"办学模式》天马图书出版社 2000 年 10 月
7. 陶华坤著《新教育"学校全面质量管理"》北京艺术与科学电子出版社 2008 年 8 月
8. 陶华坤主编《校魂》安徽人民出版社 1996 年 6 月
9. 陶华坤主编《电视剧本—校魂》南方出版社 1998 年 10 月
10. 赵中建主编《学校经营》华东师范大学出版社 2006 年 7 月
11. 周彬著《课堂密码：对课堂教学的深度思考》华东师范大学出版社 2009 年 8 月
12. 陶行知著《中国教育改造》上海亚东图书馆 1928 年 4 月
13. 陶华坤《教育发展的三个"关键词"：建构主义、科学民主、质量效益》《浙江教育科学》2012 年 6 期
14. 《人民教育》2009 年第 13 - 14 期
15. 《人民教育》2012 年 1 - 12 期
16. 《世界教育信息》2012 年 1 - 12 期
17. 《全球教育展望》2012 年 1 - 12 期
18. 《基础教育参考》2012 年 1 - 24 期

19. 《教育研究》2012 年 1 – 12 期

20. 《教育发展研究》2012 年 1 – 24 期

21. 《教育科学》2012 年 1 – 6 期

22. 《中国考试》2012 年 1 – 12 期

23. 李文亮《质量效益型管理探讨》消费导刊 2010 年第 4 期

24. 王志平《质量与效益：跨世纪教育改革与发展的选择》山东教育科研 1998 年第 5 期

25. 陶华坤《建构主义、科学民主、质量效益》浙江教育报 2010 年 5 月 20 日

26. 李广林《质量即效益——现代教育办学质量与效益探究》郴州日报 2006 年 3 月 22 日

27. 《中国教育报》

28. 新华网